Medien-Kids

EVELINE HIPELI

MEDIEN-KiDS

Bewusst umgehen mit allen Medien – von Anfang an

Beobachter edition

■ ■ ■ EIN RATGEBER AUS DER BEOBACHTER-PRAXIS ■ ■ ■

Dank

Mein herzlicher Dank geht an alle Eltern, die sich die Zeit genommen haben, mit mir über Medien bei sich zu Hause zu sprechen. Vielen Dank auch meinem Verlag, der mich bei der Umsetzung meiner Idee mit wertvollen Inputs unterstützt hat. Und last, but not least bedanke ich mich einmal mehr bei meiner Familie, die mich immer wieder schreiben lässt.

Kontakt:
eveline.hipeli@gmail.com

Beobachter-Edition
© 2014 Axel Springer Schweiz AG
Alle Rechte vorbehalten
www.beobachter.ch

Herausgeber: Der Schweizerische Beobachter
Lektorat: Christine Klingler Lüthi, Wädenswil
Umschlaggestaltung und Reihenkonzept: buchundgrafik.ch
Umschlagfoto: plainpicture
Fotos Inhalt: Hollandse Hoogte/Plainpicture, Sibylle Pietrek/Plainpicture, Photo Alto/Plainpicture (3), Cultura/Plainpicture (2), Image Source/Plainpicture, Fancy Images/Plainpicture, Ableimages/Plainpicture, Johner/Plainpicture
Satz: Cornelia Federer, Zürich
Druck: Grafisches Centrum Cuno GmbH & Co. KG, Calbe

ISBN 978-3-85569-819-6

Mit dem Beobachter online in Kontakt:
www.facebook.com/beobachtermagazin
www.twitter.com/BeobachterRat
www.beobachter.ch/google+

MIX
Papier aus verantwortungsvollen Quellen
FSC® C043106

Inhaltsverzeichnis

Gemeinsam auf medialer Entdeckungsreise: ein Vorwort 11
Eltern und Experten: eine kurze Vorstellungsrunde 12

1 Medien, wohin das Auge blickt 15

Wie Kinder und Jugendliche in der Schweiz Medien nutzen 16
Mediale Gewohnheiten der Eltern 17
Lieblingsmedien der Kinder 18

Wie sehen die Schweizer Medienhaushalte aus? 20
Reichhaltige Ausstattung 20
Medien im Kinderzimmer 22
Medienkontakt ausserhalb des Zuhauses 23

Medienkompetenz: Kompetenz der Zukunft 24
Chancen und Risiken 24
Medien als Teil unserer Lebenswelt 25
Ziele und Absichten dieses Buches 25
Das Beste für die Kids 27
Das Geschäft mit der Angst 29
Die Suche nach dem Gleichgewicht 30
Sie tun schon mehr, als Sie vielleicht glauben 32

2 Bücher und Zeitschriften 35

Bücher 36
Bücher oder digitale Medien – oder beides? 36
Liberale Handhabung 38
Lesen bewusst fördern 40
Gemeinsame Freude an Büchern 42
Auch Bücher können «gfürchig» sein 44
Lesen für die Schule 45

Zeitschriften, Comics und Zeitungen 47
Reale Nachrichten entdecken 49

3 Fernsehen und Filme 53

Fernsehen – ein Lieblingsmedium 54
Im Wohnraum – oder doch lieber im Nebenzimmer? 54
Ab welchem Alter? 57
Gemeinsam fernsehen 59
Kinderreaktionen vor dem Bildschirm 61
Der Fernseher als Babysitter 64
Balance zwischen Bildschirm- und sonstigen Aktivitäten 65
Regeln und Rituale 67

DVDs und Videokassetten 71
Altersfreigaben als Richtlinien 71

4 Radio, Musik und Hörgeschichten 77

Radio 78
Es gibt sie noch: Radios im Kinderzimmer 78
Radio hören unterwegs 79

Kassetten, CDs und MP3 81
Erinnerungen teilen 82
Musik und Geschichten – überall verfügbar 83

5 Tablets 87

Apps – Faszination für Gross und Klein 88
Neue Möglichkeiten, neue Wünsche 88
Schutz vor unerwünschten Inhalten 89
Gute Kinder-Apps finden 91
Regeln für den Umgang mit Tablets 91
Abmachungen gemeinsam aushandeln 94
Tablets unterwegs 95

Youtube 96
Lustiges, Trauriges, Echtes, Fakes: Stoff für Gespräche 98
Code-Sperre & Co. 99

6 Computer und Videogames ... 105

Arbeitsinstrument und Spielzeug in einem ... 106
Programme und Einstellungen zum Schutz des Kindes ... 106
Ich bin auch ein Spielzeug ... 108

Videospiele und Onlinegames ... 111
Videospiele im Wandel ... 111
Was spielen – und ab wann? ... 112
«Aber mein Freund darf das schon» ... 115
Zeitliche Beschränkungen ... 116
Die Sache mit der Gewalt ... 118
Regeln gemeinsam diskutieren ... 120
Mitspielen macht Spass ... 121
Die weite Welt der Onlinegames ... 123
Ist gratis immer gratis? ... 125

7 Wundertüte Internet ... 129

Gute Seiten, schlechte Seiten ... 130
Zusammen ins Netz ... 130
Inhalte filtern ... 133
Über das Internet sprechen ... 134
Internetseiten für Kinder ... 135

Soziale Netzwerke ... 137
Mit persönlichen und fremden Daten umgehen ... 138
Privatsphäre-Einstellungen auf Facebook ... 139

Downloads ... 144
Die Sache mit dem Urheberrecht ... 145

Chat ... 147
Kontakte mit Unbekannt ... 147
Chatten ohne Grenzen? ... 149

8 Von Handys und Smartphones ... 153

Ein Handy – wie praktisch ... 154
Das liebe Geld ... 154
Vom Familienhandy zum eigenen Gerät ... 155
Handys kann man ausschalten ... 156

Smartphone, mein Smartphone ... 157
Altes Bedürfnis, neues Kommunikationsmittel ... 158
Tag und Nacht online? ... 160
Sexting ... 161
Smartphones und die Kosten ... 163

9 Medien werfen Fragen auf ... 167

Medienübergreifende Aspekte ... 168
Mein Kind ist noch im Vorschulalter –
machen Medienregeln da schon Sinn? ... 168
Kann ich falsche Medienregeln aufstellen oder falsch
über Medien sprechen? ... 171
Wann ist wie viel zu viel? Und wie erkläre ich meinem Kind,
dass es jetzt genug ist? ... 173
Was tun, wenn ein Kind mit Medien schon dasselbe
machen möchte wie das ältere Geschwister? ... 176
Was tun, wenn Grosseltern, Paten oder Eltern
von Freunden völlig andere Medienregeln haben? ... 179
Wie erkläre ich meinem Kind, was Werbung ist? ... 181
Mein Kind ist von Cybermobbing betroffen. Wo finde ich
schnelle Hilfe? ... 183

10 So fördern Sie Medienkompetenz im Alltag ... 187

Diskutieren, erklären, geniessen ... 188
Unterschiedliche Medien verstehen ... 190
Zeitlimiten richtig einschätzen ... 191
Bewusst medienfreie Zeiten schaffen ... 192
Eigene Erfahrungen zulassen ... 192

Medien geniessen lernen... 193
Die besten Elterntipps – kurz und knapp 195

Anhang 199

Links 200

Vorlagen und Übungen 203
Mein Medientagebuch (Vorlage) 204
Mein Medienzeit-Budget (Vorlage) 205
Übung: Medienbalance... 206
Übung: So sprache ich mit meinem Kind über Medien....................... 208

Literatur 210

Stichwortverzeichnis 211

Gemeinsam auf medialer Entdeckungsreise: ein Vorwort

Zu zweit beugen wir uns über das kleine Display – ich staune, wir lachen, ich frage nach. Der neunjährige Tom erzählt mir ausführlich von seinem Ausflug. Er hat fotografiert, was ihn beeindruckt hat und woran er sich erinnern möchte. Seine Fotosammlung liefert ihm die Stichwörter für seine Geschichten. Besonders faszinieren mich die Fotos von seinen Freundinnen und Freunden; wie sie ihn anblicken, wenn er sie fotografiert: offen, warm und mit all ihren sichtbar gewordenen Emotionen. Es gibt auch eine Reihe ausgelassener Grimassenfotos, bei denen man die genüssliche Albernheit des Moments noch spürt. Ich liebe solche Momente.

In ihrem Alltag gehen Kinder mit der Vielzahl an Medien ganz selbstverständlich um: Sie lassen sich Geschichten erzählen, pflegen Freundschaften, gehen ihren Interessen nach, lernen etwas über die Welt, sie spielen, sind kreativ und ideenreich in der Gestaltung von eigenen Medienproduktionen. Hierin stecken zahlreiche Bildungschancen für Kinder und Jugendliche, sie erarbeiten sich Wissen und entdecken eigene Fähigkeiten. Zur kompetenten Mediennutzung gehört, die Medienwelt dem Alter entsprechend kritisch zu durchschauen und das eigene Handeln zu reflektieren. Kinder müssen lernen, Gefahren zu erkennen und einzuschätzen. Als Elternteil kann ich sie in diesen Lernprozessen unterstützen, indem ich sie auf ihrer medialen Entdeckungsreise begleite. Dies heisst, sich für ihre Sicht auf die Welt zu interessieren, auch einmal mitzuspielen, ihre Fragen ernst zu nehmen. Grenzen, die ich setze, muss ich erklären, damit die Kinder meine Beweggründe nachvollziehen können.

Erziehung gehört zum Alltag von Familien – auch die Medienerziehung! In diesem Buch finden Sie zahlreiche Anregungen für den sinnvollen Umgang mit Medien in Ihrer Familie. Ich wünsche Ihnen viel Freude beim Lesen und die Lust, sich von den geschilderten Erfahrungen auch für Ihren Familienalltag inspirieren zu lassen.

Prof. Friederike Tilemann
Pädagogische Hochschule Zürich
im April 2014

Eltern und Experten: eine kurze Vorstellungsrunde

Basis dieses Ratgebers sind die Aussagen von Eltern und von Experten, die selbst Kinder haben und sich mit Medienfragen zu Hause ganz konkret auseinandersetzen. Bevor sie zu Wort kommen und von ihren «Good-Practice»-Beispielen und Erfahrungen mit Medienregeln berichten, werden sie an dieser Stelle kurz vorgestellt.

Die Kommentare der Eltern werden anonym wiedergegeben, alle Namen wurden auf Wunsch der Eltern verändert. Es wurden Eltern aus verschiedensten Regionen der Schweiz befragt, aus Stadt und Land, vom Raum Basel bis nach Chur und vom Bodensee bis ins Welschland. Es kamen alleinerziehende Elternteile zu Wort wie auch Eltern mit Patchwork-Familien, Familien mit Einzelkindern, aber auch Grossfamilien. Die Eltern erzählen vom Umgang mit Medien bei sich zu Hause, davon, wie sie Abmachungen treffen und Regeln aufstellen für ihre Krabbelkinder, Kleinkinder, Schulkinder und auch für Jugendliche, die das Nest mit einem Fuss bereits verlassen haben.

Zu den Experten des Buches zählen folgende Fachpersonen, die sich beruflich und privat seit vielen Jahren mit medienpädagogischen Fragen auseinandersetzen:

Steve Bass (47 Jahre), Medienpädagoge, Primarschule Regensdorf

Prof. Cornelia Biffi (48 Jahre), Medienpädagogin, Pädagogische Hochschule Zürich (PHZH)

Marc Bodmer (49 Jahre), Jurist und Experte für digitale Medien

Barbara Jakob (47 Jahre), Projektleiterin, Schweizerisches Institut für Kinder- und Jugendmedien (SIKJM)

Peter Jakoubek (52 Jahre), Sozialpädagoge, verantwortlich für medienpädagogische Projekte an der Primarschule Greifensee

EINE KURZE VORSTELLUNGSRUNDE

Dr. Mela Kocher (41 Jahre), Game-Forscherin, Zürcher Hochschule der Künste (ZHdK)

Dr. Judith Mathez (41 Jahre), Dozentin für Medienpädagogik, Imedias, IWB, Pädagogische Hochschule, Fachhochschule Nordwestschweiz (FHNW)

Prof. Dr. Thomas Merz (51 Jahre), Medienpädagoge und Prorektor für Forschung und Wissensmanagement an der Pädagogischen Hochschule Thurgau (PHTG)

Flurin Senn (42 Jahre), Medienpädagoge, Pädagogische Hochschule Zürich (PHZH)

Prof. Dr. Daniel Süss (51 Jahre), Medienpädagoge und Professor, Zürcher Hochschule für Angewandte Wissenschaften (ZHAW) und Universität Zürich

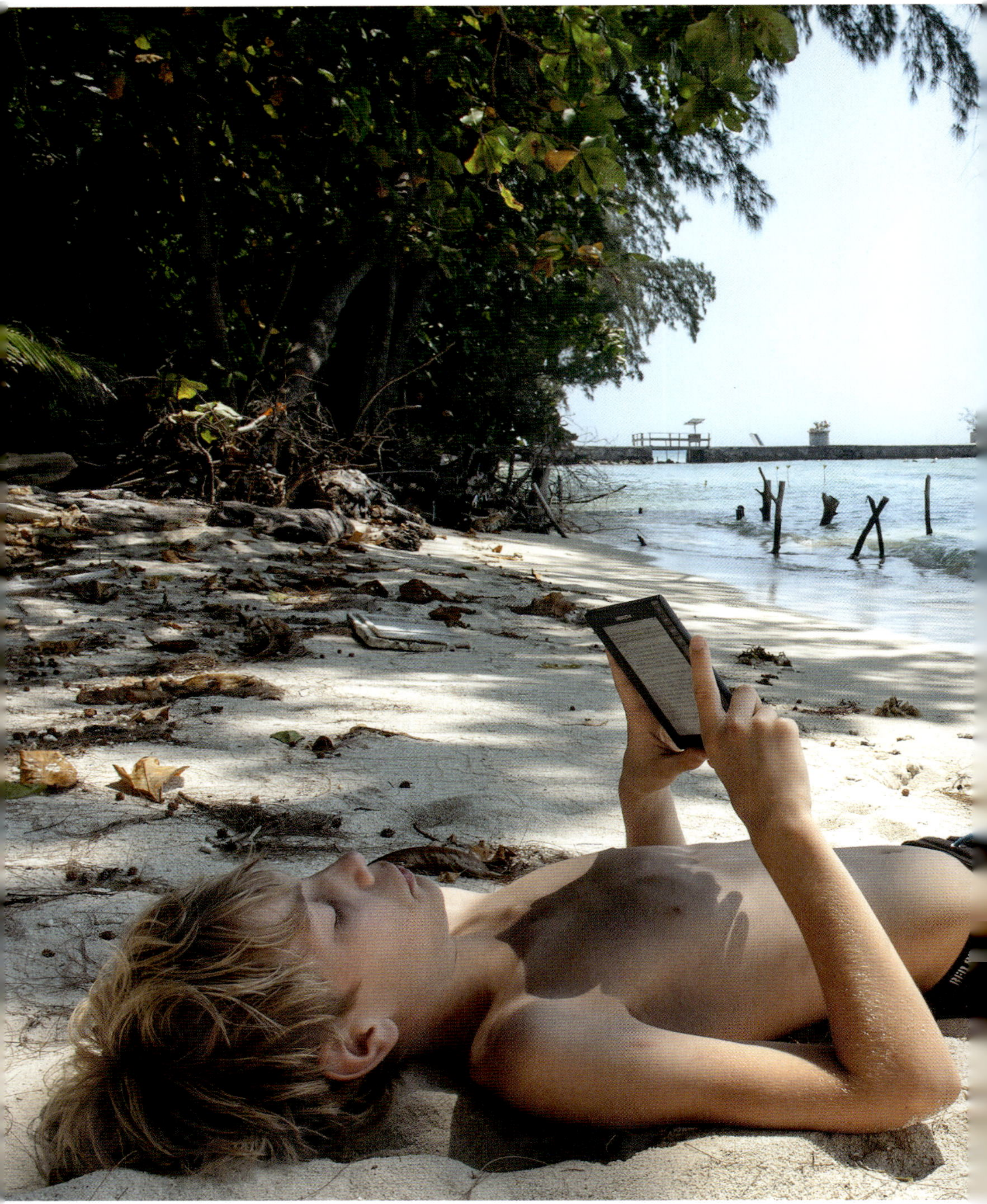

Medien, wohin das Auge blickt

1

Vom Schulcomputer bis zur Gratis-Pendlerzeitung: Medien prägen unseren Alltag. Das kann bei Eltern Befürchtungen wecken, fordert sie aber auch heraus, zusammen mit Kindern und Jugendlichen pragmatische Lösungen zu finden und die Medienkompetenz zu stärken. Denn neben gewissen Risiken bieten Medien auch einfach riesige Vorteile.

Wie Kinder und Jugendliche in der Schweiz Medien nutzen

Schon ein Neugeborenes hinterlässt in den meisten Fällen einen digitalen Fussabdruck, indem seine Geburt in der Babygalerie eines Spitals dokumentiert wird. Zu Hause begegnen Kinder denjenigen Medien, die auch die Eltern nutzen – zuerst passiv, dann immer aktiver.

Das Buch in Form eines Stoff- oder Badebüchleins ist eines der ersten Medien, die bereits Babys angeboten werden. Später sind kartonierte Bilderbücher spannender und werden von den meisten Babys mit grossem Eifer weggespeichelt, angeknabbert und auf dem Schoss der Eltern angeschaut. Doch auch alle anderen Medien, die von den Eltern genutzt werden (Zeitungen, Bücher, Fernsehen, Tablets, Smartphones …) werden rasch interessant. Was die Grossen haben, wollen die Kleinen irgendwann auch gerne benutzen. Die Eltern erfüllen schon sehr früh eine Vorbildfunktion und führen ihrem Nachwuchs auch ohne Absicht vor, wie man mit Medien umgeht. Deshalb beginnt Medienerziehung zu Hause ganz früh – auch unbewusst.

Die Vorbildrolle der Eltern beim Medienkonsum ist wichtig. In Haushalten zum Beispiel, in denen die Eltern selbst gern und häufig lesen, neigt auch der Nachwuchs eher dazu, Bücher zu mögen. Diesen Umstand machen sich einige Eltern zunutze, indem sie ihre eigene Medienwahl bewusst als Vorbilder treffen. Aber nicht nur das Medienverhalten der Eltern, sondern auch das der Geschwister kann auf die Kinder in einer Familie abfärben.

HINWEIS *Sich die eigene Vorbildfunktion bewusst zu machen, ist eine gute Sache. Doch manchmal imitieren die Kinder das elterliche Medienverhalten eben nicht – auch wenn man es sich wünschen würde.*

Hier die Voten einiger Eltern zum Thema Vorbildfunktion:

SUSANNA H. (45 JAHRE): *«Ich denke, dass Eltern sich zuerst darüber einig werden sollten, welche Rolle Medien zu Hause überhaupt spielen sollen. Und wenn das abgemacht ist, sollte man versuchen, sich konsequent daran zu halten. Meiner Meinung nach ist es auch wichtig, dass man eine Entscheidung vor den Kindern gut begründen kann. Medien sind ja eigentlich ein normales Erziehungsthema, wie zum Beispiel auch Ernährung oder Schlafen oder Freunde… Die Eltern sind dabei auch Vorbilder für die Kinder. Die besten Abmachungen nützen nichts, wenn die Kinder sehen, dass die Eltern es ganz anders machen.»*

ULRICH W. (41 JAHRE): *«Weil sowohl meine Frau als auch ich sehr viel lesen, nehmen unserer Kinder (Tochter, 13 Jahre; Sohn, 11 Jahre) hoffentlich mit, dass ein richtiges Buch oder eine gedruckte Zeitung immer noch ein anderes Erlebnis ist, als wenn dieselben Infos vom Bildschirm kommen.»*

DAS SAGT DIE EXPERTIN JUDITH MATHEZ (41 JAHRE): *«Wenn ein Kind morgens früher aufsteht, dann geht es lesen oder Bücher anschauen. Das machen die Grossen (zwei Söhne, 9 und 7 Jahre; eine Tochter, 6 Jahre), aber auch der Zweijährige schon, er nimmt sich auch ein Buch.»*

DAS SAGT DER EXPERTE DANIEL SÜSS (51 JAHRE): *«Auch wenn die Eltern als Vorbilder gelten, was den Medienkonsum angeht, färbt das nicht auf alle Kinder gleichermassen ab. Meine beiden Kinder (zwei Töchter, 14 und 13 Jahre) sind kognitiv etwa gleich fit, haben aber unterschiedliche Interessen, auch medial. Die ältere Tochter hat die Liebe zum Lesen stark verinnerlicht, die jüngere Tochter hat das Lesen noch nicht so gepackt. Man muss sich bewusst sein, dass die Kinder eigene Vorlieben mitbringen – und dass es für die Eltern anspruchsvoll ist, wenn sie selbst keinen Bezug zum bevorzugten Medium des Kindes haben, oder wenn sie akzeptieren müssen, dass ein Kind mit einem Medium wenig anfangen kann, das sie selber sehr gerne mögen.»*

Mediale Gewohnheiten der Eltern

Auch das eigene Medienverhalten kann unter den Eltern zu Diskussionen führen. Dass nicht selbstverständlich Einigkeit darüber herrscht, wie Medien im Haushalt eingesetzt werden sollen, scheint weit verbreitet. Dabei prägt die eigene Medienvergangenheit der Eltern ihre Einstellung zur Mediennutzung in der Familie.

NICOLE N. (32 JAHRE): «Ich streite oft mit meinem Mann, weil er viel zu häufig vor dem Fernseher sitzt. Mit den Kindern diskutiere ich, weil sie oft nur das Gamen im Kopf haben und sonst nichts interessant finden. Bei den Kindern habe ich mehr Erfolg als bei meinem Mann … ☺»

ALAIN M. (33 JAHRE): «Meine Frau hat eine ganz andere Beziehung zum Thema Fernsehen als ich. Als wir uns kennenlernten, lief der Fernseher in ihrer Wohnung oft einfach als Geräuschkulisse, ohne dass sie die Sendung aktiv mitverfolgt hätte. Mich irritierte das sehr, aber sie erklärte mir, dass das bei ihr zu Hause so gehandhabt worden sei. Jetzt, da wir selbst Kinder haben, bemühen wir uns beide, den Fernseher nicht einfach so im Hintergrund laufen zu lassen.»

Die Beispiele zeigen, dass sich manche Mediengewohnheiten unbemerkt in den Alltag einschleichen. Das kann der im Hintergrund laufende Fernseher sein oder die Gewohnheit, beim Essen das Handy auf dem Tisch liegen zu haben, auf dem Spielplatz via Smartphone immer wieder die Mails abzurufen oder während des Spielens mit den Kindern gedanklich in der Lieblingszeitschrift zu versinken. Es gibt viele Momente, in denen wir Eltern zwar physisch präsent, gleichzeitig aber mit den Gedanken weit weg sind. Die Kinder spüren das, deshalb tut es auch uns Erwachsenen gut, ab und zu eine Bilanz der eigenen Mediengewohnheiten zu ziehen: Worauf kann ich vielleicht auch verzichten? Welche Medientätigkeit lässt sich (zugunsten der Kinder) auf einen späteren Zeitpunkt verschieben? Als Leitfragen für solche Überlegungen eignen sich zum Beispiel die folgenden:
- Wie soll mein Kind mich und unsere Familie in Erinnerung behalten?
- Welche Erfahrungen mit und ohne Medien werden mein Kind geprägt haben, wenn es später auf seine Kindheit zurückblickt?

Lieblingsmedien der Kinder

Kinder entwickeln schon früh Vorlieben. Bücher, Comics oder das Fernsehen (auch via Video/DVD) sind am beliebtesten, doch die Verbreitung von Tablets in den Haushalten bleibt auch Kleinkindern nicht verborgen. Die intuitiv leicht bedienbaren Geräte faszinieren sie, und nicht selten handhaben sie diese innert Kürze genauso flink wie ihre Eltern.

Mit dem Alter verändern sich mediale Vorlieben. Im Vergleich zu Kindern ziehen Jugendliche Computer und Internet dem Fernseher deutlich vor. Immer früher ist auch das eigene Mobiltelefon respektive Smartphone ein Thema. Letzteres vereint schliesslich viele Funktionen: Es ist ein kleiner Computer, mit dem man Musik hören, kommunizieren, im Internet surfen, telefonieren, Notizen machen, fotografieren, filmen und spielen kann. Mit dem Smartphone in der Tasche tragen die Jugendlichen von heute den Zugang zu Medieninhalten aller Art praktisch jederzeit mit sich herum.

HINWEIS *In der Schweiz sind deutlich mehr Jugendliche stolze Smartphone-Besitzer als in anderen europäischen Ländern. Das Internet ist somit praktisch ständiger Begleiter – überdurchschnittlich viele Jugendliche nutzen es in der Schweiz via Smartphone.*

Kontrollieren und loslassen

Hat man als Eltern bei kleinen Kindern noch eher die Kontrolle darüber, welche Medien und Medieninhalte sie zu Gesicht bekommen, ändert sich dies, wenn die Kinder älter werden. Bei Freunden, auf dem Schulhausplatz oder dem Schulweg begegnen sie unter Umständen Texten, Filmen, Games oder Musik, die ihre Eltern zu Hause kaum goutieren würden. Spätestens im Jugendalter wird die elterliche Kontrolle noch schwieriger. Zwar ist ein Mobiltelefon – ob smart oder nicht – eine praktische Sache, die die Erreichbarkeit des Kindes gewährleistet. Doch wie bei Diskussionen darüber, wie lange das Kind abends ausgehen darf, geht es auch bei der Nutzung des Smartphones um einen weiteren Schritt in Richtung Unabhängigkeit, wie eine Mutter es treffend beschrieb. Das Loslassen des Kindes hinaus in den realen und virtuellen Raum hinterlässt bei vielen Eltern ein mulmiges Gefühl. Denn Medien haben wie so vieles im Leben gute Seiten und schlechte Seiten. Das schildert eine Mutter so:

SUSANNA H. (45 JAHRE): «*Ich finde es wichtig, dass meine Kinder (Sohn, 11 Jahre; Tochter, 9 Jahre) lernen, wie man mit Medien umgeht, was erlaubt ist und was nicht. Das kann gar nicht funktionieren, wenn man sie von den Medien abschottet. Die Eltern sind wichtig, weil die Kinder die Information, was gut ist und was schlecht, ja von irgendwoher bekommen müssen.*»

Wie sehen die Schweizer Medienhaushalte aus?

Medien sind in Schweizer Haushalten reichlich vorhanden. Die Palette entspricht dem Geschmack der Eltern, verändert sich aber auch mit dem Alter und den Vorlieben der Kinder.

Wer Eltern fragt, welche Medien sich bei ihnen zu Hause finden lassen, erhält tendenziell eine lange Antwort mit einer detaillierten Aufzählung («Bei uns gibt es fast alles, vom Buch bis zum Computer …») oder eine sehr kurze («Wir haben alles – ausser ein Radio!»). Dabei unterscheiden sich Haushalte mit kleinen Kindern nicht gross von Haushalten mit älteren Kindern und Jugendlichen. Lediglich bei den Spielkonsolen und der Anzahl Computer/Laptops und Smartphones lässt sich bei Familien mit älteren Kindern eine etwas höhere Stückzahl feststellen.

Trotz der Vielfalt gibt es sie immer noch: Haushalte, die sich zum Beispiel bewusst gegen einen Fernseher entschieden haben. Doch sie sind deutlich in der Minderheit. Meist ist vieles «einfach da» und wird von den einzelnen Mitgliedern der Familie unterschiedlich stark genutzt.

Reichhaltige Ausstattung

Die Medienausstattung in Schweizer Haushalten ist zahlenmässig in etwa vergleichbar mit derjenigen in unserem nördlichen Nachbarland. Gemäss einer Studie des Medienpädagogischen Forschungsverbandes Südwest zu Familien und Medien (siehe Anhang) findet sich in den meisten Haushalten in Deutschland das folgende Equipment:
- mindestens ein Fernseher
- Radiogerät
- Handy
- Computer/Laptop
- Internetzugang
- Abspiel-/Aufnahmegerät (DVD/Video)

1 ▪▪▪ MEDIEN, WOHIN DAS AUGE BLICKT

MEDIENAUSSTATTUNG IM HAUSHALT

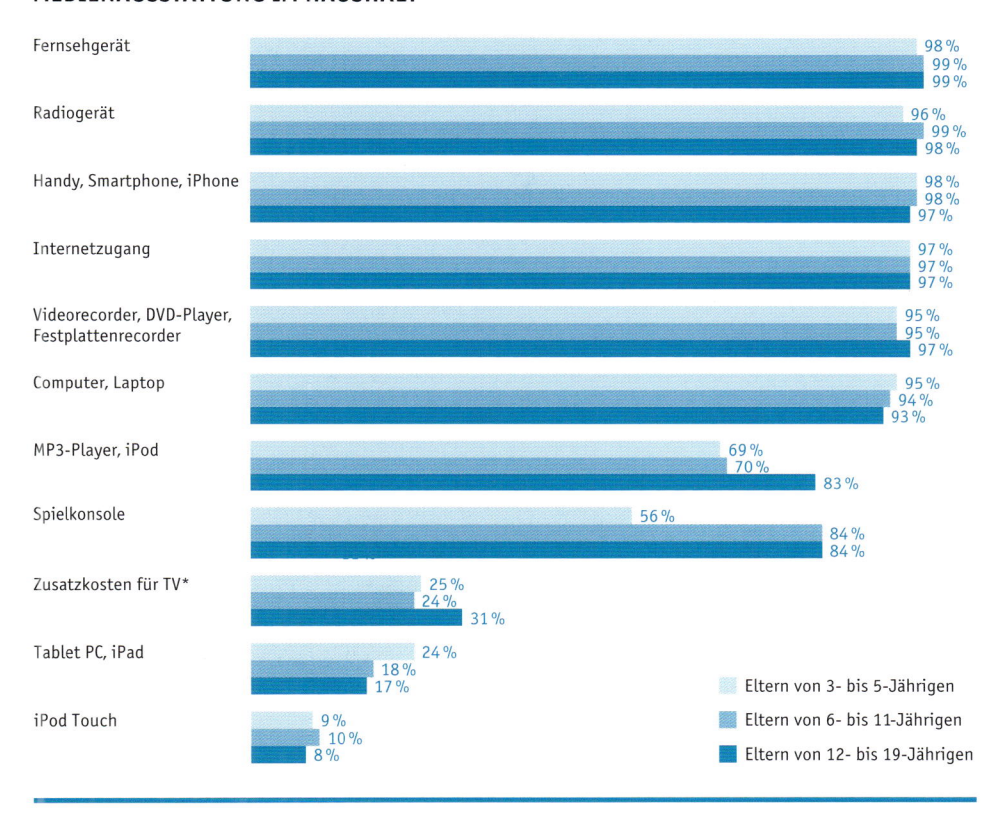

Gerät	Eltern von 3- bis 5-Jährigen	Eltern von 6- bis 11-Jährigen	Eltern von 12- bis 19-Jährigen
Fernsehgerät	98 %	99 %	99 %
Radiogerät	96 %	99 %	98 %
Handy, Smartphone, iPhone	98 %	98 %	97 %
Internetzugang	97 %	97 %	97 %
Videorecorder, DVD-Player, Festplattenrecorder	95 %	95 %	97 %
Computer, Laptop	95 %	94 %	93 %
MP3-Player, iPod	69 %	70 %	83 %
Spielkonsole	56 %	84 %	84 %
Zusatzkosten für TV*	25 %	24 %	31 %
Tablet PC, iPad	24 %	18 %	17 %
iPod Touch	9 %	10 %	8 %

Quelle: FIM 2011
*z.B. Gebühren für Pay-TV, Video-on-Demand etc.
Basis: Eltern, n=468

> **INFO** *Spielkonsolen und MP3-Geräte finden sich gemäss der JIM-Studie 2013 in rund drei Vierteln aller Haushalte. Tablets waren im Jahr 2013 in einem Drittel aller Haushalte vorhanden – 2011 besass erst ein Fünftel der Haushalte ein solches Gerät.*

Mit der Entwicklung neuer Medien kommen diese zusätzlich in die Haushalte, ohne zwangsläufig die «alten» Medien zu verdrängen. Zudem bestimmt die Einstellung der Eltern gegenüber Medien die Ausstattung des Haushalts mit; eine Rolle spielen natürlich auch die finanziellen Mittel.

MEDIENZUGANG ÜBER EIN EIGENES GERÄT

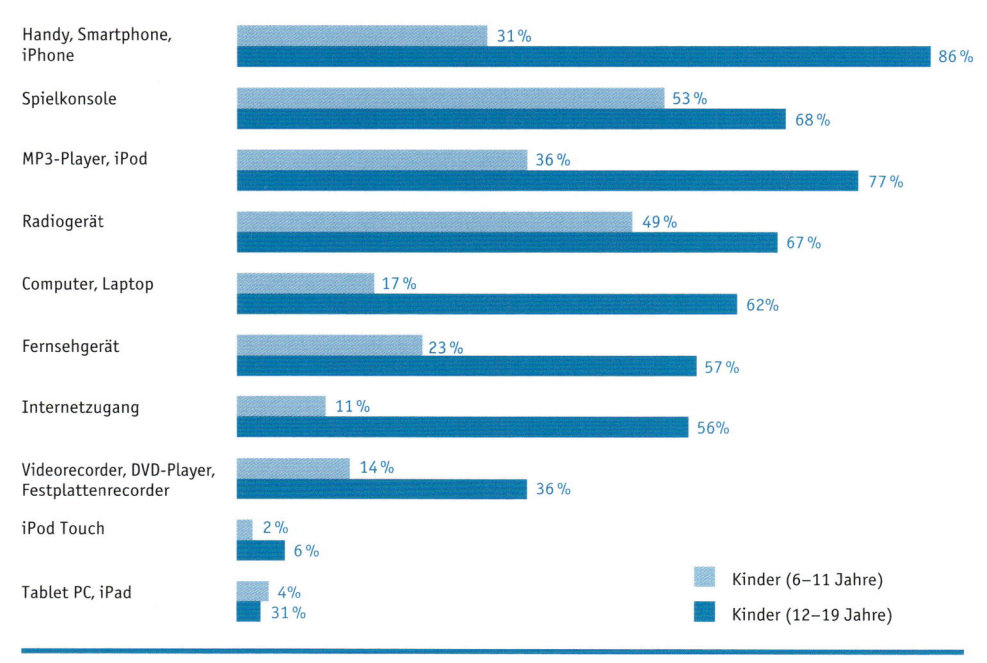

Gerät	Kinder (6–11 Jahre)	Kinder (12–19 Jahre)
Handy, Smartphone, iPhone	31 %	86 %
Spielkonsole	53 %	68 %
MP3-Player, iPod	36 %	77 %
Radiogerät	49 %	67 %
Computer, Laptop	17 %	62 %
Fernsehgerät	23 %	57 %
Internetzugang	11 %	56 %
Videorecorder, DVD-Player, Festplattenrecorder	14 %	36 %
iPod Touch	2 %	6 %
Tablet PC, iPad	4 %	31 %

Quelle: FIM 2011 Basis: Kinder (6–19 Jahre), n= 313

Das Medienequipment, das allen Familienmitgliedern zur Verfügung steht, ist das eine; das andere sind die Medien, die den Kindern selbst gehören. Ein eigenes Medium ermöglicht eine andere, freiere und selbstbestimmtere Art der Mediennutzung. Je älter die Kinder, desto eher haben sie Zugriff auf Medien im eigenen Zimmer.

Medien im Kinderzimmer

Früher oder später kommt die Frage auf, ob das Kind sich mit dem Ersparten oder dem Taschengeld selbst ein Medium kaufen oder eins (mit-)finanzieren darf. Und sobald Fernseher oder Laptop aus dem Blickfeld der Eltern verschwinden und im Kinderzimmer ihren festen Platz finden, verändern sich zwangsläufig auch Regeln und Abmachungen. Ältere Kinder gewinnen zwar in vielerlei Hinsicht an Selbständigkeit. Das bedeutet aber nicht, dass es zu diesem Zeitpunkt keine Familien- inklusive Medienregeln mehr braucht. Aus diesem Grund werden Medienregeln innerhalb der Familie mit Vorteil immer wieder angepasst oder neu entworfen, damit sie weiterhin funktionieren können.

Medienkontakt ausserhalb des Zuhauses

In jeder Familie kommt der Zeitpunkt, wo die elterliche Kontrolle punkto Medien abnimmt. Es beginnt damit, dass die Kinder anfangen, mehr Zeit mit und bei ihren Freunden zu verbringen – und in einem anderen Haushalt gelten nicht unbedingt die gleichen Medienregeln wie zu Hause. Mancherorts sind sie vielleicht strenger, andernorts sehr liberal. Einige Eltern beschäftigt dieser Umstand:

BEAT F. (40 JAHRE): *«Bei einigen Schulkollegen meines Sohnes (8 Jahre) weiss ich von vornherein, dass die Eltern eine andere Einstellung gegenüber Medien haben als ich und meine Frau. Ich scheue mich aber nicht mehr, mit anderen Eltern das Gespräch zu suchen. Wenn mein Kind regelmässig bei anderen Kindern spielt, dann, finde ich, darf man als Elternteil auch mal ganz direkt sagen, wie man das mit Computern, Games und Fernsehen bei sich zu Hause handhabt. Man sollte sich auch trauen, zu sagen, was man nicht so gut findet. Ich habe da bis jetzt nur gute Erfahrungen gemacht. Aber es braucht schon ein bisschen Mut, das anzusprechen...»*

Das Gespräch mit anderen Eltern zu suchen, wie es dieser Vater macht, ist eine produktive und transparente Art, dem Umfeld die eigene Einstellung im Umgang mit Medien kundzutun. Ein solches Gespräch ist im Idealfall möglichst neutral und rein informativ; so kommt schon gar nicht der Eindruck auf, man wolle jemandem «dreinreden». Denn bis zu einem bestimmten Grad muss man als Eltern – manchmal auch zähneknirschend – akzeptieren, dass in einem anderen Haushalt auch andere (Medien-)Gewohnheiten herrschen. In den meisten Fällen findet sich zugunsten der Kinder ein Konsens.

Medienkompetenz: Kompetenz der Zukunft

Keine Medaille ohne Kehrseite: Das trifft auch auf die Medien zu. Um die Vorteile der Medien nutzen zu können, erwerben bereits Kinder bestimmte Fähigkeiten. Diese helfen ihnen auch, negativen Aspekten so gut wie möglich aus dem Weg zu gehen.

In erster Linie verbinden uns Medien mit dem Rest der Welt: Sie bieten uns Informationen, die für private, aber auch für schulische und berufliche Zwecke nützlich sind. Mithilfe von Medien können wir uns weiterbilden und lernen. Medien unterhalten uns in vielfältiger Weise, und wir können dank Geschichten, Erzählungen, Filmen oder Unterhaltungen für einen Moment aus dem Alltagstrott ausbrechen und in eine andere Welt eintauchen. Medien bieten uns ferner die Möglichkeit, kreativ zu werden – etwa beim Schreiben eines Blogs oder bei der Gestaltung von Musik oder Videos. Auch können sie unseren Alltag wesentlich erleichtern, wenn wir zum Beispiel auf dem Weg von der Arbeit nach Hause den Wocheneinkauf online bestellen, das SBB-Ticket für den nächsten Tag herunterladen oder uns Informationen zu Stau oder Wetter direkt auf das Smartphone kommen lassen. Nicht zuletzt ermöglichen uns Medien, sprechend oder schreibend mit anderen zu kommunizieren und Bilder innert Sekunden auf die andere Seite der Welt zu schicken. Richtig eingesetzt, sind sie für den Nutzer eine riesige Bühne, um Inhalte zu verbreiten und sich global und lokal zu vernetzen. Freundschaften können über Medien entstehen und auch erhalten werden. Und nicht zuletzt schaffen Medien neue, flexible und mobile Optionen für die Arbeit (Stichwort homeoffice).

Chancen und Risiken

Andererseits bergen Medien auch Risiken. Die Fülle an Information, wie sie uns heute zugänglich ist, kann verwirren und überfordern. Aus der Menge das Richtige und Wichtige herauszupicken, ist manchmal schwierig, und den Überblick über die eigenen, privaten Daten zu behalten, wird immer anspruchsvoller. Die Ablenkung durch die omnipräsenten Medien kann zu Konzentrationsschwierigkeiten führen, sodass der Nutzer sich auf nichts mehr richtig einlassen kann. Junge Mediennutzer stossen zudem unter Umständen auf Inhalte, die sie noch nicht verstehen oder richtig einordnen können. Kontakte mit Fremden, die sich bei der Kommunikation ergeben, bereiten ebenfalls vielen Eltern Bauchschmerzen, etwa wenn ihre Sprösslinge das Chatten für sich entdecken. Auch Phänomene wie Mobbing tauchen als Cybermobbing in perfider Form und in neuem Kleid auf. Schliesslich ziehen Medien manche Nutzer so stark in ihren Bann, dass sie in einen suchtartigen Zustand geraten.

Medien als Teil unserer Lebenswelt

Trotz dieser Gefahren bedeuten die verschiedenen Medien und die Fähigkeit, sie zu verstehen und zu nutzen, in unserer Gesellschaft die Zukunft. Die Kinder von heute sind in die medial reich ausgestattete Welt hineingeboren worden und kennen nichts anderes. Doch nur, weil sie flink und interessiert mit Medien umgehen, bedeutet dies noch lange nicht, dass sie sie automatisch auch vernünftig, respektvoll und massvoll zu nutzen wissen.

Damit sie genau dies lernen, sind Sie als Eltern enorm wichtig. Und das Gute ist: Sie können garantiert eine Menge dazu beitragen, dass Ihr Kind Medienkompetenz erwirbt. Schon jetzt, ohne dieses Buch gelesen zu haben, tragen Sie täglich dazu bei – vielleicht sogar, ohne es bewusst zu tun. Ihr Kind lernt mit Ihrer Hilfe, die Risiken zu erkennen und möglichst zu umgehen, damit es von den vielfältigen Chancen der Medien profitieren kann. Dies wird für Ihr Kind im Laufe des Lebens wichtig sein, sowohl in seinem Privatleben als auch in der Schule und im Beruf.

Ziele und Absichten dieses Buches

Dieses Buch ist kein klassischer Ratgeber, in dem ausschliesslich Wissen und Tipps von Fachpersonen an die Leser weitergegeben werden. Wie man mit unterschiedlichen Medien umgehen soll, haben bereits existierende

Ratgeber schon vielfach zum Thema gehabt. Dabei bedienen sie sich meist der Top-down-Perspektive und bieten gute Leitplanken für die Medienerziehung zu Hause. Verschiedene Richtlinien, zum Beispiel wie lange ein Kleinkind die Medien nutzen soll und wie lange ein Jugendlicher, sind in diesen Werken aufgeführt. Sie bedienen das grosse Bedürfnis vieler Eltern, sich an fixen Angaben orientieren zu können.

Dieses Bedürfnis ist durchaus berechtigt, denn beim Entwicklungstempo der Medien kommt man als Elternteil heute kaum noch mit. Unsicherheit über die Qualität von Büchern, Filmen, Spielen und Internetseiten macht sich breit, auch weil das Angebot so unüberschaubar geworden ist.

Bei der Anwendung fixer Medienregeln merken Eltern jedoch, dass diese sich im eigenen Haushalt nicht immer eins zu eins umsetzen lassen. Das liegt daran, dass jede Familie ihre eigene Familienkultur lebt – auch im Umgang mit Medien. Eine Zauberformel, die für alle Familien funktioniert, wäre toll, nur gibt es sie leider nicht. Aber man kann bestehende Regeln für die eigene Familie übernehmen und anpassen, sodass alle Familienmitglieder gut damit leben können. Oder aber man fragt bei anderen Eltern nach, wie sie es denn mit Medien handhaben. Genau hier setzt dieses Buch an.

Dieses Buch gibt dem Leser die Möglichkeit, quasi durch das Schlüsselloch in die Medienhaushalte anderer Eltern zu schauen. Die authentischen Erfahrungen der Eltern, die für dieses Buch befragt wurden, zeigen, dass Medienregeln von Fachpersonen durchaus Sinn machen, dass es aber auch völlig in Ordnung ist, wenn sie je nach Situation an den eigenen Familienalltag adaptiert werden.

DAVID W. (36 JAHRE): *«Auf dem Spielplatz, wenn die Kinder toben und man am Rand sitzt, kann man sich mit anderen Erwachsenen mit denselben Problemen und Fragen unterhalten. Dennoch ist es viel zu selten möglich, mit anderen Eltern darüber zu sprechen, wie sie den Umgang mit den Medien handhaben. Man müsste viel mehr Eltern fragen können, um ein Bild davon zu bekommen, wie unterschiedlich das alles geregelt wird.»*

Die Erfahrungen der Eltern zum Thema Medien sind wichtig und elementar für dieses Buch, das einen Schritt weiter geht als klassische Ratgeber und nach dem Prinzip Bottom-up funktioniert. Eltern schildern eigene Good-Practice-Beispiele dazu, wie sie Abmachungen und Regeln mit Medien für sich erfolgreich handhaben. Diese Stimmen der Eltern sind mit medienpädagogischen Hinweisen angereichert. Die einfliessenden Beispiele von Experten aus dem Feld der Medienpädagogik und -Wissenschaft zeigen ausserdem, dass auch sie in ihren Familien mit denselben Fragestellungen kämpfen.

Vom Erfahrungsschatz anderer Eltern profitieren

Dieses Buch richtet sich grundsätzlich an das Zielpublikum Eltern. Aber auch Familienangehörige wie Grosseltern, Göttis und Gottis sowie Leser, die in ihrem Umfeld oder bei ihrer Arbeit mit Kindern zu tun haben, können aus dem Erfahrungsschatz der Eltern in diesem Buch etwas mitnehmen, wenn es um die Förderung der Medienkompetenz von Kindern und Jugendlichen geht. Im Idealfall erkennen Sie sich als Leser des Buches in einzelnen Good-Practice-Beispielen der Eltern (oder Experten) wieder oder werden dazu inspiriert, diese bei sich zu Hause auch einmal auszuprobieren.

Das Beste für die Kids

In den Interviews für dieses Buch erzählten viele Eltern nicht nur von ihren Medienregeln, sondern auch davon, was sie sich für ihre Kinder und deren Zukunft wünschen. Dass die Medien dabei eine grosse Rolle spielen werden, ist deutlich herauszuhören. Auch spüren die Eltern eine grosse Verantwortung, ihre Kinder fit für die Medienzukunft zu machen.

ULRICH W. (41 JAHRE): *«Ich denke, dass es für Eltern immer eine Herausforderung bleiben wird, ihren Kindern einen gekonnten Medienumgang beizubringen – und dass sich die Medienwelt bis in 30 Jahren nochmals wandelt.»*

NADINE P. (33 JAHRE): *«Die Handhabung und die Nutzung der Medien werden unseren Kindern (3,5 Jahre, 2,5 Jahre, 1 Jahr) in der Zukunft wohl recht leichtfallen. Es wird aber immer schwerer werden für sie, ein gesundes Mass zu finden und zu verhindern, dass ihr Leben komplett von den Medien bestimmt wird.»*

DAS SAGT DIE EXPERTIN MELA KOCHER (41 JAHRE): *«Die Kinder von heute haben es nicht automatisch leichter. Mediennutzung ist ja nicht gleich Medienkompetenz – meiner Meinung nach ist es wichtig, dass man viel mit den Kindern darüber spricht und nachdenkt, was in den Medien passiert, welche Geschichten da erzählt werden, ob etwas echt ist oder fabriziert, wie Werbung funktioniert, welche Inhalte die Kinder wann und warum bevorzugen etc. Wenn sie dazu angehalten werden, so zu reflektieren, dann wird es für sie auch leichter sein, eigenständig mit Medien umzugehen und dies dann auch wieder an ihre Kinder weiterzuvermitteln.»*

Nur weil Kinder heute mit einer grossen Medienvielfalt aufwachsen, heisst das nicht, dass sie auch den Umgang damit leichter erlernen. Dessen sind sich viele Eltern bewusst, auch wenn ihre Kinder Medien rasch bedienen lernen und gerne nutzen. Medienkompetent zu sein, bedeutet eben viel mehr als nur das Gerät zu beherrschen.

Medien als Teil der ganzen Vielfalt des Lebens

Bei allem, was Eltern punkto Medien und Abmachungen unternehmen, steht stets das Wohl der Kinder im Zentrum. Eltern wünschen sich, dass ihre Kinder lernen, ihre Entscheidungen im Umgang mit Medien sorgfältig zu treffen. Dabei geht es um ganz grundsätzliche Fragen, wie folgende Aussagen verdeutlichen:

HANS B. (50 JAHRE): *«Wir versuchen, unseren Kindern (Sohn, 11 Jahre; Tochter, 8 Jahre) die Einstellung mit auf den Weg zu geben, dass man Medien gezielt auswählen kann und soll. Und dass die Geräte eben nicht nonstop im Gebrauch sein müssen. Nur weil viele andere sie ständig benutzen, müssen sie das nicht ebenfalls tun.»*

ANNA P. (45 JAHRE): *«Wir haben versucht, unseren Kindern (zwei Töchter, 18 und 11 Jahre; Sohn, 16 Jahre) mitzugeben, dass man mit den Medien nicht nur drauflosprobieren soll. Sondern dass man sich auch überlegen muss, was die Chancen, aber auch Risiken sind, die mit einem neuen Medium in ihr Leben treten.»*

DAS SAGT DER EXPERTE THOMAS MERZ (51 JAHRE): *«Meine Grundhaltung ist, mir immer wieder diese Fragen zu stellen: Was sollen meine Kinder im Leben erleben? Was brauchen sie, um gesund aufzuwachsen? Zu den Antworten gehören: miteinander,* *allein oder mit Freunden und Freundinnen zu spielen und sich zu versöhnen, kreativ zu sein, Natur zu erleben, Umwelt zu erleben, die ganze Vielfalt an Leben zu erfahren. Weitere Fragen, die ich mir stelle: Was wollen wir als Familie miteinander erleben, wofür nehmen wir uns gemeinsam Zeit, und wie gestalten wir die Beziehungen untereinander? In dem Ganzen drin kommen natürlich auch die Medien vor. Aber meine Grundfrage zum Thema Medien war bis auf wenige Ausnahmen nie die, ob eines meiner Kinder ein Medium schon nutzen darf und wie lange. Sondern die Grundfrage war, ob genug Vielfalt im Leben meiner Kinder Platz hat. Und das beschränkt letztlich auch die Zeit, die sie mit Medien verbringen.»*

Eine solche Grundhaltung fasst zusammen, wie man als Familie miteinander leben möchte. Die Medien erhalten keine Sonderstellung, sondern sind Bestandteil des normalen Alltags. Ob Eltern strengere oder eher legere Regeln aufstellen, hängt ganz von dieser Grundhaltung ab.

DAS SAGT DIE EXPERTIN BARBARA JAKOB (47 JAHRE): *«Wir haben nie die Verbotstaktik gewählt. Wir haben immer geschaut, was die Kinder machen, wo ihre Interessen liegen. Sie haben sich lange nicht für Fernsehen und Kino interessiert. Das haben wir zur Kenntnis genommen. Wahrscheinlich war ihnen anderes wichtiger. Unterdessen finde ich es auffällig, dass sie durch den wenigen Fernsehkonsum auch relativ wenig Filmwissen haben. Aber für sie spielt es keine Rolle.»*

Das Geschäft mit der Angst

In den Massenmedien wird über die Medien – vor allem über digitale – eher negativ berichtet. Selten werden die positiven Seiten hervorgehoben; viel interessanter scheint es, über Risiken zu berichten. Es gibt auch Ratgeber, die mit dem Mittel der Angst operieren, um Eltern zu erreichen und ihnen Tipps zu geben. Es heisst dann etwa: «Medien machen depressiv!» oder «Medien lassen unsere Kinder dumm werden». So wird suggeriert, dass die Medien schuld sind, wenn uns Schlechtes wiederfährt. Doch ist es nicht viel eher die Art und Weise, wie wir – ob jung oder alt – die Medien nutzen, die eine gute oder schlechte Wirkung auf uns entfaltet?

> **HINWEIS** *Die Dosis macht das Gift – Medien können uns guttun, aber ein Übermass kann auch ungesund sein. Die Wissenschaft weiss punkto Medienwirkungen lediglich, dass ein sehr einseitiger, nicht altersgerechter und zeitlich hoher Medienkonsum sich unter Umständen negativ auf einzelne Nutzer auswirken kann. Studien zur Mediennutzung (vor allem Langzeitstudien) sind jedoch schwierig durchzuführen, da wir stets vielfältigsten Einflüssen ausgesetzt sind und sich der Medienkonsum daher nicht isoliert betrachten lässt.*

Ich persönlich glaube nicht daran, dass wir die Medienkompetenz von Kindern und Jugendlichen fördern, indem wir die Medien, die ihnen teilweise sehr lieb sind, verteufeln. Ich denke auch nicht, dass eine generelle Angstmacherei dazu beiträgt, das Selbstvertrauen von Eltern in Sachen persönliche medienpädagogische Fähigkeiten zu stärken. Im Gegenteil – ich begegne je länger je mehr verunsicherten Eltern, die das Gefühl haben, ihnen seien bezüglich Mediennutzung ihrer Kinder die Hände gebunden. Medienverbote zeigen in solchen Fällen eine schnelle Wirkung, man kann sie gewiss für eine bestimmte Zeit einsetzen. Doch nachhaltig sind sie nicht.

Die Suche nach dem Gleichgewicht

Die Balance zwischen medialen und nichtmedialen Tätigkeiten wurde immer wieder genannt; Eltern stufen sie als wichtiges Kriterium ein, um die Mediennutzung der Kinder beurteilen zu können. Das zeigen die folgenden Aussagen:

> **KARIN D. (44 JAHRE):** «Wir haben das Gefühl, dass unsere Kinder (zwei Töchter, 12 Jahre) ein massvolles Konsumieren im Griff haben, da sie so viele andere Interessen verfolgen. Die eine Tochter ist in einer Ballettausbildung, die andere in einer Hip-Hop-Gruppe, die bei Meisterschaften mittanzt. Beide treffen sich gerne mit Freundinnen, um Musik zu hören oder draussen etwas zu machen wie Tischtennis oder Fussball spielen oder Eis essen gehen; eine Tochter ist ausserdem eine richtige Leseratte, die lieber zum Buch als zur Fernbedienung greift.»

SABINE UND DAVID W. (BEIDE 35 JAHRE): *«Die Balance muss stimmen. Solange Kinder im Wald noch etwas anfangen können, können sie auch 45 Minuten am Stück fernsehen – auch wenn es Broschüren gibt, in denen anderes empfohlen wird. Wir schauen einfach, wie unsere Kinder (Tochter, 7 Jahre; Sohn, 4 Jahre) sich verhalten. Das ist der beste Indikator. Wenn ein Kind sich nur noch auf etwas konzentriert, wenn das Ganze einseitig wird, dann muss man als Elternteil eingreifen. Eine Standardlösung gibt es da wohl kaum.»*

Medienregeln in der Familie helfen Kindern auf ihrem Weg zu einer kompetenten Mediennutzung – auch wenn solche Abmachungen nicht immer mit Begeisterung entgegengenommen werden. Als Eltern wollen wir alle nur das Beste für unsere Kinder, jeder auf seine Weise. Deshalb sollte auch niemand zögern, mit Kindern Schritt für Schritt die Welt der Medien kennen und besser verstehen zu lernen. Wir können die Umstände, unter denen wir leben, nicht immer beeinflussen. Was aber jede Familie tun kann: für sich selbst entscheiden, was ihr für das Zusammensein wichtig ist und was eher in den Hintergrund treten sollte.

DAS SAGT DIE EXPERTIN JUDITH MATHEZ (41 JAHRE): *«Kinder sollen Grenzen erfahren und auch sehen, dass in anderen Familien andere Regeln herrschen und dass andere Kinder vielleicht andere Dinge dürfen oder auch nicht dürfen. Daran nehmen sie ja keinen Schaden. Auch ist es wichtig zu sehen, dass Regeln an sich nicht unverrückbar sind und dass man sie im Gespräch mit den Kindern auch immer wieder anpassen kann, sodass es für die ganze Familie stimmt.»*

DAS SAGT DER EXPERTE THOMAS MERZ (51 JAHRE): *«Ich glaube, wir leiden in unserer Welt mehr an einem Zuwenig an Leben als an einem Zuviel an Medien. Das, was Leben im Kern ausmacht, darum geht es. Ein Kind muss am Morgen aufstehen und sich auf die Herausforderungen, die der Tag bringt, freuen können. Es sollte eine Sicherheit haben, dass es auch schwierige Situationen bewältigen kann. Und das Ganze findet einfach in einer Welt mit Medien statt.»*

Die Medien sollten im Leben kein zu grosses Gewicht erhalten. Tatsächlich sind sie einfach nur nützliche Werkzeuge, Hilfen im Alltag und amüsante

Unterhalter. Wer lernt, die Medien zu verstehen, und ein Gefühl dafür entwickelt, was ihm im Umgang mit Medien guttut und was nicht, kann sein Leben mit ihnen bereichern.

Sie tun schon mehr, als Sie vielleicht glauben

Sie als Eltern können sehr viel dazu beitragen, dass Ihr Kind den Umgang mit Medien erlernt, auch wenn Sie selbst keine Medienexperten sind. Halten Sie die Augen offen, interessieren Sie sich für das, was Ihr Kind tut. Sprechen Sie mit Ihrem Kind schon früh auf kindgerechte Weise über Medieninhalte, über Ihre Gedanken dazu und auch darüber, wie Medien funktionieren. Im Gespräch über Medien lernt Ihr Kind, sich auch bei Medienfragen an Sie als Bezugsperson zu wenden und Medien nicht nur zu konsumieren, sondern auch kritisch zu hinterfragen.

Eltern, Schule und Gesellschaft tragen idealerweise gemeinsam ihren Teil dazu bei, dass Kinder und Jugendliche medienkompetent durchs Leben gehen können. Unter dem Schlagwort «Medienkompetenz» verbirgt sich vereinfacht gesagt nichts weiter als ein Blumentopf, aus dem verschiedene bunte Blumen wachsen (siehe Abbildung nebenan). Jede dieser Blumen steht für eine Kompetenz, die dabei hilft, die Medien besser zu handhaben und zu begreifen.

HINWEIS *Auch wenn die Medien sich rasant entwickeln und Sie immer wieder vor neue Herausforderungen stellen, so haben Sie in der Regel den jungen, geschickten Nutzern eines voraus: eine Menge Erfahrung. Denn das technische Know-how ist nur ein kleiner Bestandteil des gesamten Blumentopfes.*

Wenn Sie schon früh ein solches Pflänzchen bei sich zu Hause aufstellen und es über die Jahre pflegen und wachsen lassen, vermitteln Sie im Alltag oft auch ganz nebenbei Medienkompetenz. Davon profitiert Ihre ganze Familie. Und je älter Ihr Kind wird, desto mehr Blumen beginnen im Topf zu wachsen.

Sie leisten jeden Tag einen wichtigen Beitrag für die (Medien-)Zukunft Ihrer Kinder, wenn Sie sich mit ihm auf seine Reise durch die Medienlandschaft begeben. Lassen Sie sich auf diesen Ausflügen keine Angst

1 ■ ■ ■ MEDIEN, WOHIN DAS AUGE BLICKT

einjagen, sondern überlegen Sie selbst, was für Sie und Ihre Kinder stimmt.

Wenn Sie dieses Buch lesen, werden Sie merken, dass Sie Ihren Kindern schon viel mehr Medienkompetenz vermittelt haben, als Sie vielleicht denken. Machen Sie weiter so – und lassen Sie sich von den hier versammelten Elternstimmen zusätzlich inspirieren.

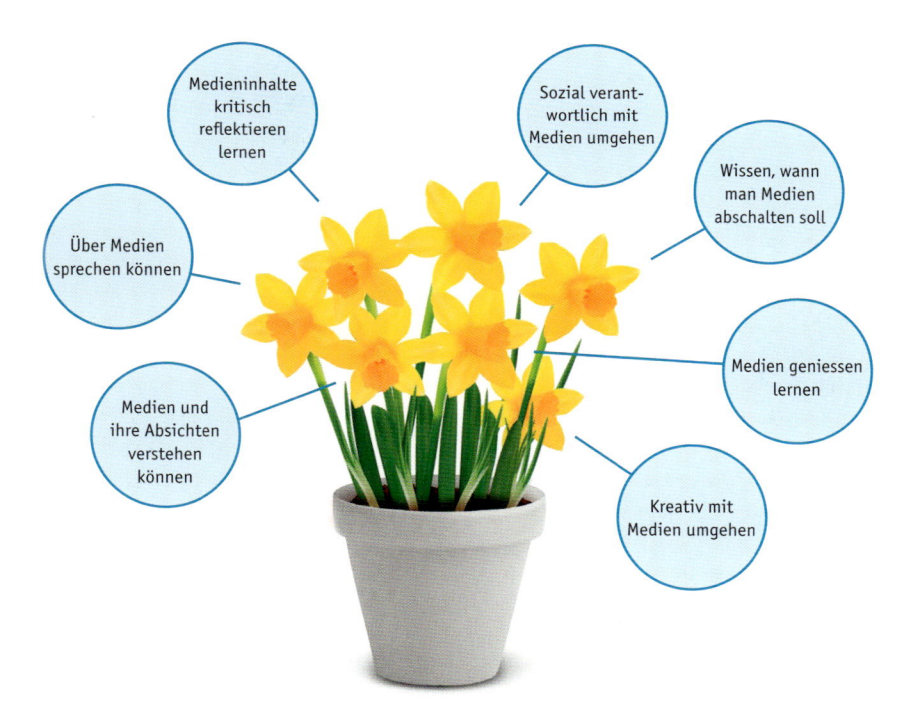

- Medieninhalte kritisch reflektieren lernen
- Sozial verantwortlich mit Medien umgehen
- Wissen, wann man Medien abschalten soll
- Über Medien sprechen können
- Medien geniessen lernen
- Medien und ihre Absichten verstehen können
- Kreativ mit Medien umgehen

Die ganze Vielfalt der Medienkompetenz

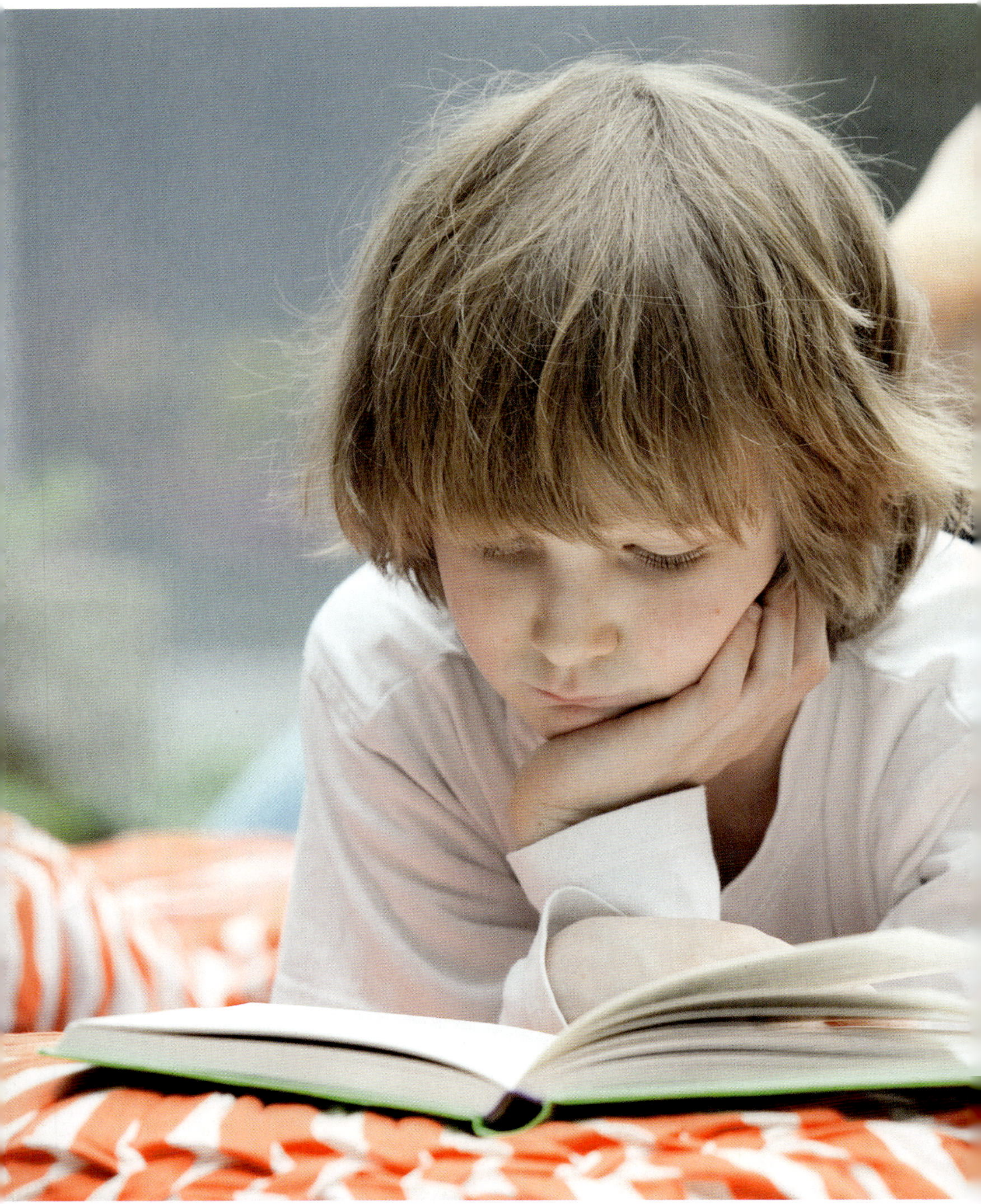

Bücher und Zeitschriften

2

Mit einem Buch fängt es an – oft ist ein Stoffbüchlein, ein Badebuch aus Kunststoff oder ein kartoniertes buntes Bilderbuch das erste Medium im Leben des Kindes. Ob sich aus einem Kind eher eine Leseratte oder ein Büchermuffel entwickelt, hängt aber von ganz verschiedenen Faktoren ab.

Bücher

Schon Babys und Kleinkinder geniessen es, in Bilderbüchern zu blättern, die Seiten zu befühlen und die Abbildungen zu bestaunen. Von den Eltern vorgelesene und erzählte Geschichten bilden einen idealen (Erst-)Kontakt zwischen Eltern, Kindern und Medien.

Fragt man Eltern, wie sie das Buch als Medium für ihre Kinder einschätzen, schneidet es im Vergleich zu allen anderen Medien sehr positiv ab. Dass Bücher einen derart guten Ruf besitzen, war aber nicht immer so. Blickt man in der Geschichte zurück, finden sich zahlreiche Belege dafür, dass man dem Buch negative Wirkungen zutraute. Verrohend sei es, es verderbe den Leser durch sinnliche Inhalte, Lesen ziehe die Augen in Mitleidenschaft, und Bücher seien schlecht für die Fantasie des Menschen, weil sie Geschichten detailliert erzählten. Bücher wurden auch verbrannt oder kamen auf eine Verbotsliste (Index).

Dies zeigt, dass jedes neue Medium mehr oder weniger harter Kritik ausgesetzt ist. So war es bei Büchern, bei Audio- und Bildschirmmedien, und so wird es auch künftig den neuen Medien ergehen. Kritik an sich ist nicht schlecht; am Ende entscheiden die Nutzer (oder ihre Erziehungsberechtigten) darüber, inwiefern sie sich davon beeinflussen lassen – oder eben nicht.

Bücher oder digitale Medien – oder beides?

Heute ist das Buch ein Medium, dessen Nutzung bereits bei kleinen Kindern gefördert wird:

KARIN D. (44 JAHRE): «*Lesen wird bei uns unterstützt, die Kinder dürfen jederzeit zu mir kommen und nach neuen Büchern fragen. Sie haben einen Bibliotheksausweis und bekommen auch Büchergutscheine, damit sie selbst etwas auswählen können.*»

2 ■ ■ ■ BÜCHER UND ZEITSCHRIFTEN

DAS SAGT DER EXPERTE PETER JAKOUBEK (52 JAHRE): *«Wir haben eine super Schulbibliothek in der Gemeinde, in die alle Kinder (zwei eigene Töchter, 21 und 14 Jahre, und die Familie hat bis vor zwei Jahren im Rahmen einer sozialpädagogischen Wohngruppe auch Pflegekinder bei sich zu Hause aufgenommen) immer gerne gingen, mit all den Vor- und Nachteilen wie Mahnungszetteln und Bussen. Dieses Angebot nutzten sie regelmässig und gingen mit uns oder alleine oder auch mit der Schule hin. Zu Hause lasen wir den Kindern bis zu einem gewissen Alter auch Geschichten vor, etwa bis ins Unterstufenalter, oder wir lasen mit. Und manchmal empfahlen die Lehrer, ein Kind solle mehr allein lesen, zum Zweck der Leseförderung. Die einen Kinder lasen sehr gern, verschlangen Bände von ‹Harry Potter› etc., sogen sie buchstäblich auf. Sie lasen auch noch mit der Taschenlampe im Bett weiter, nachdem das Licht schon lang hätte gelöscht werden müssen. Einige wenige Kinder lasen gar nicht. Es bedeutete ihnen einfach nichts. Wir hatten aber immer viele Bücher im Haus, auch Jugendbücher von mir, zum Beispiel ‹Die Schatzinsel›, oder verschiedene Bücher von Erich Kästner, Klassiker eben. Die einen Kinder griffen zu, andere nicht. Wir haben nicht wirklich gepusht, sondern die Bücher standen einfach zur Verfügung.»*

Als Hobby oder für die Schule: Lesen ist wichtig und macht den meisten Kindern Spass. Besonders Mädchen gelten als lesefreudig, von Knaben hört man eher, dass sie zum Lesen motiviert werden müssen. Einige Eltern zeigen sich dabei sehr kreativ und versuchen, einen Kompromiss zwischen Lesen und der Nutzung elektronischer Medien zu schaffen, ja sogar einen Anreiz. Manchmal hilft es, das Interesse für Bücher über die Inhalte herzustellen. Und schliesslich gibt es Kinder, die sich mehr für nichtfiktionale Bücher begeistern. Auch das kann einen Zugang zum Lesen eröffnen.

NOEMI UND JAN P. (BEIDE 36 JAHRE): *«Wir versuchen momentan, mit unseren Kindern (Sohn, 10 Jahre; Tochter, 5 Jahre) in Sachen Nutzung von Büchern und elektronischen Medien wie Fernseher und Tablet einen Kompromiss zu machen. Zum Bücherlesen ist unser Sohn derzeit nicht so einfach zu motivieren. Wir machen es deshalb so: Für jede Stunde, die die Kinder in einem Buch lesen (privat, nicht für die Schule), steht ihnen eine Stunde Fernsehen oder Tablet zu. Diese eine Stunde für elektronische Medien ist aber auch gleichzeitig das Maximum pro Wochentag. Am Wochenende dürfen sie die Geräte etwas länger nutzen.»*

DAS SAGT DIE EXPERTIN CORNELIA BIFFI (48 JAHRE): *«Bei unseren Söhnen (9 und 5 Jahre) konnten wir das Interesse für Bücher auf der Sachebene herstellen; mit Sachbüchern, in denen zum Beispiel gezeigt wird, wie ein Traktor funktioniert oder was ein Elektriker oder ein Bauarbeiter tut. So konnten wir die Jungs da abholen, wo ihre Interessen lagen. Wenn man beim Interesse der Kinder ansetzt, kann man sie meiner Meinung nach für viele Medien begeistern.»*

Liberale Handhabung

Für den Umgang mit Büchern gibt es eher weniger Regeln in den Familien – in vielen Haushalten am ehesten noch die, dass zu bestimmten Zeiten andere Dinge vor dem Lesen Priorität haben, zum Beispiel gemeinsame Unternehmungen oder genug Schlaf vor einem Schultag.

JANINA M. (39 JAHRE): *«Für Bücher gilt: So viel wie möglich. Bei den anderen Medien gilt: So wenig wie möglich.»*

ELENA Z. (50 JAHRE): *«Bücher sind bei uns zu Hause immer griffbereit. Unser Sohn (7 Jahre) darf jederzeit lesen. Bei den anderen Medien haben wir zeitliche Beschränkungen, bei Büchern nicht.»*

PATRIZIA L. (42 JAHRE): *«Unsere Söhne (12 und 9 Jahre) dürfen so viel lesen, wie sie wollen bzw. solange sie Zeit haben. Unter der Woche ist aber abends um 21 Uhr Schluss.»*

DAS SAGT DER EXPERTE DANIEL SÜSS (51 JAHRE): *«Für den Umgang mit Büchern gibt es im Augenblick bei uns keine Abmachungen oder Regeln, was die Inhalte betrifft. Regeln braucht es meiner Meinung nach vor allem dann, wenn man das Gefühl bekommt, dass etwas Ungünstiges passiert. Bis jetzt hatte ich den Eindruck, dass meine Töchter (14 und 13 Jahre alt) bei der Auswahl ihrer Romane nie etwas vorschlugen, was nicht gepasst hätte. Aber es gibt natürlich Regeln in Bezug auf den Zeitpunkt des Lesens. Wenn zum Beispiel die ältere Tochter am Abend um 23 Uhr noch weiterlesen möchte, der nächste Tag aber ein Schultag ist, dann geht genügend Schlaf vor. Oder wenn wir an einem Schönwettertag am Wochenende oder in den Ferien* gemeinsam etwas unternehmen wollen, dann gilt die Abmachung, dass wir uns nicht zum Lesen zurückziehen – man kann ja auch nachher lesen. Da setzen wir Prioritäten.»

DAS SAGT DIE EXPERTIN CORNELIA BIFFI (48 JAHRE): *«Unsere beiden Söhne (9 und 5 Jahre) lesen sehr gerne. Das dürfen sie auch praktisch immer, allerdings muss man bei ihnen regeln, wann sie die Bücher abends weglegen müssen. Wenn der Tag schon voller Aktivitäten war und sie am Abend im Bett noch lesen wollen, dann achte ich darauf, dass es nicht zu viel wird.»*

In manchen Haushalten steuern die Eltern den Zugang zu bestimmten Medien bewusst. Kinderbücher werden zum Beispiel sichtbar platziert, damit der Nachwuchs sich bedienen kann. Schaut man sich die Kinderbuchsammlungen an, entdeckt man oftmals Exemplare, die schon die Eltern gelesen haben. Mit diesen Geschichten verbinden viele Eltern auch ganz persönliche Erinnerungen und Emotionen.

JULIA A. (30 JAHRE): *«Kinderbücher und -zeitschriften sind im Regal so verstaut, dass unser Sohn (4 Jahre) sich jederzeit bedienen kann. Im Gegensatz dazu sorgen wir dafür, dass er keinen Zugriff auf den Fernseher oder das Tablet hat.»*

RALF D. (35 JAHRE): *«Wir haben eine grosse Kinderbibliothek, und Lesen ist bei uns uneingeschränkt erlaubt. Das heisst auch, dass die Kinder (Sohn, 3,5 Jahre; Tochter, 1,5 Jahre) zum Beispiel abends noch lesen dürfen, wenn sie nicht einschlafen können. Wir haben alte Bücher aus unserer Kindheit, Kinderbuchklassiker wie ‹Die kleine Raupe Nimmersatt› – unterdessen dank Geschenken der Verwandten schon in mehrfacher Ausführung inklusive Spielzeug –, und wir gehen auch in die Bibliothek, um Bücher zu holen. Wenn wir Bücher für die Kinder kaufen, dann schauen wir auch, ob sie aus einer Reihe stammen. Momentan stehen die Bücher hoch im Kurs, die etwas erklären (z.B. ‹Der Flughafen›) und die so gemacht sind, dass man sie an verschiedenen Stellen aufklappen kann. Wenn etwas bei den Kindern gut ankommt, dann machen wir uns auf die Suche nach mehr davon oder Ähnlichem.»*

Lesen bewusst fördern

Einige Eltern beginnen schon früh, ihrem Kind vorzulesen. Oft taucht in diesem Zusammenhang die Frage auf, wann genau man damit anfangen sollte. Eltern üben nämlich schon früh einen Einfluss darauf aus, ob ihre Kinder ebenfalls eine Liebe zum Lesen entwickeln – auch wenn es keine Garantie dafür gibt, dass es funktioniert.

SILVIA B. (39 JAHRE): *«Erst war es seltsam für mich, mit meinem etwa sechs Monate alten Baby ein Bilderbüchlein anzuschauen. Es war eines dieser Stoffbücher, und als ich versuchte, ihm zu erzählen, was passiert, strampelte es vor allem. Aber nach einer gewissen Zeit, als wir das immer wieder machten, reagierte mein Sohn immer deutlicher: Er machte Laute und befühlte mit der Hand die Bilder – es war schön, das zu merken. Ich selbst fand es am Anfang etwas frustrierend, dass er nicht die Geduld für eine ganze Geschichte hatte, denn ich wollte sie gerne ganz zu Ende erzählen. Aber das ist bei Babys ja völlig normal. Als er grösser wurde, war das kein Thema mehr. Da musste ich ihm dann jedes Buch am liebsten dreimal nacheinander erzählen...»*

DAS SAGT DER EXPERTE STEVE BASS (47 JAHRE): *«Wenn Eltern schon früh Geschichten vorlesen, auch Geschichten aus ihrer eigenen Kindheit, die sie liebgewonnen haben, dann glaube ich schon, dass das bei den Kindern eine gute Basis schafft für die Liebe zur Literatur. Mal abgesehen davon, dass man beim Lesen und Vorlesen Zeit miteinander verbringt! Dann kriegen die Kinder auch mit, dass Lesen etwas Schönes ist, und empfangen nicht nur die Botschaft ‹Lesen ist etwas Wichtiges, und du solltest das tun...›.»*

Auf der Suche nach geeigneten Büchern

Projekte wie «Buchstart» unterstützen eine frühe Leseförderung und haben zum Ziel, schon früh das Interesse am Buch zu wecken und eine Bindung dazu entstehen zu lassen. Ein weiteres Ziel des gesamtschweizerischen Projekts ist die Frühsprachförderung von Kleinkindern. Die Kinder sollen schon früh Freude am Lesen und Lernen entwickeln und im Idealfall ihr Leben lang behalten. Eltern werden hierfür mit einem Buchgeschenk unterstützt. Denn Eltern können schon mit Babys aktiv kommunizieren und sie ab etwa sechs Monaten mit Bilderbüchern vertraut machen.

Der Buchstart-Club (www.buchstartclub.ch) bietet Eltern Empfehlungen von ausgewählten Bilder- und Vorlesebüchern für Kinder im Vorschulalter. Unabhängige Experten stellen 15 Titel pro Halbjahr zusammen. In weiteren Quellen wie der Fachzeitschrift «Buch und Maus» des Schweizerischen Instituts für Kinder- und Jugendmedien (SIKJM) finden sich ebenfalls empfehlenswerte Bücher für alle Altersstufen. Viele Zeitungen verfügen zudem über Rubriken oder Extrabeilagen, in denen Kinderbücher rezensiert werden. Diese Kinderbuchempfehlungen lassen sich auch im Internet anschauen. Und warum nicht auch gleich weitere Seiten im Internet besuchen, die Buchempfehlungen für Leser – vom Erstleser bis zur jugendlichen Leseratte – abgeben? Mit älteren Kindern können Sie sich als Eltern auch gemeinsam durch diese Angebote klicken.

TIPP *Nutzen Sie das Angebot der Gemeindebibliothek und fragen Sie direkt vor Ort nach, welche neuen Bücher es gibt und was sich für Ihr Kind als Lesestoff eignen könnte. Viele Eltern nutzen das Angebot nicht zuletzt aus finanziellen Gründen. Und für manche Familien ist der Gang in die «Bibli» ein fixer Bestandteil der Woche oder des Monats, auf den die Kinder sich schon im Vorfeld freuen. Während die einen Eltern ihre Kinder die Bücher selbständig aussuchen lassen, unterstützen andere den Nachwuchs bei der Auswahl aus dem grossen Angebot.*

DAS SAGT DIE EXPERTIN BARBARA JAKOB (47 JAHRE): *«Alle drei Töchter hatten ab dem Alter von zwei Jahren eine Bibliothekskarte, und ich ging mit ihnen hin. Es war interessant zu beobachten, wie sie jeweils für eine Weile verschwanden, während ich für mich Bücher aussuchte, und wie sie zurückkamen mit je etwa sieben Büchern und dazu noch Spielen unter dem Arm. Sie suchten sich selbst aus, was sie interessierte. Teilweise auch immer wieder dieselben Bücher, da denkt man als Erwachsener vielleicht: Was, schon wieder diese Geschichte? Aber so lernten die Kinder früh, Medien und Medieninhalte selbst auszuwählen, und definierten sich als Mediennutzer mit eigenen Medienbedürfnissen.»*

LINDA N. (44 JAHRE): *Ich selber ging schon immer gern in die Bibliothek. Als meine Tochter (5 Jahre) und mein Sohn (7 Jahre) in dem Alter waren, dass sie Bücher sorgfältig behandeln konnten – ohne aus Versehen Seiten einzureissen oder so –, gingen* wir zusammen Bücher ausleihen, und dabei ist es geblieben. Meine Tochter sucht sich ihre Bilderbücher selbst aus, und mein Sohn stürzt sich natürlich als Erstes auf die Comics. Schon in der Bibliothek hockt er sich damit in die Leseecke. Ich selbst finde es toll, in der Bibliothek auch andere Eltern zu treffen auf einen kleinen Schwatz.»

DAS SAGT DIE EXPERTIN CORNELIA BIFFI (48 JAHRE): *«Bei uns hat es sich bewährt, dass wir die Mediennutzung der kindlichen Wahrnehmung entsprechend aufbauen und bei gewissen Medien Schwerpunkte setzen; vom auditiven zum audiovisuellen, vom statischen zum bewegten Medium (Buch–Film). Dabei versuchen wir, an die Interessen unserer Söhne (9 und 5 Jahre) anzuknüpfen und eine gute Auswahl an Medieninhalten zu treffen. Der regelmässige Besuch der Bibliothek hat sich sehr bewährt. Aber auch hier muss man die Kinder bei der Auswahl beraten.»*

Gemeinsame Freude an Büchern

Bei vielen Familien ist die Gutenachtgeschichte ein liebgewonnenes Ritual, das Eltern wie auch Kinder geniessen. Dabei muss es nicht einmal immer das klassische Kinderbuch sein, das das Interesse am Lesen weckt.

Viele Eltern berichteten, dass sie sogar noch Kindern im Schulalter abends regelmässig Geschichten vorlesen – oder dass sie miteinander etwas lesen. Während dieser gemeinsamen Momente können Eltern die Reaktionen ihrer Kinder auf die Geschichten ganz nah mitbekommen:

DAS SAGT DIE EXPERTIN MELA KOCHER (41 JAHRE): *«Das Zubettgehen ist immer begleitet vom Lesen oder Anschauen von Büchern; jedes Kind (zwei Söhne, 5 und 3 Jahre) darf sich ein Buch auswählen, das dann der Vater oder die Mutter im Bett vorliest oder erzählt. Wir wechseln ab, beide Kinder wollen immer ‹ihr› Buch zuerst vorgelesen haben. Manchmal lesen wir vor dem Einschlafen ein Bilderbuch, dann eine Lego-Bauanleitung und dann ein Sachbuch über Fledermäuse – je nach Wunsch.»*

RALF D. (35 JAHRE): *«Bei unseren Kindern (Sohn, 3,5 Jahre; Tochter, 1,5 Jahre) sind Bilderbücher hoch im Kurs – vom Wimmelbuch bis zu Wissensbüchern mit verschiedenen Themen. Manchmal erstaunt es mich, dass sie auch ‹Papa Moll› hervorholen und über die Bilder lachen, obwohl sie die Geschichten ja noch gar nicht richtig begreifen können.»*

DAS SAGT DER EXPERTE THOMAS MERZ (51 JAHRE): *«Bilderbücher anschauen oder Geschichten vorlesen, das zelebrierten wir früher richtig. Da schleppten wir auch mal die Matratzen auf die Terrasse und machten uns dort ein schönes Plätzchen. Ich hätte den Kindern wohl auch aus dem Telefonbuch vorlesen können! Denn nur schon die Atmosphäre war toll – man war so in den Abend eingepackt, in warme Decken gehüllt und beieinander. Das hatten meine Töchter (heute 21, 19 und 16 Jahre) damals wahnsinnig gerne. Manchmal suchten wir uns auch in der Umgebung einen schönen Platz und breiteten zum Beispiel am Waldrand eine Decke aus, und ich las die Gutenachtgeschichte dort vor. Auch im Alltag, nicht nur in den Ferien.»*

Diese Beispiele verdeutlichen, dass Vorlesen viel mehr sein kann, als eine tolle Geschichte zu hören. Vorlesen verbindet und schafft gemeinsame (Medien-)Momente, an die man sich noch lange mit schönen Gefühlen erinnert.

Das gemeinsame Lesen und Vorlesen bildet in vielen Familien auch aus praktischen Gründen einen Fixpunkt im Tagesablauf und markiert schon für kleine Kinder den Zeitpunkt am Abend, an dem es langsam Richtung Schlafen geht. Zahlreiche Eltern berichten, dass ihre Kinder – aber auch sie selbst – bei dem abendlichen Vorleseritual von der Hektik des Tages runterkommen und in einen ruhigeren Zustand gelangen.

HINWEIS *Nicht ohne Grund empfehlen zahlreiche Fachleute, dass unruhig gestaltete Videoclips oder Filmausschnitte, auch in Kindersendungen, besser nicht abends kurz vor dem Schlafengehen angeschaut werden sollten.*

PETER S. (52 JAHRE): *«Ich arbeite am Tag und verbringe am Abend meist noch eine Stunde mit meinem Sohn (8 Jahre). Wenn ich nach Hause komme, ist er schon im Pyjama, und das gemeinsame Bücherlesen und Über-den-Tag-Reden ist auch für mich die Zeit, wo ich abschalten kann und mit den Gedanken daheim ankomme. Wenn ich nach Hause komme, dann weiss mein Sohn auch, dass es bald Zeit ist, ins Bett zu gehen. Das war schon immer so, auch als er klein war.»*

JONAS L. (35 JAHRE): *«Ich habe bemerkt, dass unsere Söhne (heute 13 und 11 Jahre) früher nach Trickfilmen immer total aufgekratzt waren. Zum Beispiel abends, vor dem*

Zubettgehen, oder morgens, wenn sie das Kinderprogramm schauten, bevor wir Eltern wach waren. Wir erlaubten ihnen Trickfilme zu diesen Zeiten dann nicht mehr, sie durften etwas anderes sehen. Die Trickfilme durften sie tagsüber schauen.»

Auch Bücher können «gfürchig» sein

Obschon Bücher einen guten Ruf haben und im Gegensatz zu Filmen und Videospielen keinen Altersbeschränkungen unterliegen, gibt es auch hier Inhalte, die Kinder beschäftigen oder ängstigen können.

Das fängt schon bei ganz kleinen Kindern an, wenn sie zum Beispiel im Märchenbuch auf das Rotkäppchen und den Wolf treffen. Manche Eltern wissen nur zu gut, dass diese Bilder Kinder bis in die nächtlichen Träume verfolgen können. Wenn bei Kindern aufgrund von Geschichten oder Bildern Fragen auftauchen, sind Eltern eine wichtige Anlaufstelle.

RALF D. (35 JAHRE): *«Wir hatten im Bücherregal für die Kinder ein altes Buch aus meiner Kindheit, ‹Julia geht zum Arzt›. Damit soll den Kindern die Angst vor dem Arztbesuch genommen werden. In diesem Buch aus den 60er- oder 70er-Jahren gibt es ein Bild, ein grosses Foto, auf dem Fieber im After gemessen wird. Das würde man heute sicher nicht mehr so abbilden. Auf jeden Fall beschäftigte das meinen Sohn (3,5 Jahre) eine Zeit lang ziemlich. Er kam immer wieder mit diesem Bild an und wollte wissen, was es damit auf sich hat, denn heute misst man das Fieber ja im Ohr oder so.»*

DAS SAGT DER EXPERTE FLURIN SENN (42 JAHRE): *«Meine Frau und ich lesen sehr gerne, und das Lesen ist bei uns im Alltag präsent. Wir nehmen uns auch immer wieder bewusst Zeit, um den Kindern (zwei Söhne, 10 und 5 Jahre; eine Tochter, 7 Jahre) etwas vorzulesen oder mit ihnen Bücher anzuschauen. Das ist uns wichtig. Ich habe das Gefühl, dass das einen Effekt hat und den Kindern den Zugang zum Medium Buch eröffnet hat. Wenn man mit einem Kind ein Buch anschaut, liegt man auch mal aufs Bett und macht es sich bequem – und dann ist das eine genussvolle, emotional bestimmte Situation. Und man kann direkt auf die Reaktionen der Kinder eingehen. Mir fällt da ein Beispiel ein aus einem Bilderbuch, aus ‹Babar›. Da* *fällt der kleine Elefant ins Wasser, ein Krokodil kommt, und es entsteht eine gefährliche Situation. Am Ende geht alles gut aus, aber als wir dieses Büchlein wieder einmal anschauten, da wusste unsere Tochter genau: Jetzt kommen diese zwei Seiten mit dem Krokodil. Da sagte sie plötzlich: ‹Du Papi, die nächsten zwei Seiten können wir überspringen!› Ich nahm das zum Anlass, mit ihr über ihre Reaktion und ihren Umgang mit der Szene zu sprechen.»*

HINWEIS *Manche Kinder lesen Bücher, die für Ältere bestimmt sind, und verstehen und verarbeiten sie ohne Probleme. Genauso gibt es Kinder, für die bestimmte Inhalte – selbst in Büchern – ziemlich überwältigend sein können. Die obige Schilderung zeigt, dass Kinder Medieninhalte manchmal von selbst weglassen, wenn sie merken, dass sie ihnen nicht geheuer sind. Es schadet deshalb sicher nicht, auf die Lektüre der Kinder ein Auge zu haben und zu beobachten, wie es ihnen beim Lesen geht.*

Lesen für die Schule

Spätestens in der Schule lernen Kinder, selbst zu lesen. Damit eröffnet sich für die einen eine faszinierende und beinahe unbegrenzte Welt, die es zu entdecken gilt. Für andere bleibt das Lesen stark an schulische Leistungen gekoppelt. Im Vergleich zu früher bieten sich in Schulen aber auch neue Möglichkeiten an, das Lesen attraktiver zu machen. Den meisten Eltern, die Kinder im Schulalter haben, ist Antolin ein Begriff (www.antolin.ch). Antolin fördert Kinder mit einem Anreizsystem auf dem Computer bzw. im Internet beim Lesenlernen und wird von vielen Schulen eingesetzt.

Antolin funktioniert so: Wenn ein Kind ein Buch fertig gelesen hat, meldet es sich online auf der Antolin-Internetseite an und beantwortet dort Fragen zum Inhalt (Multiple Choice). Am Schluss bekommt das Kind das Resultat in Form von Punkten angezeigt.

Mit Antolin zu arbeiten, kann Kinder zum Lesen motivieren. Auch kleine Belohnungen sind dazu geeignet, Anreize zu schaffen:

VERA G. (47 JAHRE): *«Unser Sohn (9 Jahre) nutzt Antolin, denn in seiner Schule arbeiten sie damit. Das motiviert ihn, weil es ihm Spass macht, die Fragen am Computer zu beantworten. Abends vor dem Schlafengehen liest er in der Regel noch eine halbe Stunde lang. Wir haben mit ihm eine Abmachung getroffen: Pro 1000 Punkte, die er mit Antolin sammelt, gibt es eine Belohnung. 1000 Punkte sind relativ viel – letztes Mal durfte unser Sohn mit seinem Vater in einen Freizeitpark gehen. Ich möchte nicht, dass er Geld dafür erhält, dass er liest. Aber schöne Momente mit Mami oder Papi alleine, das ist etwas Tolles. Denn er darf dann ja alleine mit. Und dafür strengt er sich auch sichtlich an. Denn eigentlich liest er nicht sehr gern.»*

INA K. (32 JAHRE): *«Bücher sind bei uns ein eher schwieriges Thema. Ich sage meinen Söhnen (10, 8 und 5 Jahre), dass es eine Vorgabe der Schule ist, mindestens*

WUSSTEN SIE, DASS ...

- **... Kinder Wiederholungen lieben?** Deshalb schleppen sie immer wieder dasselbe Buch an, wenn es abends ans Geschichtenerzählen geht. Auch Bibliotheksbücher werden gern mehrmals ausgeliehen. Durch die Wiederholungen prägen sich die Kinder die Geschichten ein, und sie mögen das Gefühl von Vertrautheit und Spannung.
- **... bei Babys und Kindern gilt:** früh mit dem (Vor-)Lesen anfangen + oft (vor-)lesen + richtig (vor-)lesen. Mit letzterem Punkt ist gemeint, dass es für den kleinen Zuhörer am schönsten ist, wenn die Eltern sich stimmlich und emotional auf die Geschichte einlassen und den Inhalt nicht einfach nur «herunterlesen». Die Art, wie wir vorlesen, vermittelt, ob wir selbst Spass dabei haben. «Richtig» bedeutet zudem, auf altersgerechte Inhalte zu achten.
- **... es nicht immer ein Kinderbuch sein muss?** Die Freude am Bilderanschauen oder Lesen kann auch aufkommen, wenn ein Kind die Zeitung oder Zeitschrift der Eltern durchblättern oder einen Werbekatalog begutachten darf.
- **... Lesen nicht nur Freude macht?** Es ist auch eine Kulturtechnik, die einem hilft, in der Gesellschaft zu bestehen. Obwohl es den meisten von uns selbstverständlich erscheint, gibt es in zahlreichen Industrieländern Menschen, die nicht oder nur schlecht lesen können – auch in der Schweiz.

15 Minuten pro Tag zu lesen, und dass das eine wichtige Sache ist. Vor allem der Älteste hat im Moment etwas Mühe mit der Grammatik. Ich versuche ihm zu erklären, dass regelmässiges Lesen hilft und dass sich sein Gehirn dabei auch die Wörter besser einprägen kann. Seit er Antolin benutzt, hat er Fortschritte gemacht. Aber man muss klar sagen: Wenn er gamen könnte, würde er sicher lieber gamen.»

Diese Aussagen zeigen den Tenor bei den meisten Eltern: Lesen wird als sehr wichtig und positiv eingestuft und deshalb auch besonders gefördert. Der Einsatz von Antolin kann zusätzlichen Spass bereiten. Als Patentrezept dafür, dass ein Kind mehr und begeisterter zu lesen beginnt, sollte es jedoch nicht angesehen werden.

TIPP *Achten Sie einmal darauf, welche Medienfiguren, die Ihr Kind zum Beispiel aus dem Fernsehen kennt, auch als Bücher oder Hörbücher erhältlich sind. Viele beliebte Protagonisten von Kinder- und Jugendgeschichten findet man im sogenannten Medienverbund (siehe dazu Seite 190). So erhält Ihr Kind über seine Lieblingsfigur oder -geschichte einen Zugang zum Medium Buch.*

Zeitschriften, Comics und Zeitungen

Eltern und ältere Kinder lesen bereits Zeitungen; jüngere Kinder sind vor allem von Zeitschriften und Comics fasziniert. Letztere werden gern zum Einstieg in die Welt des Lesens genutzt und von Knaben wie Mädchen mit grossem Interesse verschlungen.

Prinzessin Lillifee, Mickey Mouse, Bob der Baumeister, Winnie Puuh ... Die Medienhelden von Kindern tauchen auch in Form von Zeitschriften und Comics auf. Schon Vorschulkinder, die des Lesens noch gar nicht mächtig sind, begeistern sich für Kinderzeitschriften und für die gezeichneten Geschichten in Comic-Form.

In den Augen mancher Erwachsener sind vor allem Comics eher eine Vorstufe zum richtigen Lesen. Das Buch wird so zum Konkurrenten, und es steht die Erwartung im Raum, dass Kinder ihre Comics früher oder später zugunsten von Büchern aufgeben. Doch nicht alle Eltern betrachten Comics als «mindere» Lektüre.

SUSANNE (36 JAHRE) UND JONAS L. (35 JAHRE): *«Die Jungs (13 und 11 Jahre) haben beide verschiedene Reihen von Mangas. Die lesen sie sehr, sehr gern. Und uns ist es lieber, sie lesen Mangas, als dass sie gar nicht lesen. Denn es ist im Grunde das Gleiche: hinsitzen, sich konzentrieren, ruhig sein, ein bisschen runterkommen.»*

Die meisten Bibliotheken bieten neben Büchern auch Zeitschriften und Comics an. Manche Eltern kaufen ihren Kindern die Lieblingslektüre, andere treffen Abmachungen, bei denen sich die Kinder mit dem Taschengeld am Kauf beteiligen:

DAS SAGT DER EXPERTE PETER JAKOUBEK (52 JAHRE): *«Die Zeitschriften kauften alle Kinder (zwei eigene Töchter, 21 und 14 Jahre; die Familie hat bis vor zwei Jahren im Rahmen einer sozialpädagogischen Wohngruppe auch Pflegekinder bei sich zu Hause aufgenommen) immer selbst mit ihrem Taschengeld, zum Beispiel die ‹Bravo› oder spezielle Musikzeitschriften. Den ‹Spick› oder dergleichen hingegen finanzierten wir ihnen. Die Kinder sprachen sich untereinander ab, wer diese und jene Zeitschrift kauft, und sie tauschten sie untereinander aus. Da gab es kein ‹Das ist meins!›, alle durften sie anschauen. Diese Abmachung bewährte sich.»*

Zahlreiche Eltern berichten, dass sie bestimmte Zeitschriften oder Comics finanzieren. In den meisten Fällen handelt es sich dabei um pädagogisch wertvolle Exemplare (Schülermagazine, Wissensmagazine), von denen sich die Eltern auch positive Lerneffekte für den Nachwuchs versprechen.

Reale Nachrichten entdecken

Zeitungen werden vor allem dann ein Thema, wenn Kinder lesen lernen. Je attraktiver die Aufmachung einer Zeitung ist und je öfter Kinder zu Hause beobachten können, wie Eltern und Geschwister Zeitung lesen, desto eher greifen sie auch selbst zu einem Bund. Dies zu sehen, bereitet vielen Eltern, die selbst gern Zeitung lesen, grosse Freude. Manche schauen sich die Zeitung mit ihren Kindern gezielt an und greifen bestimmte Themen heraus, um diese mit dem Nachwuchs zu besprechen. Das muss nicht immer eine ernste Sache sein, sondern kann auch etwas Lustiges sein, das man gemeinsam in der Zeitung entdeckt hat.

DAS SAGT DER EXPERTE FLURIN SENN (42 JAHRE): *«Unser Ältester (zwei Söhne, 10 und 5 Jahre; eine Tochter, 7 Jahre) interessiert sich sehr für Sport und Fussball, das ist sein Ding. Irgendwann merkte er, dass er ja zu den ‹Grossen› gehört, wenn er den Sportteil liest. Ich persönlich bin jemand, der sich am Wochenende auch gern einmal richtig Zeit nimmt, um Zeitung zu lesen. Wenn mein ältester Sohn dann kommt und nach dem Sportteil fragt, ist das Zeit, die er gemeinsam mit dem Papa verbringt. Das ist toll.»*

REGULA N. (45 JAHRE): *«Wir Eltern lesen gemeinsam mit den Kindern (Tochter, 23 Jahre; Sohn, 14 Jahre) ausgewählte Artikel aus Zeitungen und diskutieren darüber. Wir besprechen Inhalte aus der ‹Tagesschau›, Ereignisse aus aller Welt. Manchmal kommt es auch vor, dass wir gemeinsam Verschreiber in der Zeitung entdecken, was uns dann alle amüsiert.»*

Meist tasten sich Kinder und Jugendliche langsam an die Welt der Zeitungen heran, da diese doch deutlich den älteren Kindern oder den Erwachsenen zugeschrieben wird. Gratiszeitungen können eine Brücke bilden und die Lust am Zeitunglesen wecken.

DAS SAGT DER EXPERTE FLURIN SENN (42 JAHRE): *«Wir sind immer wieder mit den Kindern im Zug unterwegs, und da stehen meist Gratiszeitungen zur Verfügung, etwa ‹20 Minuten› oder ‹Blick am Abend›. Mein ältester Sohn (10 Jahre) vertiefte sich* *damals, als er zu lesen anfing, intensiv in die Lektüre solcher Zeitungen. Letzthin bat er mich, ihm eine ‹20 Minuten› mitzubringen, und das fand ich schon spannend. Man hört oft von Erwachsenen, die Gratiszeitungen seien Schund, aber ich finde, das stimmt so nicht. Sie können durchaus ein Einstieg in die Welt der Zeitungen sein und stellen so auch eine Art der Leseförderung dar. Es muss ja nicht bei den Gratiszeitungen bleiben. Aber das Format Zeitung hat durch diese Blätter eine andere Präsenz – ganz unabhängig vom Inhalt.»*

HINWEIS *Lassen Sie Ihrem Kind ruhig die Freude am Lesen, auch wenn es Comics und Zeitschriften bevorzugt. Gut ist es, im Alltag ein ausgewogenes «Medienmenü» anzustreben, in dem Platz für unterschiedliche Medien ist.*

DAS SAGEN FACHLEUTE:
- Gratiszeitungen: Sie können für junge Leser oder Leute, die nicht gerne lesen, durchaus eine erleichterte Möglichkeit darstellen, über das geschriebene Wort zu Informationen zu gelangen.
- Via Comics zum Lesen: Zu Unrecht geniessen Comics den Ruf, Lektüre zweiter Klasse zu sein. Doch Comics sind nicht per se schlechter. Werden sie altersgerecht ausgesucht und ergänzend zu anderen Medien (auch zum Buch) eingesetzt, können sie durchaus eine Bereicherung darstellen.
- Immer pädagogisch wertvoll? Nicht alles, was Kinder und Jugendliche lesen, muss pädagogisch wertvoll sein. Wie beim Spielen darf auch beim Lesen der Genuss im Vordergrund stehen. So wie Erwachsene mit Begeisterung Kioskromane lesen, dürfen auch Kinder und Jugendliche in geschriebene und gezeichnete Geschichten eintauchen – ohne dass die Absicht dahintersteht, dass sie dabei etwas lernen müssen.

2 ■ ■ ■ BÜCHER UND ZEITSCHRIFTEN

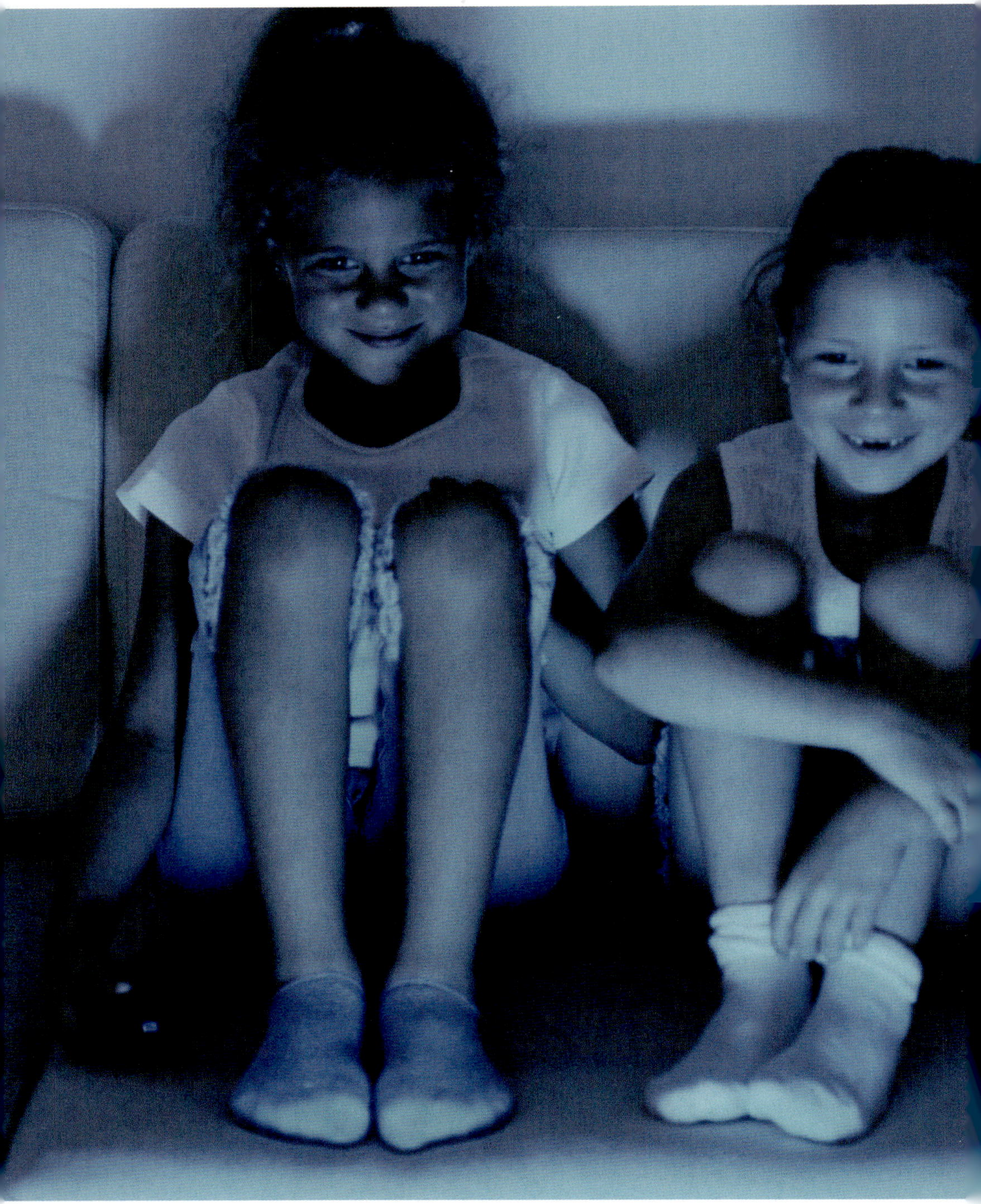

Fernsehen und Filme

3

Kaum ein Haushalt ohne bewegte Bilder – der Fernseher ist ein fester Bestandteil des Alltags geworden. Bei Jung und Alt beliebt, sorgt er aber tagtäglich auch für Diskussionsstoff: Was soll geschaut werden, und wie lange? Kann Fernsehen eine gute Beschäftigung für Kinder sein? Und wann ist es gescheiter, einfach abzuschalten?

Fernsehen – ein Lieblingsmedium

Fernsehen kann jeder, im wahrsten Sinne des Wortes. In den Augen vieler Eltern ist Fernsehen auch nicht grundsätzlich ein «schlechtes» Medium, solange andere Tätigkeiten daneben nicht untergehen: draussen spielen, Hausaufgaben machen, sich mit Freunden treffen.

Der Fernseher ist schon bei sehr jungen Kindern ein äusserst beliebtes Medium. Wer schon beobachten konnte, wie ein Kleinkind zum ersten Mal fernsieht, der könnte meinen, die Vorliebe für die bewegte bunte Bilderwelt aus der Kiste sei genetisch programmiert. Die Faszination ist sichtbar, aber nicht nur bei den Kleinsten. Auch der Grossteil der älteren Kinder und Jugendlichen – und natürlich auch der Erwachsenen – sieht gern fern. Deshalb überrascht es nicht, dass in über 90 Prozent aller Haushalte mindestens (!) eine Flimmerkiste steht oder immer öfter auch als Flatscreen-Variante an der Wand hängt.

> **INFO** *Studien aus Deutschland belegen, dass bei rund einem Drittel aller Kinder zwischen 6 und 13 Jahren ein eigener Fernseher im Kinderzimmer steht; bei den Vorschulkindern beträgt der entsprechende Anteil 3 Prozent.*

Im Wohnraum – oder doch lieber im Nebenzimmer?

Viele Eltern entscheiden sich dafür, das Fernsehgerät im «öffentlichen Raum» aufzustellen, wo es allen Familienmitgliedern zur Verfügung steht, etwa im Wohnzimmer. Dort ist die Kontrolle über die konsumierten Inhalte besser möglich, als wenn das Gerät im Kinderzimmer stünde. Auch achten viele Eltern darauf, dass ihre Kinder die Geräte nicht allein bedienen können. Oft gilt zudem die Abmachung, dass vor dem Fernseher nicht gegessen wird oder dass während des Essens der Fernseher nicht laufen soll:

JULIA A. (30 JAHRE): «Bei uns sind sowohl Tablets als auch die Fernbedienung für den Fernseher so in der Wohnung platziert, dass unser Sohn (3,5 Jahre) nicht von alleine da rankommt.»

CECILE J. (47 JAHRE): «Wir haben abgemacht, dass bei uns zu Hause nicht vor dem Fernseher gegessen wird.»

Anders als das Lesen wird Fernsehen als Beschäftigung selten aktiv an die Kinder herangetragen. Das Interesse erwacht nach Meinung zahlreicher Eltern früh genug. In vielen Haushalten wird Wert darauf gelegt, dass das Fernsehen keine selbstverständliche und alltägliche Beschäftigung ist – oder gar zum Ersatz für andere Tätigkeiten wird.

SARAH T. (46 JAHRE): «Die zwei jüngsten unserer drei Söhne (20, 8 und 6 Jahre) haben das Fernsehen erst vor etwa einem Jahr entdeckt. Vorher war gar kein Interesse da, und wir forcierten es auch nicht. Aber seither ist eine Art Nachholbedarf zu sehen; sie entdecken dieses und jenes. Sie dürfen manchmal abends etwas schauen, aber keine hektischen Trickfilme oder dergleichen. Der Achtjährige schaut sich mit uns gern auch einmal ‹Galileo› oder andere Wissenssendungen an.»

SUSANNA H. (45 JAHRE): «Bei uns muss Fernsehen nicht jeden Tag stattfinden. Auch nicht für die Kinder (Sohn, 11 Jahre; Tochter, 9 Jahre). Ich entscheide ziemlich situativ, ob sie – nachdem die Hausaufgaben und alle ‹Ämtli› erledigt sind – noch 30 bis 60 Minuten fernsehen dürfen oder ob es vielleicht doch schöner ist, etwa bei gutem Sommerwetter gemeinsam im See schwimmen zu gehen. Fernsehen ist nichts Selbstverständliches bei uns. Noch immer kommt es vor, dass die Kinder sich dafür bedanken, dass sie fernsehen können, und sie freuen sich dann auch richtig darauf.»

Aus den Augen, ein Stück weit auch aus dem Sinn: Manche Eltern entscheiden sich für eine Lösung, bei der die Familienmitglieder nicht ständig von Medien umringt sind. Sie halten zum Beispiel das Wohnzimmer bewusst frei von elektronischen Medien und stellen das Fernsehgerät ins Nebenzimmer oder lassen es in einem Möbel verschwinden. Egal, für welche Variante man sich schliesslich entscheidet – sie muss zur Familie und zu den einzelnen Mitgliedern passen. Sind die Eltern leidenschaftliche Fernseher, wird das Gerät wohl einen anderen Stellenwert haben und auch rein räumlich einen anderen Platz erhalten als in einer Familie, in der die Eltern sich eher für Comics und Computer begeistern. Auch hier haben die Präferenzen der Eltern einen Einfluss auf das Medienensemble zu Hause und darauf, wie dieses den Kindern zur Verfügung steht.

DAS SAGT DER EXPERTE PETER JAKOUBEK (52 JAHRE): *«Wer bei uns zur Tür rein- und ins Wohnzimmer kommt, sieht zuerst den Plattenspieler und das Radio. Es hat auch Computer und einen Fernseher – aber die sieht man nicht sofort, die haben wir bewusst in einer Nebenstube. Da ist der Computer, den auch die Kinder benutzen können, und da kann man fernsehen, auch mit DVD und Blueray. Wir haben all diese modernen Geräte, aber sie sind so aufgestellt, dass man sie nicht ständig sieht und dass man an einen anderen Ort gehen muss, um sie benutzen zu können. Diese Trennung war eine bewusste Entscheidung beim Umbau; wir hätten uns auch für ein grosses Wohnzimmer entscheiden können, was ja auch schön ist. Wir wollten aber unnötige Konflikte unter den Kindern (zwei eigene Töchter, 21 und 14 Jahre, und die Familie hat bis vor zwei Jahren im Rahmen einer sozialpädagogischen Wohngruppe auch Pflegekinder bei sich zu Hause aufgenommen) vermeiden. So war es immer möglich, dass jemand in der Nebenstube fernsehen und jemand anders im Wohnzimmer ein Gespräch führen oder ein Spiel spielen konnte, ohne dass man einander störte.»*

DAS SAGT DIE EXPERTIN BARBARA JAKOB (47 JAHRE): *«Das Fernsehen als Medium war lange gar kein Thema bei uns, da unsere drei Kinder (Zwillingstöchter, 17 Jahre; Tochter, 14 Jahre) gar nicht realisierten, dass so ein Gerät da ist. Unser Fernseher befindet sich in einem Bauernschränkchen, das tagsüber zu ist. Irgendwann im Kindergartenalter haben die Kinder dann mitbekommen, dass es so etwas gibt wie den Fernseher und Kindersendungen. Während die Zwillinge mit fünf Jahren zum Beispiel den ‹Kleinen Eisbären› gut schauen konnten, hat die jüngere Tochter mit damals rund drei Jahren den Film gar nicht vertragen. Die Geschichte vom Eisbären, der auf dem Wasser unterwegs ist, als ein Schiff kommt und ihn ‹verschluckt› – da hatte sie Angst. Eine ähnliche Situation hatten wir bei einem ‹Paddington Bär›-Trickfilm, in dem sich Paddington in einem Sonnenschirm verheddert. Das konnte die Jüngste nicht mitansehen und lief jeweils aus dem Zimmer. Die älteren Geschwister fanden das im gleichen Alter lustig – da sieht man, wie unterschiedlich Kinder reagieren. Heute ist die Jüngste die Neugierigste von allen dreien, alle drei schauen aber immer noch wenig Fernsehen – bis auf Fussball.»*

Je älter das Kind, desto interessanter wird tendenziell das Fernsehen. Aber zum Glück stellen andere Beschäftigungen wie das Spielen mit Freunden bei den allermeisten Kindern auch das beste TV-Programm ohne Mühe in den Schatten.

Ab welchem Alter?

In allgemein bekannten Medienregeln heisst es, Bildschirmmedien wie der Fernseher seien erst für Kinder ab einem Alter von drei Jahren zu empfehlen. Die Realität sieht meist ein bisschen anders aus: Nur rund ein Viertel der Kinder unter drei Jahren kommt heute nicht mit Bildschirmmedien in Kontakt. Auch in Familien, in denen es kein Fernsehgerät gibt, wird oft ferngesehen – via Smartphone, Computer oder Tablet. Das Alter, in dem Kinder das erste Mal mit dem Fernseher in Kontakt kommen, sinkt eher, als dass es ansteigt. Dazu trägt einerseits die vielfältige Verfügbarkeit der Geräte bei, andererseits ältere Geschwister, die fernsehen, und nicht zuletzt die Eltern selbst als «Gernseher».

> **HINWEIS** *Man darf davon ausgehen, dass ein Kind keinen Nachteil gegenüber Gleichaltrigen hat, wenn es in den ersten drei Lebensjahren nicht fernsehen durfte. Denn im Kleinkindalter sind Erfahrungen abseits des Bildschirms besonders wichtig und wertvoll.*

Auch wenn die gängige Meinung vielleicht anders lautet: Das sinkende Einstiegsalter ist nicht zwangsläufig «schlecht» für die Entwicklung der Kinder – vorausgesetzt, die Eltern handhaben die Bildschirmlust kreativ und machen sich Gedanken darüber, welche Sendungen ihre Kinder schauen dürfen und welche nicht. Das Alter des Kindes spielt dabei eine grosse Rolle. Eine Meldung, die darauf hinweist, dass eine Sendung für Kinder unter einem gewissen Alter nicht geeignet ist, wird nicht bei allen Fernsehsendern eingeblendet (bei Sendungen des SRF zum Beispiel wird eine entsprechende Meldung eingeblendet).

In vielen Haushalten, in denen Vorschulkinder leben, finden sich deshalb DVD-Geräte. Sie erlauben es, die Nutzung von Filmen inhaltlich und zeitlich besser zu regulieren (mehr dazu im Kapitel «DVDs und Videokassetten» auf Seite 71).

DAS SAGT DIE EXPERTIN CORNELIA BIFFI (48 JAHRE): «*Das Problem – oder besser die Herausforderung – beim Fernsehprogramm für Kinder heutzutage sehe ich darin, dass auf eine Sendung sofort die nächste folgt. Und kleinen Kindern kann man nicht beibringen, dass sie nach einer halben Stunde das Gerät von allein ausschalten. Die können das noch gar nicht verstehen. Es geht ja immer weiter, immer kommt noch eine Geschichte. Beim älteren Sohn (9 Jahre) funktionieren zeitliche Abmachungen schon besser, aber das ist ja auch eine kognitive Leistung, die der jüngere (5 Jahre) noch nicht gleichermassen erbringen kann. Der ältere hat gelernt, dass er wieder einmal eine Sendung schauen darf, wenn er sich an die Regeln hält.*»

Altersfreigaben bei Filmen zeigen auf, ab welchem Alter sie freigegeben sind. Die Angaben sind eine gute Orientierungshilfe. Da Eltern ihre Kinder jedoch am besten kennen, lohnt es sich, für jedes Kind bei jedem Film eine individuelle Beurteilung vorzunehmen. Neben der Tatsache, dass der Entwicklungsstand von Kindern und Jugendlichen des gleichen Alters stark variieren kann, erleben sie Filme in Begleitung von Erwachsenen anders, als wenn sie mit den Inhalten und Fragen alleine gelassen würden.

DAS SAGT DER EXPERTE DANIEL SÜSS (51 JAHRE): «*Ich achte auf die Altersbegrenzungen, wenn meine Töchter (14 und 13 Jahre) Medien konsumieren. Aber nicht stur. Wir schauten letzthin gemeinsam einen Film, der erst ab 16 Jahren freigegeben ist. Ich überlegte, ob das eine gute Idee ist, aber meine Töchter waren überzeugt, dass sie den Film sehen wollten. Es hatte einige etwas brutalere Szenen drin, da hielten sie sich ein Kissen vor den Kopf, oder ich sagte auch, sie sollten lieber wegschauen. Wir sprachen nachher ausgiebig über den Inhalt, das gab meinen Töchtern die Möglichkeit, den Film zu verarbeiten. Aus diesem Grund finde ich die Altersfreigaben sinnvoll. Es sind gute Orientierungshilfen. Doch bei uns hat es sich auch bewährt, in Ausnahmefällen in der Familie zu besprechen, ob man einen Film vielleicht doch schon zusammen schauen möchte. Wenn die Kinder alleine sind, dann möchten sie momentan gar keine Filme schauen, die nicht ihrem Alter entsprechen. Gemeinsam zu schauen vermittelt ihnen die Sicherheit, dass sie mehr ‹vertragen›, als wenn sie allein schauen würden.*»

Gemeinsam fernsehen

Eltern können ihren Nachwuchs beim Fernsehen begleiten, indem sie mitschauen (Co-Viewing). Sie können beispielsweise kindgerechte Filme auswählen, die sie auch selber mögen. Viele stimmen aber sicherlich zu, dass das Nutzen von Medien mit den Kindern zusammen manchmal lustig ist – und manchmal weniger. Eltern müssen sich auch nicht zwingend für die Filme der Kinder begeistern. Aber Bescheid zu wissen, was die Kinder interessiert, ist auf alle Fälle positiv. Wenn Eltern mit ihren Kindern fernsehen, geniessen die Kinder das Beisein der Eltern so oder so, egal ob Mama oder Papa nun vom Inhalt des Filmes genauso begeistert ist wie sie selbst. Und manchmal wirkt die Freude des Kindes auch ansteckend auf die Eltern.

MONIKA (30 JAHRE) UND NICO M. (34 JAHRE): *«Wir lieben Disney-Trickfilme, deshalb dürfen unsere Kinder mit uns gemeinsam – aber immer mehr auch allein – Filme wie ‹Ariel›, ‹Schneewittchen› oder ‹Lion King› schauen. Unsere Tochter (4 Jahre) versteht davon natürlich schon mehr als ihr Bruder (2 Jahre). Aber auch er ist fasziniert vom Fernsehen.»*

ELLA P. (33 JAHRE): *«Wenn ich mit den Jungs DVDs gucke, zum Beispiel ‹Barbapapa›, dann lache ich bei lustigen Situationen auch mit, dies jedoch mehr, weil die Jungs es lustig finden und ich an ihrem Spass teilhaben will, nicht weil ich es wirklich lustig finde.»*

DAS SAGT DIE EXPERTIN MELA KOCHER (41 JAHRE): *«Da viele TV-Serien mittlerweile doppelt adressiert und auch für Erwachsene spannend sind, macht es oft Spass, sich zusammen mit den Kindern auf dem Sofa einzukuscheln. Was uns nicht gefällt (zu schnell geschnitten, zu viel Gewalt, dumme Inhalte), dürfen die Kinder nicht schauen. Was die Bildästhetik anbelangt, sind wir hingegen tolerant; sie dürfen auch Sachen schauen, die wir nicht so toll gemacht finden. Sie entwickeln so ja ihren Geschmack. Wir finden es auch nicht wichtig, dass die Kinder nur Lerninhalte oder lernmässig aufbereitete Videos sehen. Manchmal brauchen sie Fiktion, manchmal Informationen.»*

Nicht selten lösen bestimmte Filme nostalgische Gefühle bei den Eltern aus. Meist ist jedoch nicht nur der Filminhalt verantwortlich dafür, sondern die Situation an sich (zum Beispiel ein Filmabend in der Familie), die man aus der eigenen Kindheit kennt. Co-Viewing ermöglicht es, etwas über den Medienkonsum der Kinder zu erfahren, während gemeinsame Medienmomente und -erinnerungen geschaffen werden.

DAS SAGT DIE EXPERTIN CORNELIA BIFFI (48 JAHRE): *«Wir haben als Familie angefangen, zusammen Filmabende zu machen. Die Kinder sind in Windeseile im Pyjama und bettfertig, wenn sie wissen, dass wir gemeinsam einen Film anschauen werden. Das entlastet uns Eltern auch ein Stück weit ☺. Wenn wir dann zum Beispiel eine Episode von ‹Wickie› schauen, dann kenne ich das aus meiner Kindheit. Und es ist toll, das aus einer anderen Perspektive zu betrachten und zu sehen, wo meine Kinder lachen und was sie spannend finden. Wenn Mediennutzung gemeinsam geschieht, dann schafft man Verbindungen zu dem, was die Kinder beschäftigt: Wenn sie zum Beispiel etwas erzählen oder träumen, dann weiss man besser Bescheid.»*

SIBYLLE S. (37 JAHRE): *«Wir hoffen, wir schaffen es, dass unsere Kinder den Medienkonsum auch als gemeinsames Erlebnis wahrnehmen. Mein Mann und ich erlebten beide solche Familienabende in unserer Kindheit.»*

RENATO L. (35 JAHRE): *«In Erinnerung bleiben wird unseren Kindern (vier Söhne, 8, 6, 4 Jahre, 4 Monate) sicher das ‹Sonntagsmorgenritual der fünf Männer›. Da schauen wir auch mal gemeinsam fern, damit die Mama etwas länger liegen bleiben kann.»*

Das aktive Teilhaben ist dabei das Wichtigste, denn es zeigt das Interesse der Eltern daran, was ihre Kinder bewegt, was sie lustig, spannend oder beängstigend finden. Als Eltern schaffen Sie damit auch die beste Basis, um auf die Reaktionen Ihrer Kinder eingehen zu können. Ein Gespräch über das, was man gesehen hat, ist eine ideale Möglichkeit, Inhalte zu verstehen und zu verarbeiten. Gut, wenn ein Gesprächspartner in der Nähe ist – oder wenn sogar Abmachungen bestehen, dass man zusammen über das Gesehene spricht.

RALF D. (35 JAHRE): *«Wir haben gemerkt, dass es selbst in ‹Pingu›-Filmen Szenen gibt, die ‹gfürchig› sein können. Zum Beispiel Folgen, in denen Pingu Alpträume hat oder ein riesiger Seehund daherkommt. Da kann man sich schon vorstellen, weshalb* diese Bilder bei den Kindern so stark hängenbleiben. Wenn mein Sohn (3,5 Jahre) beim Fernsehen sagt, etwas mache ihm Angst, dann hören wir sofort auf damit und sprechen mit ihm darüber. Da spielen wir seine Angst auch nicht herunter nach dem Motto ‹Ach was, das ist doch nichts, das schaffst du schon!›, sondern nehmen das ernst.»

DAS SAGT DER EXPERTE THOMAS MERZ (51 JAHRE): «Eine Regel in Bezug auf das Fernsehen war die, dass es erlaubt sein musste, über das, was man sah, an Ort und Stelle miteinander zu sprechen. Natürlich sagten meine Töchter manchmal: ‹So, jetzt möchte ich den Film einfach mal in Ruhe geniessen.› Und ich fand, dass auch das seinen Platz haben sollte. Die Grundregel war einfach nicht die, dass man beim Fernsehen still sein musste, sondern man durfte im Gegenteil auch etwas sagen. Dies, weil mir immer wichtig war, dass sie nicht nur naiv schauen, sondern dass sie über das, was sie schauen, auch nachdenken, und auch darüber, was es in ihnen auslöst.»

Kinderreaktionen vor dem Bildschirm

Wie Kinder beim Schauen eines Filmes reagieren, lässt sich selten von vornherein sagen. Sicher ist, dass Reaktionen schon bei ganz kleinen Kindern ausgelöst werden. Sie reichen von überschwänglicher Belustigung bis hin zu starken negativen Gefühlen.

DAS SAGT DIE EXPERTIN MELA KOCHER (41 JAHRE): «Als mein jüngerer Sohn etwa 1,5 oder 2 Jahre alt war und das erste Mal ‹Teletubbies› schaute, kullerte er tatsächlich vom Sofa vor Lachen; so amüsant fand er die vier Gestalten und die lachende Baby-Sonne.»

DAS SAGT DER EXPERTE MARC BODMER (49 JAHRE): «Was Kinder beschäftigt, wenn sie einen Film schauen, ist nicht immer vorauszusehen. Oft sind es Verlustängste, zum Beispiel, wenn die Personen im Film ihre Eltern oder einen Elternteil verlieren. Manchmal wird das Thema auch nur gestreift. Aber das geschieht in vielen Filmen, die schon für ein junges Publikum freigegeben sind. Ich sage da nur ‹Bambi› oder auch ‹Lion King›. Ich weiss von vielen Leuten, dass ihre Kinder sehr heftig darauf reagierten. Und das ist nicht nur in Filmen so, sondern mit dieser Angst wird auch in Kinderbüchern gespielt, eben weil Kinder darauf reagieren.»

Gemeinsam fernzusehen oder sich über Inhalte zu unterhalten, ist auch bei älteren Kindern und Jugendlichen ein Thema. Es kommt aber natürlich vor, dass Kinder allein oder unter sich fernsehen wollen oder dass Eltern keine Zeit und Lust haben, mitzuschauen. Auch das hat seine Berechtigung.

DAS SAGT DER EXPERTE STEVE BASS (47 JAHRE): «Vor einiger Zeit kam meine Tochter (12 Jahre) nach Hause und meinte, sie wolle eine neue Serie schauen, ‹Das Haus Anubis›. Sie sagte, dass alle in ihrer Klasse das schauen würden. Ich hatte keine Ahnung, worum es ging, und sagte ihr, dass ich mir das zuerst anschauen wolle. Ich suchte im Internet, und es stellte sich heraus, dass in der Serie Geister vorkommen und übernatürliche Dinge, zum Beispiel Fenster, die von alleine aufgehen, und dergleichen. Auf Youtube schaute ich zwei oder drei Ausschnitte an, und dann war mir klar: Das ist noch nichts für sie. Ich teilte ihr mein Nein mit und erklärte ihr, warum ich fand, dass die Serie ihr nicht guttun würde. Dass ich mir Ausschnitte angeschaut hätte und überzeugt sei, dass sie Angst bekommen würde. Man hätte erwarten können, dass sie dagegen rebellieren würde. Tatsächlich aber war sie froh – denn so fiel der ganze Druck von ihr ab, dass sie es sich nun anschauen müsse, weil es ihre Freunde auch tun.»

MARIA S. (46 JAHRE): «Gemeinsam schauen wir querbeet verschiedene Sachen, vorwiegend Serien wie ‹How I Met Your Mother› oder Ähnliches. Manchmal auch sogenannte Reality-Serien, die gar nicht real sind; da ist mir wichtig, dass mein 14-jähriger Sohn weiss, dass das alles gespielt ist. Wir haben auch schon ‹Two and a Half Men› geschaut und sprechen dann zum Beispiel über die Rollenbilder, die vermittelt werden ... Da musste ich ihm sagen, dass ein ziemlich stereotypes Frauenbild gezeigt wird. Auch bei den Scripted-Reality-Formaten[1] ist es mir wichtig, dass er erkennt, dass das nicht real ist, auch wenn es so dargestellt wird. Da ich selber wenig fernsehe, gibt es selten Knatsch. Die Sendungen, die mein Sohn schaut, versuche ich zu steuern, so gut es geht. Gewisse Sendungen schauen wir eben zusammen. Andere wie ‹South Park› oder ‹Scrubs› findet er toll, damit kann ich weniger anfangen ... Die schaut er dann lieber alleine.»

---

[1] In den sogenannten Scripted-Reality-Formaten geben Laienschauspieler vor, ganz normale Szenen im Alltag zu erleben. Tatsächlich ist aber alles streng nach Drehbuch geplant. Meist zeichnen sich Scripted-Reality-Sendungen dadurch aus, dass stark mit Emotionen gearbeitet wird (Streit, Versöhnung, Flirten, Enttäuschungen ...), um das Publikum zu unterhalten.

DAS SAGT DER EXPERTE DANIEL SÜSS (51 JAHRE): *«Im Vorschulalter durften die Kinder (heute 13 und 11 Jahre alt) den Fernseher nicht einschalten, ohne uns zu fragen. Wir Eltern vereinbarten mit ihnen, was sie anschauen durften. Und es sollte nicht eine Sendung nach der anderen geschaut werden. Beim Auswählen einer DVD legten wir Wert darauf, dass sich die Mädchen einigten und dass nicht einfach eine der beiden ihren Wunsch durchsetzte. Filme auf DVD schauten sie oft gemeinsam mit einem Elternteil. Das Filmschauen genossen wir als gemeinsames unterhaltsames Erlebnis, und danach tauschten wir uns darüber aus, was uns gut gefallen hatte und was weniger.*

Noch heute gilt die Regel, dass die Hausaufgaben erledigt sein müssen, bevor Fernsehen oder DVD-Schauen erlaubt ist. Wenn die Mädchen in ihrem Zimmer via Internet eine Sendung schauen, etwa Casting-Shows, dann vereinbaren wir, wann Schluss ist, damit sie rechtzeitig ins Bett kommen. Wir tauschen uns oft aus über Sendungen und TV-Formate, und ich sage, wenn ich etwas kritisch beurteile, höre mir aber auch mit Interesse die Einschätzungen der Mädchen an. So versuchen wir, eine Kultur des offenen Austausches und der kritischen Reflexion über Medien zu pflegen.»

Buch und Film

Eine weitere gute Art, über Filme nachzudenken: den Inhalt mit der Buchvorlage (sofern vorhanden) zu vergleichen. So lernt ein Kind einerseits die Unterschiede erkennen, die zwischen der ursprünglichen Geschichte eines Autors und der Verfilmung liegen. Andererseits bekommt es beim Lesen einer Geschichte die Möglichkeit, sich von den Figuren selbst ein Bild zu machen, bevor es die filmische Umsetzung sieht.

DAS SAGT DER EXPERTE STEVE BASS (47 JAHRE): *«Lang hatten wir die Regel, dass die Kinder keinen Film anschauen sollten, von dem sie nicht vorher das Buch gelesen hatten – wenn es ein solches gab. Da sagten die Geschwister auch mal zueinander: ‹Nein, da liest du zuerst das Buch, das musste ich auch.› Noch heute ist diese Regel ziemlich verankert – auch wenn wir sie nicht mehr so streng handhaben. Das ist mir wichtig, denn wenn einem als Konsumenten das Bild zur Geschichte einfach so geliefert wird, dann macht das einen anderen Eindruck, als wenn man sich die Figuren und Handlungen selbst vorstellt.»*

DAS SAGEN FACHLEUTE:

- Co-Viewing: Wenn Eltern von Zeit zu Zeit zusammen mit ihrem Nachwuchs Sendungen anschauen, bekommen sie ein besseres Gespür für die Inhalte, die ihre Kinder auch nach Ausschalten des Fernsehers beschäftigen. Ausserdem können sie direkt auf Fragen des Kindes eingehen, wenn es lernt, diese während der Sendung zu stellen.
- Zum Fürchten: Kleinigkeiten, die den Erwachsenen gar nicht auffallen (Darstellungen von wilden Tieren, eine tiefe Stimmlage, hektische Schnittfolgen, ein Streit zwischen den Darstellern usw.), können für Kinder irritierend oder angsteinflössend sein.
- Die Angst nehmen: Umso besser, wenn Sie als Ansprechpartner in der Nähe sind. So lassen sich Missverständnisse direkt klären, und das Kind lernt, die Botschaft eines Filmes richtig zu entschlüsseln.

Der Fernseher als Babysitter

Fernsehen als «Ablenkungsmanöver» bietet manch einer Mutter oder einem Vater ab und an die Möglichkeit, etwas in Ruhe zu erledigen. Medien sollten nicht grundsätzlich als Babysitter eingesetzt werden, doch wohldosiert ist dagegen kaum etwas einzuwenden. Hier ein treffendes Beispiel aus dem Alltag, in dem sich sicher viele Eltern wiedererkennen:

CHRISTIAN S. (36 JAHRE): *«Wir haben bewusst nur einen Fernseher, und der steht im Wohnzimmer. Die Kinder (zwei Knaben, 3 und 5 Jahre) dürfen am Morgen nach dem Frühstück eine Kindersendung ansehen, während meine Frau und ich uns für die Arbeit bereitmachen. Danach schalten nicht wir, sondern die Kinder den Fernseher aus. Sie haben es so gelernt und wissen, sie dürfen ein anderes Mal wieder fernsehen. So sind wir nicht die ‹Bösen›, und es gibt weniger Diskussionen. Ausserdem ist der Morgen mit zwei Kindern auf diese Weise weniger hektisch, und wir starten gelassener, fröhlicher und mit weniger Knatsch in den Tag.»*

Mit einer Lösung wie dieser, bei der der Nachwuchs den Fernseher selber ausschaltet, lernen schon kleine Kinder Grenzen kennen und machen die Erfahrung, dass sie zu einem späteren Zeitpunkt auch wieder fernsehen dürfen. Von der «beruhigten» Situation frühmorgens berichteten zahlreiche Eltern. Auch wenn die Kinder oder die Eltern einmal krank sind, drücken viele beim Fernsehen ein Auge zu. Filme können auch helfen, wenn bei den Kindern Stillhalten angesagt ist – etwa beim Haareschneiden. Werden Medien situativ und bewusst dafür eingesetzt, bestimmte Aufgaben oder Familienmomente besser über die Bühne zu bringen, stellen sie nützliche kleine Hilfen im Alltag dar.

VERA G. (47 JAHRE): *«Seit unsere Kinder (Sohn 9 Jahre, Töchter 7 und 4 Jahre) morgens nach dem Aufstehen kurz KiKa schauen, ist diese Zeit viel ruhiger geworden. Alles läuft reibungslos ab. Wir befürchteten anfangs, dass es schlecht sein könnte, was wir da machen. Aber es hat sich einfach eingespielt, und es gibt weniger Knatsch. Ausserdem achte ich darauf, was sie sich ansehen, auch in der kurzen Zeit. Wenn die Kinder sonst einmal fernsehen, sagen sie uns Eltern vorher, was genau sie schauen möchten. Das ist eine Regel bei uns. Und abgesehen von der kurzen Zeit am Morgen gibt es danach bis 17 Uhr kein Fernsehen mehr. Erst nach dem Abendessen haben sie noch kurz Zeit dafür, vor dem Schlafengehen um 19.30 Uhr.»*

DAS SAGT DIE EXPERTIN JUDITH MATHEZ (41 JAHRE): *«Filmchen schauen unsere Kinder (drei Söhne, 9, 7 und 2 Jahre; eine Tochter, 6 Jahre) an ganz schlimmen Regentagen oder wenn wir Eltern auch einmal fix und fertig sind, zum Beispiel weil wir krank sind. Dann dürfen sie sich auch mal ein Filmchen auf unserem Laptop ansehen, zum Beispiel anstelle einer Gutenachtgeschichte. Wir haben ein weiteres Ritual, bei dem die Kinder Filmchen auf dem Laptop schauen dürfen, und zwar beim Haareschneiden. Ich mache das selbst, und als die Kinder kleiner waren, hat sich das so ergeben, und mittlerweile fordern sie das auch ein. Das sind dann fast ausschliesslich Animationsfilme, zum Beispiel ‹Barbapapa›, Animes oder einige Disney-Filme.»*

Balance zwischen Bildschirm- und sonstigen Aktivitäten

Viele Eltern streben für ihre Kinder eine Balance zwischen Bildschirm- und anderen Tätigkeiten an. Dabei regeln die beiden Elternteile die Nutzung nicht immer genau gleich.

Die grosse Mehrheit aller Eltern achtet darauf, dass bei schönem Wetter andere Aktivitäten Vorrang vor den Medien haben. Umgekehrt werden die Zügel bei der Mediennutzung an Schlechtwettertagen eher gelockert.

JULIA A. (30 JAHRE): «Ich bin an zwei Tagen pro Woche nicht zu Hause, weil ich arbeite. Mein Mann benutzt an diesen Tagen mit unserem Sohn (3,5 Jahre) zusammen viel mehr elektronische Medien als ich. Ich versuche, mit meinem Mann darüber zu sprechen, und zusätzlich schränke ich dafür den Medienkonsum unseres Sohnes an ‹meinen› Tagen zu Hause ein. Oder wir sind unterwegs, dann sind die Medien kein Thema.»

MILENA A. (45 JAHRE): «Die Kinder (Tochter, 8 Jahre; Sohn, 4 Jahre) dürfen im Winter oder bei schlechtem Wetter am Abend rund 45 Minuten ihre Serien auf KiKa schauen. Im Sommer besteht gar kein Verlangen danach, da wir immer im Garten sind und unsere Tiere mit Essen versorgen müssen. Da fehlt uns die Zeit.»

SARAH T. (46 JAHRE): «Wenn es schön ist, spielen die Kinder (drei Söhne, 20, 8 und 6 Jahre) draussen. Aber wenn schlechtes Wetter ist, drücken wir punkto Medien auch mal ein Auge zu.»

Nicht nur die Balance zwischen medialen und nichtmedialen Tätigkeiten ist Eltern wichtig, sondern auch das Bestreben, dass Medien – wie hier das Fernsehen – für Kinder etwas Besonderes bleiben sollen.

ALESSIA S. (35 JAHRE): «Ich finde, Fernsehen soll für meine Töchter (7 und 3,5 Jahre) etwas Spezielles bleiben. Sie haben gegen Abend ihre halbe Stunde TV. Aber wenn wir irgendwo zu Besuch sind, dann kann es auch sein, dass die Kinder einen Trickfilm zusammen schauen. Und wenn sie krank sind oder ganz schlechtes Wetter ist, dürfen sie sich vor dem Fernseher ein Nest bauen und sich in eine Decke einkuscheln und etwas schauen. Es soll einfach keine Selbstverständlichkeit werden.»

Um diese Balance herzustellen, greifen Eltern auch auf zeitliche Limiten und Medienzeit-Budgets zurück (siehe Vorlage im Anhang).

Regeln und Rituale

Zeitliche Abmachungen erscheinen leicht umsetzbar: Man legt eine Anzahl Minuten fest und kommuniziert dies dem Nachwuchs. Doch so simpel läuft es nicht in allen Fällen. Bei jüngeren Kindern können Eltern stärker steuern, was und wie viel sie wirklich sehen. Die Kinder verbringen die allermeiste Zeit noch innerhalb der Familie, und der Familienalltag bestimmt die Mediennutzungszeiten massgeblich mit. Je nachdem, wann Kinder und Eltern aus dem Haus müssen und wieder nach Hause kommen, findet sich mehr oder weniger Zeit – auch für das Fernsehen.

SIBYLLE S. (37 JAHRE): *«Unsere Tochter (3,5 Jahre) darf jeweils am Samstag und am Sonntag ein Filmchen schauen, das etwa 10 Minuten dauert. Bis jetzt funktioniert diese Regel ziemlich gut. Wir sehen alle zusammen fern, worauf unsere Tochter auch besteht.»*

DAS SAGT DIE EXPERTIN MELA KOCHER (41 JAHRE): *«Da viele TV-Serien für Vorschulkinder zwischen 5 und 15 Minuten dauern, funktionieren zeitliche Abmachungen mit unseren Söhnen (5 und 3 Jahre) gut. In etwa so: ‹Jetzt darfst du eins auswählen, und dann du, und dann ist Schluss für heute!› Morgens vor dem Frühstück dürfen sie nur in den Ferien oder am Wochenende bis zu einer halben Stunde Videos am Computer schauen, und unter der Woche nur vor dem Abendessen.»*

Lebt mehr als ein Kind im Haushalt, werden zeitliche Regeln in der Umsetzung schon etwas schwieriger. Altersgerechte und an die Bedürfnisse des Kindes angepasste Lösungen machen auch punkto Medienzeit Sinn. Wann und wie lange ferngesehen wird, bestimmt aber nicht selten auch der Alltag mit seinen Routinen und Strukturen.

DAS SAGT DER EXPERTE PETER JAKOUBEK (52 JAHRE): *«Grundsätzlich gab es bei uns immer zuerst Zvieri, wenn die Kinder von der Schule nach Hause kamen, und dann machten sie die Hausaufgaben. Danach schauten wir, welche Sendungen überhaupt im Fernsehen liefen. Wir hatten folgende Abmachung mit allen Kindern (zwei eigene Töchter, 21 und 14 Jahre, und die Familie hat bis vor zwei Jahren im Rahmen einer* *sozialpädagogischen Wohngruppe auch Pflegekinder bei sich zu Hause aufgenommen): Wer vor dem Abendessen fernsieht, der schaut danach nicht fern – und umgekehrt. Mit dieser Regel wurde auch das Alter der Kinder berücksichtigt, weil wir doch manchmal ein grosses Altersspektrum hatten; es gab bis zu sechs Jahre Unterschied zwischen dem jüngsten und dem ältesten Kind. So schauten die Jüngeren vor dem Abendessen eine Sendung und die Älteren danach, bis etwa 30 Minuten vor dem Schlafengehen. Dauerte ein Film länger, wurde auch mal nach der vereinbarten Zeit gestoppt, und sie schauten am nächsten Tag weiter.»*

TIPP *Auf spezielle Situationen (zum Beispiel den Zeitpunkt der Lieblingssendung) Rücksicht zu nehmen, macht Sinn, soweit dies möglich ist. Es lohnt sich, Kompromisse mit den Kindern einzugehen und nach Möglichkeit auch Sendungen aufzunehmen. Ausnahmen von Regeln sollten allen in der Familie transparent begründet werden. Nur so können sie auch verstanden werden.*

Weil Fernsehen fast allen gefällt, wird es in manchen Familien zum Ritual. Ein Programm, das für die ganze Familie geeignet ist, schafft den Rahmen für einen gemeinsamen Abend, wie eine Mutter beschreibt:

VERA G. (47 JAHRE): *«Bei uns ist Fernsehen mehr als eine Beschäftigung bei Langeweile. Es ist am Wochenende ein Ritual, ein Familienevent sozusagen. Am Freitagabend schaut die ganze Familie (Mami, Papi, der Sohn, 9 Jahre, und die Töchter, 4 und 7 Jahre) ein Familienprogramm. Meist ist das etwas wie ‹SRF bi de Lüt› oder auch Sport, bevorzugt Ballsportarten. Dazu gibt es Chips und Pizza, und die Kinder dürfen länger aufbleiben als an den Wochentagen. Unser Fernsehabend ist ein fester Bestandteil in der Woche, und die Kinder freuen sich sehr auf dieses gemeinsame Schauen, Lachen und Kommentieren. Zuvor schauen wir zusammen in der TV-Zeitschrift nach, was kommt, und entscheiden uns für eine Sendung, die für alle passt und allen gefällt.»*

In den meisten Familien gibt es Abmachungen, wie viel und was Kinder an Wochentagen und am Wochenende im Fernsehen schauen dürfen. Klare Regeln lassen sich am besten im Alltag verankern. Kinder bekommen durch die Medienregeln zu Hause Leitplanken, innerhalb derer sie

WUSSTEN SIE, DASS ...

- **... es einen riesigen Markt für Babyfernsehen gibt?** In den USA werden bereits Babys ab vier Monaten mit «Baby First»-Programmen berieselt. Der Sender erreicht weltweit in fast 40 Ländern über 120 Millionen Haushalte und sendet in 12 Sprachen – die Nachfrage ist also vorhanden. Das werbefreie Programm will zur sprachlichen und intellektuellen Förderung der Kleinsten beitragen. Doch Sendungen für Babys sind umstritten – Babys brauchen in den ersten Lebensjahren vor allem die direkte Ansprache und den direkten Kontakt mit ihren Eltern und ihrem echten, nichtmedialen Umfeld. Nur so entwickeln sie sich optimal.

- **... fremdsprachige Untertitel helfen können, eine neue Sprache zu lernen?** Auch schon beim Zuhören in einer anderen Sprache und mit Untertiteln in der Muttersprache verarbeitet unser Gehirn die Fremdsprache auf Dauer besser. Darum: Weshalb nicht mit älteren Kindern Sendungen in der Originalsprache schauen? Für Vorschulkinder eignet sich etwa «Peppa Pig» (z.B. auf KiKa); die Episoden werden nacheinander auf Deutsch und Englisch gezeigt. Ältere Kinder haben Spass mit einfachen Trickfilmen in Englisch oder Französisch, wenn Untertitel in der Fremdsprache oder auf Deutsch eingeblendet sind.

- **... weniger Kanäle mehr sind?** Wissenschaftler haben herausgefunden, dass ein grosses Spektrum an Fernsehsendern den Zuschauer nicht glücklicher macht. Besonders bei Kindern macht eine beschränkte Auswahl an Kinderkanälen (und -programmen) Sinn und erleichtert den Eltern die Kontrolle über das, was der Nachwuchs schaut.

- **... die ersten Kinobesucher ganz schön erschreckt wurden?** Als der Kinofilm aufkam, war das für die ersten Zuschauer etwas ganz Besonderes. In einer der ersten Vorstellungen wurde ein Zug gezeigt, der direkt aufs Publikum zufährt. Die Leute sprangen panisch von ihren Sitzen, weil sie dachten, der Zug fahre durch die Leinwand in sie hinein.

- **... es spezielle Kindernachrichten gibt?** In «logo» (www.tivi.de/fernsehen/logo/start) beispielsweise, einer am Nachmittag ausgestrahlten Sendung, werden Nachrichten von Kindern für Kinder erzählt. Ein anderes Format, «neuneinhalb» (neuneinhalb.wdr.de), bietet Kindern einen Wochenrückblick mit den wichtigsten Nachrichten. Die Kindernachrichten greifen nicht nur triviale Themen auf, sondern veranschaulichen auf kindgerechte Art und Weise auch aktuelle politische Themen.

- **... Kinder erst lernen müssen, TV-Werbung vom Programm zu unterscheiden?** Oft tauchen «Medienhelden» und Lieblingsfiguren der Kinder auch in der Werbung auf, das erschwert die Unterscheidung. Erst mit zunehmendem Alter sind Kinder in der Lage, Werbeblöcke und Inhalte auseinanderzuhalten.

sich bewegen können. Viele Eltern berichteten zum Beispiel davon, dass der Fernseher grundsätzlich Pause hat, wenn das Kind Besuch bekommt. Doch keine Regel ohne Ausnahme: Durch einen kleinen Ausbruch aus dem bekannten Schema (z.B. durch das unten beschriebene «Watchi-Essen» vor dem Bildschirm) wird eine Ausnahme auch einmal zu einem Event.

SABINE UND DAVID W. (BEIDE 35 JAHRE): *«Wenn die Kinder Besuch von Freunden haben, dann bleiben alle Bildschirme aus. Dann sollen sie sich anders beschäftigen, und das ist auch nie ein Problem. Nur manchmal, wenn befreundete Familien bei uns zu Besuch sind und wir Eltern etwas in Ruhe besprechen möchten, dann erlauben wir den Kindern, gemeinsam mit dem Besuch eine DVD auszuwählen.»*

DAS SAGT DIE EXPERTIN MELA KOCHER (41 JAHRE): *«Ganz klare Regeln sind am einfachsten: Bei uns gibt es kein TV vor dem Frühstück und an Wochentagen kein TV, bevor die Schule anfängt. Mit der Bildschirmzeit sonst (Zeit pro Tag etc.) ist es schwieriger, da machen wir es oft nach Gefühl. Manchmal brauchen es die Kinder, ein bisschen auf dem Sofa zu relaxen, aber manchmal werden sie dabei eher unruhig, dann ist Schluss mit Gucken. Und wenn die Kinder anfangen, vor dem Computer rumzustreiten, wird er ebenfalls ausgeschaltet. Regeln zum Inhalt gibt es bei uns auch: Abends darf nur noch etwas Ruhiges geschaut werden, mit langsamen Schnitten und ohne aggressive Inhalte (z.B. ‹Kipper the Dog›, ‹Peppa Pig› und Ähnliches). Ganz selten, etwa ein- oder zweimal im Monat, gibt es ‹Watchi-Essen› – dann dürfen die Kinder vor dem Laptop Pizza essen, am Tisch. Das finden sie ganz toll und möchten das auch gerne häufiger, aber das wollen wir Eltern nicht.»*

DVDs und Videokassetten

Filme oder Serien gibt es nicht nur im Fernseher und im Internet; sie können via DVDs, Blue-ray-Discs und den unterdessen altmodisch anmutenden Videokassetten immer wieder geschaut werden. Die Speichermedien bieten den Vorteil, dass Eltern eine bessere Kontrolle über die Medieninhalte haben.

Wer heute durch einen Elektronikmarkt geht, fühlt sich inmitten von DVDs und Blue-ray-Discs vielleicht nostalgisch an die VHS-Videokassetten aus der eigenen Kindheit erinnert. Zu Recht gelten DVDs und Co. im Vergleich zum allgemeinen (Kinder-)Fernsehprogramm als besser kontrollierbare Variante. Viele Haushalte sind mit regelrechten Sammlungen ausgestattet. Kennzeichnungen wie die der FSK (Freiwillige Selbstkontrolle der Filmwirtschaft) helfen Eltern bei der Orientierung, welche DVD für welches Alter geeignet ist.

Kennzeichnungen der FSK

Altersfreigaben als Richtlinien

Die FSK arbeitet mit Freigabebegründungen. Ausschlaggebend ist das Kriterium, dass ein Film die Entwicklung eines Heranwachsenden nicht negativ beeinflusst. Die FSK-Kennzeichnungen sind also keine pädagogischen Empfehlungen oder ästhetische Bewertungen der Filme.

Im Internet lassen sich die FSK-Empfehlungen für die einzelnen Filme einsehen. Doch auch auf gute Kennzeichnungen wie diese sollten Eltern sich nicht blind verlassen. Sie kennen ihr Kind am besten und können genauer abschätzen, was es in seinem Alter schon verträgt und was eher nicht.

CLAUDIA E. (33 JAHRE): «Unsere Kinder dürfen an Schlechtwettertagen ein wenig mehr fernsehen. DVDs für meine Kinder (zwei Mädchen, 4 und 2 Jahre) kaufe ich selbst ein und dabei schaue ich mir die Beschreibung auf der Hülle genau an. Manchmal ist auch ein Trickfilm mit Tieren ‹gfürchig›, selbst wenn er vom Alter her geeignet wäre. Aber da kennt man seine Kinder als Eltern am besten. Die ersten paar Male setzen mein Mann oder ich uns jeweils dazu, wenn die Mädchen eine DVD schauen. So haben wir auch eine Ahnung davon, was sie sich ansehen. Vor allem die ältere Tochter stellt Fragen, wenn sie etwas nicht versteht. Die jüngere Tochter mag sich noch nicht so lange konzentrieren; sie steht einfach auf und geht ins Nebenzimmer spielen, wenn sie nicht mehr schauen mag.»

RENATO L. (35 JAHRE): «Wir achten ganz generell darauf, dass unsere Kinder (vier Söhne, 8, 6 und 4 Jahre, 4 Monate) zu Hause keine gewaltverherrlichenden, nicht altersgemässen oder sexualisierten Medieninhalte zu Gesicht kriegen.»

DAS SAGT DER EXPERTE PETER JAKOUBEK (52 JAHRE): «Bei Videos und DVDs richteten wir uns nach den Angaben der Freiwilligen Selbstkontrolle (FSK). Trotzdem: Es gab Kinder bei uns (zwei eigene Töchter, 21 und 14 Jahre; die Familie hat zudem bis vor zwei Jahren im Rahmen einer sozialpädagogischen Wohngruppe Pflegekinder aufgenommen), die sich zum Beispiel vor Inhalten in einer ‹Harry Potter›-DVD fürchteten, obwohl die eigentlich schon für jüngere Kinder freigegeben war. Wenn die Jugendlichen in der Nebenstube einen Film ab 16 schauten, dann war sicher niemand von den Jüngeren dabei. Da war die räumliche Trennung ein Vorteil; niemand musste sich unfreiwillig Schiessereien oder das Kreischen der Filmfiguren ansehen und anhören. Manchmal sagte ein Kind, alle Freunde hätten diesen und jenen Film schon gesehen, obwohl er erst für ältere Kinder empfohlen war. Je nach Inhalt erlaubten wir dann auch hin und wieder, dass das Kind sich den Film anschaute, allerdings begleitet von uns Eltern. Solche Ausnahmen machten wir, wenn wir den Film kannten und einschätzen konnten, ob das Kind ihn schon verträgt. Ich denke, es ist ein guter Weg, das Kind oder den Jugendlichen bei Filmen oder auch Computerspielen ein Stück weit zu begleiten und danach auch über das Gesehene zu reden.»

Viele Familien schätzen die bessere Kontrolle der Inhalte bei den DVDs. Aber es gibt noch weitere Vorteile, wie etwa der Umstand, dass während des Filmes keine Werbung läuft.

Ein Blick auf die Altersangaben lohnt sich immer – das gilt noch mehr, wenn jüngere Geschwister mitschauen. Für sie gehört es ein Stück weit zum Aufwachsen dazu, dass sie die Erfahrung machen, dass sie bestimmte Inhalte noch nicht zu Gesicht bekommen.

SABINE UND DAVID W. (BEIDE 35 JAHRE): *«Es gibt keine Werbung auf den DVDs. Auf Kindersendern kommen je nach Tageszeit auch Werbespots, die für kleine Kinder nicht unbedingt geeignet sind. Früher durften unsere Kinder (Tochter 7 Jahre; Sohn 4 Jahre) schon auch ‹Caillou› und Ähnliches schauen. Aber die Trickfilme heute finden wir nicht mehr so gut gemacht. Sie sind sehr schnell geschnitten und kommen so hektisch daher, dass man sogar als Erwachsener manchmal Mühe hat, der Handlung zu folgen. Seit wir DVDs haben, nutzen wir vor allem diese. Grundsätzlich dürfen die Kinder Trickfilme schauen, aber in der ersten Runde schauen wir mit. Unsere Tochter fing vom Alter her eher später an, Filme zu gucken. Unser Sohn durfte früher mitschauen, weil eben die ältere Schwester auch schaute. Aber wir beachten die Altersangaben und schätzen von Film zu Film ab, ob unsere Kinder sie vertragen.»*

DAS SAGT DER EXPERTE STEVE BASS (47 JAHRE): *«Bei den Altersfreigaben waren wir bei allen Kindern (zwei Töchter, 17 und 12 Jahre; ein Sohn, 15 Jahre) extrem konsequent, egal bei welchem Medium. Bei Kassetten, aber auch bei Büchern versuchten wir, abzuschätzen, was man welchem Kind schon zumuten konnte. Und wir beachteten selbstverständlich die Limits bei Filmen, Games und dem Internet. Das jüngste Kind bekommt das natürlich besonders zu spüren, wenn es etwas noch nicht darf, was die älteren schon dürfen. Das ist nicht immer einfach.»*

DVDs und das digitale Fernsehen machen es möglich, das Wunschprogramm dann zu schauen, wenn es in den Familienalltag passt. Dieser Spielraum trägt dazu bei, dass die Lieblingssendung nicht mehr so häufig mit der Hausaufgabenzeit oder dem gemeinsamen Familienessen zusammenfällt.

DAS SAGT DER EXPERTE DANIEL SÜSS (51 JAHRE): *«Heute kann man die Sendungen im Fernsehen zeitversetzt schauen – das hat vieles entschärft. Früher gab es mehr Diskussionen, wenn meine Töchter (14 und 13 Jahre) zu einer bestimmten Zeit eine Serie schauen wollten und es genau dann unpassend war. Jetzt ist das kein Thema mehr. Ich achte eher darauf, dass die Hausaufgaben gemacht sind, bevor die Kinder zum Ausgleich und zur Entspannung zum Beispiel noch fernsehen.»*

TIPP *Haben Sie sich schon einmal überlegt oder gar nachgerechnet, wie lange Ihre Kinder (und Sie selbst) pro Woche die Medien nutzen, zum Beispiel das Fernsehen? Schätzen Sie doch einmal, wie lange das maximal sein könnte. Am Ende des Buches finden Sie eine Vorlage für ein Medientagebuch und für ein Medienzeit-Budget. Führen Sie gemeinsam mit Ihrem Kind eine Weile Buch darüber, wie die Medien bei Ihnen genutzt werden, und vergleichen Sie das Resultat mit Ihrer Schätzung. Halten Sie im Anschluss neue oder bewährte Abmachungen im Medienzeit-Budget fest.*

DAS SAGEN FACHLEUTE:

- Das richtige Mass: Wenn Kleinkinder nicht oder wenig fernsehen, verpassen sie im Vergleich mit Altersgenossen, die fernsehen dürfen, nichts. Dürfen sie ausgewählte, altersgerechte Sendungen schauen und mit einer Bezugsperson über das Gesehene sprechen, in einem abwechslungsreichen Alltag, in dem Fernsehen ein kleiner Bestandteil bleibt, dann ist die Wahrscheinlichkeit gering, dass das Fernsehen negative Folgen hinterlässt.
- Über Medien reden: Idealerweise finden die Kinder in ihren Eltern, Grosseltern oder erwachsenen Bekannten Zuhörer, die auf ihre Fragen antworten, wenn beim Fernsehen solche auftauchen. So können Missverständnisse besprochen werden, Beängstigendes kann erklärt, Lustiges geteilt werden. Und das Kind lernt, über Medien zu sprechen.
- Medienregeln: Je älter Kinder werden, desto schwieriger wird es, ihren Fernsehkonsum zu überwachen – sei es, dass sie sich immer häufiger bei Freunden und Bekannten aufhalten, sei es, dass sie zunehmend auch allein zu Hause sind. Trotzdem ist es von Vorteil, wenn zu Hause neben allgemeinen Regeln auch Medienregeln aufgestellt werden. Darin können Eltern und Kinder gemeinsam festhalten, welche TV-Sendungen und DVDs wann und wie lange geschaut werden dürfen. Ältere Kinder können ein Fernsehzeit-Budget schon sehr gut verwalten: Die Eltern geben ein Wochenbudget an Fernsehzeit vor, und das Kind entscheidet, wann und wie es die Zeit «ausgibt» – ob aufgeteilt oder lieber am Stück.

3 ■ ■ ■ FERNSEHEN UND FILME

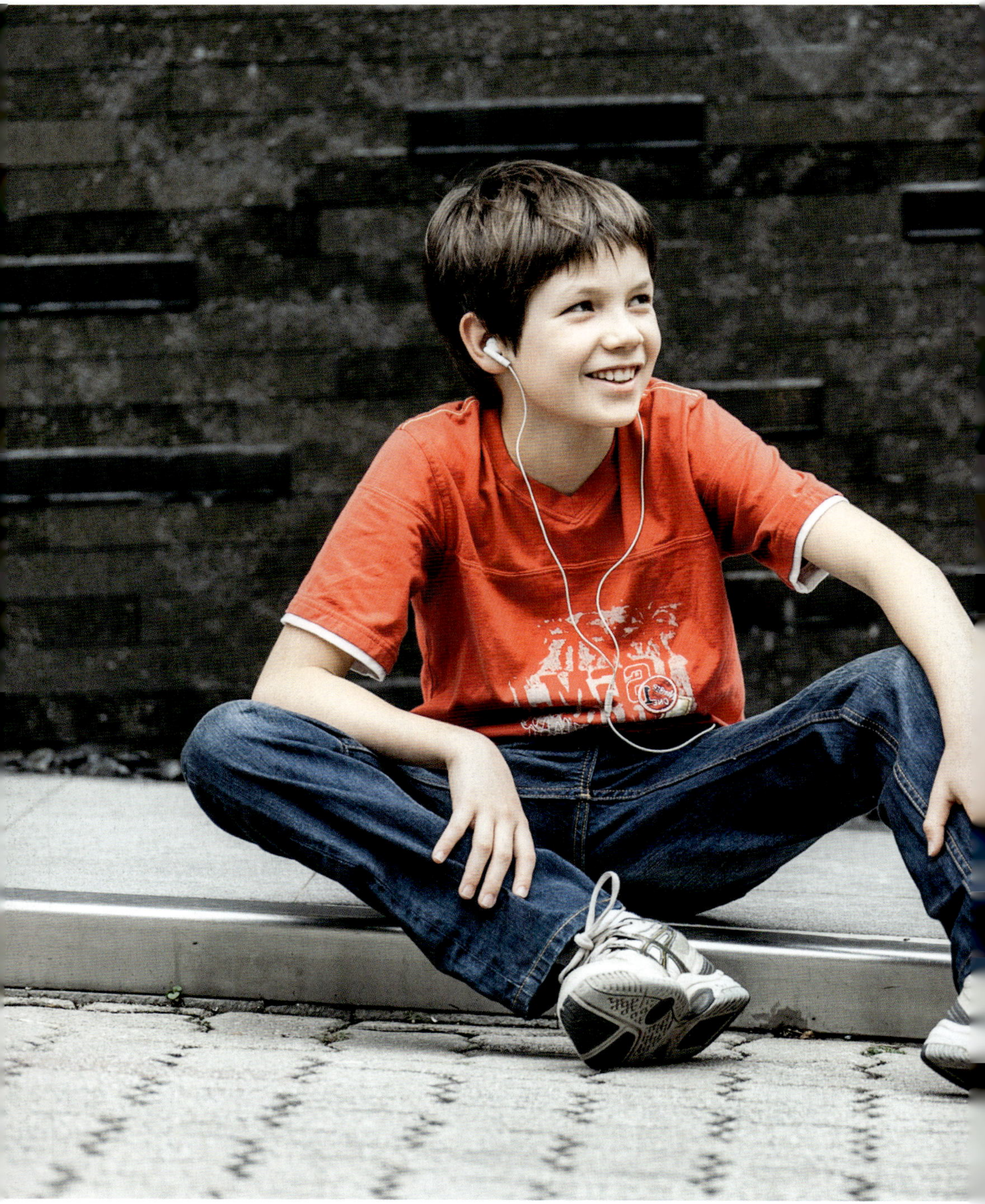

Radio, Musik und Hörgeschichten

4

Waren bis vor einigen Jahren vor allem Tapes (Kassetten) im Einsatz, kommen Kinderlieder, aber auch die Geschichten vom «Rössli Hü», von den «Fünf Freunden» oder «TKKG» heute im CD-Format oder auch als MP3-Datei daher. So oder so ist ihre Beliebtheit bei Kindern ungebrochen.

Radio

In irgendeiner Form wird in praktisch jedem Haushalt Musik gehört und das Tagesgeschehen in den Nachrichten mitverfolgt. Audiomedien stehen meist schon sehr jungen Kindern zur Verfügung und haben bei den Eltern einen eher positiven Ruf. Aber auch bei Jugendlichen ist das Radio nicht abgeschrieben.

Der Unterschied zu früher zeigt sich vor allem bei der Hardware: Was früher ausschliesslich aus der «Radiokiste» tönte, kommt heute nicht mehr zwingend aus einem einzigen Gerät. Auch aus Computer, Laptop oder Tablet schallt das Radioprogramm via Internet ins Haus. Ausserdem ist es dank mobiler Geräte möglich, unterwegs Internetradio zu hören. Dennoch ist das klassische Radio noch immer der beliebteste Weg, das Wunschprogramm zu empfangen.

Es gibt sie noch: Radios im Kinderzimmer

Die meisten Eltern unterstützen den Wunsch ihrer Kinder nach auditiven Medien. Musik und Geschichten finden oft schon früh den Weg ins Kinderzimmer. Blickt man in die Kinderzimmer von Vorschulkindern, so besitzt rund ein Drittel der Kinder einen Kassettenrekorder und rund jedes vierte Kind einen CD-Player. Ein Radiogerät nennen knapp 10 Prozent der Kinder ihr Eigen. Je älter das Kind, desto grösser tendenziell auch das Interesse am Radio – bei den Kleinsten stehen Hörspiele und Musik im Mittelpunkt. Die Vermutung, dass das Medium Radio vor allem bei jüngeren Kindern und dann wieder bei Erwachsenen beliebt ist, wird von Studien zur Mediennutzung Jugendlicher widerlegt. So konnte beispielsweise gezeigt werden, dass etwa drei Viertel der Jugendlichen zwischen 12 und 19 Jahren mehrmals pro Woche ein Radioprogramm hören. Nur ein relativ kleiner Prozentsatz (7 Prozent) hört nie Radio.

Selbst wenn eigentlich medienfreie Zeit auf dem Programm steht, dürfen viele Kinder lesen oder Geschichten hören. Dies verdeutlicht, dass

Eltern Bücher und auditive Medien mehrheitlich anders wahrnehmen als andere elektronische (Bildschirm-)Medien. Auditive Medien übernehmen sogar oft eine fixe Funktion im Tag.

DAS SAGT DIE EXPERTIN CORNELIA BIFFI (48 JAHRE): *«Ich höre mit meinen Söhnen (9 und 5 Jahre) am Abend oft ‹Zambo›, ein Kinderradioprogramm, in dem auch immer eine Geschichte erzählt wird (www.zambo.ch). Das ist für uns alle eine lustige Begleitung im Alltag. Manchmal hören sie die Sendung auch allein im Kinderzimmer. Letzthin hörte mein älterer Sohn eine Buchbesprechung, in der es darum ging, wie unser Gehirn funktioniert. Er kam anschliessend zu mir und sagte, dass er dieses Buch gerne hätte. Er zieht oft Informationen aus den Medien und verfolgt sie weiter.»*

Radio hören unterwegs

Während Autofahrten greifen Familien gern auf das Autoradio als Unterhaltungsinstrument zurück. Sitzen mehrere Personen unterschiedlichen Alters im Auto, kommt es mitunter bei der Wahl des Programms zu Meinungsverschiedenheiten. Geschmäcker sind verschieden, auch bei dem, was gehört werden soll. Das gilt sowohl für Erwachsene als auch für Kinder. Und im Auto ist der Raum enger als zu Hause, wo sich jeder zum Radio-, Musik- oder Geschichtenhören ins eigene Zimmer zurückziehen kann. Zum Glück helfen hier mobile Geräte wie iPods und andere tragbare Musikgeräte weiter. Denn nach ungezählten Wiederholungen der Lieblingsaufnahmen der Sprösslinge machen selbst die hartgesottensten Elternohren schlapp.

RALF D. (35 JAHRE): *«Im Auto wollen die Kinder (Sohn, 3,5 Jahre; Tochter, 1,5 Jahre) auf längeren Strecken bald einmal Radio oder Kinderlieder hören. Und ich und meine Frau auch irgendwann nicht mehr… ☺»*

CARMEN O. (29 JAHRE): *«Für den Fall, dass unsere Kids sich im Auto darüber streiten, was im Radio gehört werden soll, gibts ja die Variante mit dem eigenen MP3-Player, auf dem sie hören können, was sie möchten – mit Kopfhörern!»*

Wenn Eltern zu Hause oder im Auto Radio hören und die Kinder dabei sind, stellt sich bei Musik selten die Frage, ob die Kinder bereits mithören dürfen. Wenn hingegen die Nachrichten kommen, enthalten diese bisweilen Dinge, die zum Nachdenken anregen. Es macht deshalb auch bei Audiomedien Sinn, die Kinder bei ihrer Entdeckungsreise zu begleiten. Gemeinsam Geschichten oder Musik hören verbindet. Und wenn Kinder erklärt bekommen, dass die Menschen im Radio manchmal auch über die Geschehnisse in der Welt und die Menschen berichten, lernen sie Schritt für Schritt auch die Nachrichten verstehen.

SABINE UND DAVID W. (BEIDE 35 JAHRE): «Unsere Kinder haben null Ahnung, was Nachrichten betrifft. Sie sind eigentlich nie dabei, wenn wir Radio hören. Aber das ist keine Absicht von unserer Seite. Unsere Tochter wird jetzt 8 Jahre alt – da werden wir sie schon bald mit der Realität konfrontieren müssen. Wenn man im Auto Radio hört und die Nachrichten kommen, dann hört man auch von Terroranschlägen und anderen wirklich schlimmen Sachen. Da stellen wir in der Regel ab. Doch wir merken schon, da kommen Fragen von unserer Tochter. Und es ist gar nicht so leicht zu entscheiden, wann man nun anfangen soll, die Kinder über diese Dinge zu informieren, über die die Medien berichten. Wir werden wohl langsam damit beginnen, indem wir zusammen mit ihr – und später auch mit unserem Sohn (5 Jahre) – Nachrichten hören.»

Kassetten, CDs und MP3

Richtig gelesen: Es gibt sie noch, die Kassetten. Mit der CD haben sie zwar ernstzunehmende Konkurrenz bekommen, doch in einigen Haushalten verbreiten sie noch immer nostalgischen Charme. Mit ihrer Hilfe werden Musik und Geschichten «weitervererbt», die schon die Eltern gehört haben.

In vielen Haushalten spielen Hörgeschichten vor allem zur Abendzeit eine grosse Rolle. Oft werden sie vor dem Einschlafen gehört, oder sie helfen den Kindern sogar dabei, in den Schlaf zu finden. Neben dem praktischen Nutzen von Kassetten und Co. geben diese Medien den Eltern auch die Möglichkeit, beim Mithören von Geschichten und Musik gedanklich in ihre eigene Kindheit zurückzureisen.

VERA G. (47 JAHRE): *«Zum Abendritual bei uns gehört es, dass die Kinder (Sohn 9 Jahre; Töchter 7 und 4 Jahre) eine Gutenachtgeschichte vorgelesen bekommen. Danach sagen wir gute Nacht und schieben für sie noch ein Kassettli ein. Das gehört fix zum Abend dazu, und sie schlafen dabei sehr schnell ein.»*

RALF D. (35 JAHRE): *«Unsere Kinder (Sohn, 3,5 Jahre; Tochter, 1,5 Jahre) hören oft und gern Kinderlieder, von den ‹Schlieremer Kindern› bis hin zu Kindermusicals. Da kommt es auch vor, dass mein Sohn drei Tage lang dasselbe Lied hören möchte. Aber wir haben auch Hörspiele wie die alten Kasperligeschichten. Es sind Geschichten, die meine Frau und ich schon aus unserer Kindheit kennen – das ist immer ein besonderes Gefühl, wenn wir die wieder hören. Wir besitzen sie jetzt als digitale Varianten oder als CDs. Trotzdem gibt es Momente, wo diese Medien bei uns nicht erlaubt sind. Wenn sie zum Beispiel kurz vom dem Essen damit anfangen wollen, dann sagen wir Nein – auch wenn das für Ärger sorgt. Oder kurz vor dem Schlafengehen, da möchten wir lieber, dass sie noch ein Büchlein anschauen statt sich etwas anzuhören.»*

Die Beispiele verdeutlichen, dass Regeln für Audiomedien ebenso ihre Berechtigung haben wie für alle anderen Medien. Sie sollen dann genutzt werden, wenn es Sinn macht, wenn es in den Tagesverlauf hinein passt und wenn sie niemanden stören.

Erinnerungen teilen

Nun gibt es Haushalte, in denen sich zwar Kassetten finden, aber kein passendes Abspielgerät mehr vorhanden ist. Die technischen Veränderungen lassen einige Eltern jedoch kreativ werden, sodass ihre Kinder die Geschichten und Musikstücke dennoch hören können. Das Teilen eigener Medienerfahrungen mit den Kindern kann für Eltern eine grosse Bereicherung darstellen. Sie verbringen Zeit mit ihren Kindern, und die Kinder hören eine Geschichte und erfahren gleichzeitig etwas über die Zeit, als Mama und Papa noch Kinder waren, und darüber, was sie damals mochten.

KRISTINA H. (32 JAHRE): «Aus meiner Kindheit gibt es noch ganz viele Kassetten, doch bei uns zu Hause hat leider das letzte Kassettengerät schon vor einiger Zeit den Geist aufgegeben. Die Kassetten zu entsorgen, kommt für mich nicht in Frage; das wäre, wie wenn ich meine Kindheitserinnerungen wegwerfen würde. Wir haben die Kassetten mit den Kindern zusammen zu den Grosseltern gebracht, wo sie sie jetzt in meinem ehemaligen Kinderzimmer auf einem Uralt-Gerät hören dürfen. Beide Kinder (3,5 und 1 Jahr) geniessen das total, eben weil es das zu Hause nicht gibt, sondern exklusiv bei Oma und Opa. Und das Beste daran: Wenn man mit den Kindern zusammen die alten Musikstücke und Geschichten aus der eigenen Kindheit hört, taucht man automatisch nochmals in diese Zeit ein. Das ist, als ob man mit der Zeitmaschine zurückreisen würde. Wunderbar.»

ALAIN M. (33 JAHRE): «Klar könnte man irgendwo ein Gerät auftreiben, das noch Kassetten abspielt. Aber meine Frau und ich haben uns entschlossen, in Zukunft die CD-Versionen der Hörspiele und der Musik zu kaufen. Es gibt allerdings eine Ausnahme: In einem unserer Autos kann man neben CDs auch Kassetten abspielen. Wenn meine ältere Tochter (bald 4 Jahre) im Auto unterwegs ist, dann hören wir diese Geschichten und Musikstücke. Sie nennt sie ihre Autogeschichten, und das macht es irgendwie besonders. Obwohl sie ihre Musik und ihre Geschichten ebenso gern auch via CD oder Tablet hört.»

Kinder verknüpfen sämtliche Erfahrungen – auch Medienerfahrungen – schon früh mit Personen und Orten. Denken Sie nur an Ihre eigene Kindheit: Schöne, langweilige, fröhliche oder unheimliche Momente werden abgespeichert, und manchmal genügt ein medialer Impuls (ein Musikstück, ein Bild, ein Textabschnitt...), um diese Gefühle wieder hervorzurufen. Bis zu einem gewissen Grad steuern Eltern also mit, woran die Kinder sich in Zukunft erinnern werden, wenn sie an ihre Medienkindheit zurückdenken.

Musik und Geschichten – überall verfügbar

Zu den beliebten Gerätschaften zählen auch die MP3-Player. Die Abkürzung MP3 (MPEG-1 Audio Layer 3) steht für ein platzsparendes Format für Audiodateien. Das Downloaden von Musik über das Internet wurde dadurch erst ermöglicht. MP3-Dateien können direkt am Computer gehört werden oder unterwegs. Die Möglichkeit, via WLAN (Wireless Local Area Network) ins Internet zu gehen, die heute bereits junge iPod-Besitzer haben, stellt für Eltern eine neue Herausforderung dar.

DAS SAGT DIE EXPERTIN CORNELIA BIFFI (48 JAHRE): *«Hörmedien sind bei uns sehr präsent. Meine Söhne (9 und 5 Jahre) mögen Hörspiele. Ich habe für beide eine Bibliothekskarte und hole ihnen stapelweise Hörspiele. Ich schaue darauf, dass auch Geschichten dabei sind, von denen sie die Bilderbücher oder Bücher schon kennen. Wenn wir in die Ferien fahren, nehmen wir immer Hörspiele mit. Da ist es auf längeren Fahrten auch schon vorgekommen, dass beide Söhne hinten im Auto mit dem iPod Shuffle zufrieden ihre je eigene Geschichte gehört haben. Oder wir hören gemeinsam eine etwas anspruchsvollere Geschichte.»*

DAS SAGT DER EXPERTE MARC BODMER (49 JAHRE): *«Mein Sohn (9 Jahre) hat einen iPod Touch zum Geburtstag bekommen, und damit freundet er sich jetzt an. Sein Tag beginnt damit, dass er sich via iPod Touch mit einer Lieblingsmusik wecken lässt, die er am Vorabend ausgewählt hat. Schon am ersten Tag fing er an zu filmen und zu gamen, er erlernt Schritt für Schritt den Umgang mit dem Gerät. Denn jetzt hat er damit ein Portal zu allem, dank WLAN im Prinzip auch im Kinderzimmer.»*

Einige Eltern haben bezüglich WLAN Abmachungen mit ihren Kindern getroffen. Während es in den einen Familien abends abgeschaltet wird, dürfen die Kinder in anderen Familien ihre internetfähigen Musikgeräte zwar nutzen, diese bleiben aber offline.

Wenn Kinder mit ihren Geräten im Kinderzimmer verschwinden, werden die Kontrollmöglichkeiten der Eltern geringer. Meist lohnt es sich, mit den Kindern Abmachungen zu treffen, noch bevor die Geräte in ihrem Besitz sind. Zum Beispiel zu Nutzungszeiten oder dazu, ob sie das kabellose Internet alleine verwenden dürfen oder nicht. Sicher ist, dass die Geräte auf Kinder ganz unterschiedlichen Alters faszinierend wirken.

ULRICH W. (41 JAHRE): «Unsere Kinder (Tochter, 13 Jahre; Sohn, 11 Jahre) dürfen ihre iPods im Bett grundsätzlich nicht benutzen – ausser zum Musikhören.»

DAS SAGT DIE EXPERTIN JUDITH MATHEZ (41 JAHRE): «Der iPod Touch ist ein Thema bei den älteren drei Kindern (drei Söhne, 9, 7 und 2 Jahre; eine Tochter, 6 Jahre). Sie haben jetzt schon miteinander abgemacht, dass sie sich gemeinsam ein solches Gerät zu Weihnachten wünschen – und jetzt ist Juli! Wir Eltern überlegen noch, aber vielleicht erfüllen wir ihnen diesen Wunsch. Für mich liegt der grosse Unterschied darin, dass es hier um ein Gerät geht, das allen Kindern zur Verfügung steht. Ich empfinde es als förderungswürdig, wenn die Kinder merken, dass sie mit ihren Geschwistern aushandeln müssen, wann sie einen Gegenstand nutzen können. Ich habe eigentlich vermutet, dass die Kinder früher mit dem Thema iPod Touch auf uns zukommen, und wir haben bewusst gewartet, bis das Bedürfnis von ihrer Seite her erwacht. Wenn sie jetzt noch ein halbes Jahr darauf warten und ein bisschen stürmen, dann ist das auch o.k.»

Es gibt auch Kinder, die mithilfe des iPod Zugang zur Fotografie finden. Das nehmen manche Eltern zum Anlass, via Fotografie über Medien allgemein zu sprechen:

DAS SAGT DER EXPERTE FLURIN SENN (42 JAHRE): «Die Foto-Funktion auf dem iPod ist meinem ältesten Sohn (10 Jahre) sehr wichtig. Ich finde es auch total lässig, gemeinsam Fotos zu machen. Kindern sind ganz andere Details wichtig, und die ‹Kinder-

perspektive› gibt uns Eltern einen Anlass, über das Thema Fotografie zu sprechen. Ab und zu fotografieren wir auch miteinander etwas. Wenn ich oder meine Frau auf einem Ausflug einen Fotoapparat mitnehmen, dann ist unser Sohn mit seinem iPod dabei und macht ebenfalls damit Bilder.»

WUSSTEN SIE, DASS …

- **… von der Entwicklung des ersten Walkman bis zum ersten iPod nur gut 20 Jahre vergangen sind?** Der erste Walkman kam 1979 auf den Markt, die erste Version des iPod im Jahr 2001.
- **… iPods die meistverkauften MP3-Player sind?** Die Geräte der neusten Generation gleichen äusserlich sehr dem iPhone und geben dem Benutzer auch die Möglichkeit, über WLAN ins Internet zu gehen.

DAS SAGEN FACHLEUTE:

- Medienverbund: Es lohnt sich, auch bei den Audiomedien auf Produkte aus dem Medienverbund zu achten. Oft gibt es Hörgeschichten, die man mit den dazugehörigen Büchern erwerben kann. Das Kind lernt so die Erzählungen über verschiedene Medien kennen – und lernt auch Unterschiede und Gemeinsamkeiten erkennen.
- Geräte bewusst wählen: Dass alle Freunde bereits einen MP3-Player haben, ist ein beliebtes Argument der Kinder. Besprechen Sie vor dem Erwerb von Gerätschaften mit Ihrem Kind, welchen Nutzen es in seinem Alter davon hat, und benennen Sie Regeln früh genug.
- Erinnerungen wecken und weitergeben: Nutzen Sie die Gelegenheit, mit Ihrem Kind gemeinsam in Erinnerungen zu schwelgen, wenn Sie Geschichten aus Ihrer Kindheit hören. Schenken Sie Ihrem Kind diese gemeinsamen Momente und damit auch ein Stück Ihrer Medienvergangenheit.

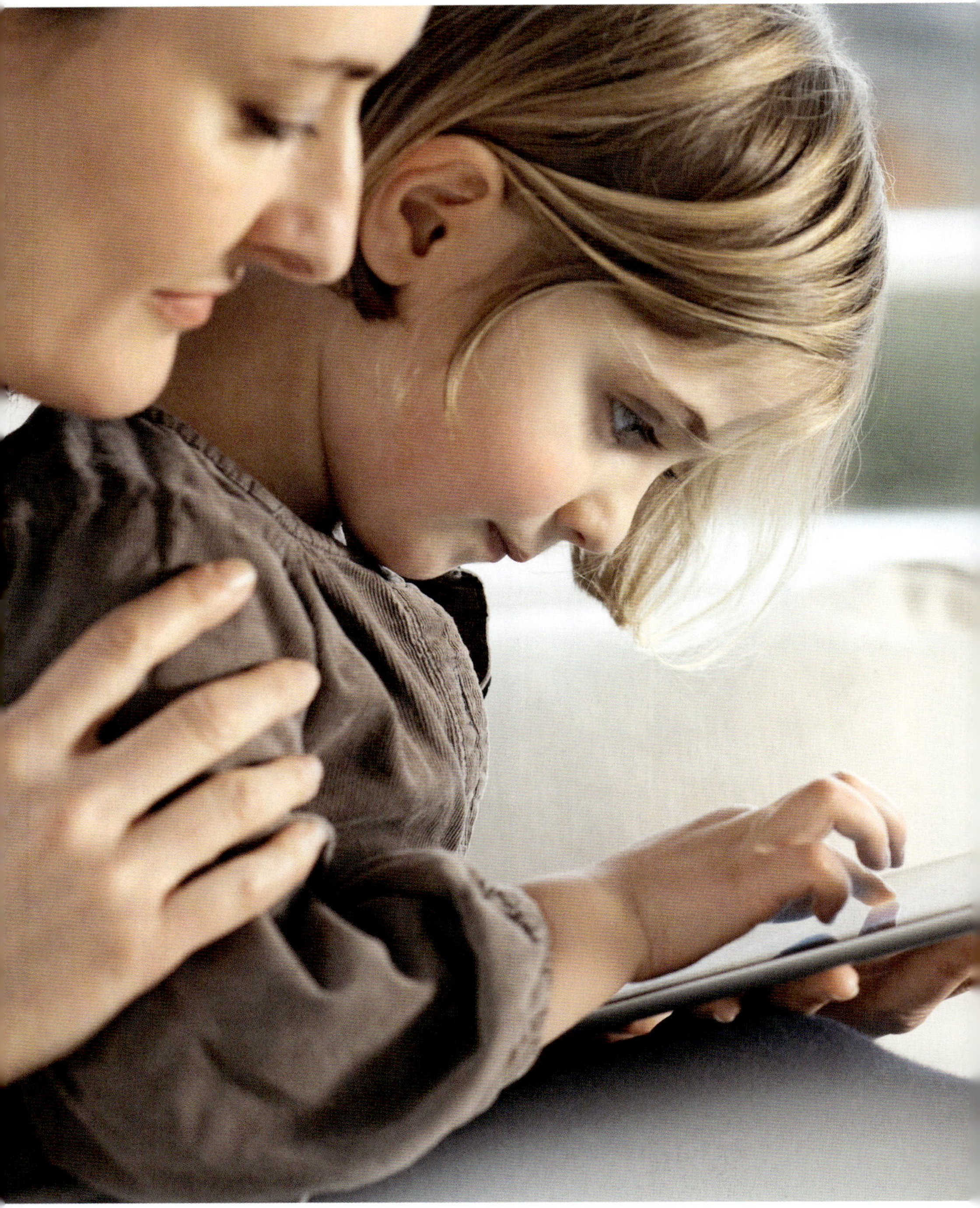

Tablets

5

Sie sind klein, handlich und mobil: Tablets. In immer mehr Haushalten gelangen die Lieblingsspielzeuge der Eltern schon früh in die Hände von Kindern. Die Handhabung ist sprichwörtlich kinderleicht. Und das Beste: Auf dem Tablet ist vieles möglich, was Jung und Alt gefällt – schreiben, spielen, malen, lesen, Videos gucken, Musik hören, fotografieren, filmen, telefonieren ...

Apps – Faszination für Gross und Klein

Der Markt für Kinder-Apps ist in den vergangenen Jahren enorm gewachsen. Heute existiert eine Vielzahl an Gratisangeboten und an relativ günstigen Apps, die sich qualitativ aber stark unterscheiden – genau wie andere Medienangebote auch.

Die Verbreitung von Tablets in den Haushalten ist auf steigendem Kurs. Um die Geräte handhaben zu können, ist es – anders als bei Laptop und Computer – nicht einmal mehr zwingend nötig, lesen und schreiben zu können. Sogar Kleinkinder sind in der Lage, nach mehrmaligem Zuschauen ein Tablet zu bedienen. Das bedeutet aber noch lange nicht, dass sie fähig sind, das Gerät auch kompetent zu nutzen.

Neue Möglichkeiten, neue Wünsche

Wurde früher das Taschengeld ausschliesslich in Süssigkeiten und Spielzeug investiert, gehen heute die ersparten Franken nicht selten retour ins elterliche Portemonnaie, und Mama oder Papa kaufen dem Kind seine Wunsch-App mit der Kreditkarte. Es gibt jedoch auch viele Gratis-Apps. Unkontrolliert dürfen die meisten Kinder aber auch die nicht auf ihr Tablet oder Smartphone laden.

DAS SAGT DER EXPERTE DANIEL SÜSS (51 JAHRE): *«Wenn meine Töchter (14 und 13 Jahre) Apps kaufen möchten, dann müssen sie dafür über meinen Account auf den Shop zugreifen und mich fragen, ob das in Ordnung ist. Meist sind die Apps gratis, aber wenn sie dann doch ein paar Franken kosten, dann bezahlen sie sie mit ihrem Taschengeld. Ich habe sie darauf hingewiesen, dass es auch Apps gibt (zum Beispiel Spiele), bei denen eine erste Grundversion gratis ist, dass man dann aber auch aufgefordert werden kann, sich Extras zu kaufen. Bisher haben sie sich mit den Gratisversionen zufriedengegeben, sie investieren ihr Geld dann doch lieber in Kleider!»*

INA K. (32 JAHRE): *«Wenn einer meiner Söhne (10, 8 und 5 Jahre) auf eine App stösst, die er gerne hätte, kommt er damit zu mir. Das sind in der Regel Gratis-Apps, sehr selten einmal eine für einen Franken oder so. Ich schaue mir an, was es ist, und dann entscheide ich, ob er sie haben darf oder nicht. Die Kinder sollen nichts aufs Gerät laden, ohne mich zu fragen.»*

Die Entscheidung, den Einkauf nicht den Kindern zu überlassen, ist vernünftig. Denn trotz Gratisangeboten gibt es viele Apps, deren Grundversion nichts kostet, bei denen aber im Anschluss durch Erweiterungen (zum Beispiel neue Levels in Spielen oder neue Funktionen innerhalb der Apps) Folgekosten entstehen können. Auch durch viele kleine Beträge kann am Schluss ein grosses Loch im Kinderportemonnaie entstehen – oder in demjenigen der Eltern.

TIPP *Achten Sie darauf, dass Ihr Account auf Smartphone oder Tablet durch ein Passwort geschützt ist. So kann niemand (auch nicht versehentlich) einen App-Kauf tätigen, ohne dass Sie Bescheid wissen. Oder aber Sie lassen Ihr Kind nur ans Gerät, wenn sich dieses im Offlinemodus befindet.*

Schutz vor unerwünschten Inhalten

Kinder können sich via Tablet rasch auf Inhalte im Internet tippen, die für sie mehr oder weniger geeignet sind. Über den eingerichteten Browser ist der Zugang gegeben, wenn das Gerät via Abo oder WLAN über eine Verbindung zum Internet verfügt.

Grundsätzlich gilt auch hier die Devise: Je jünger das Kind, desto mehr Aufsicht ist empfehlenswert, auch wenn der Nachwuchs augenscheinlich erstaunlich flink und versiert mit dem Tablet umgehen kann. Eine hilfreiche Massnahme ist die Sperre mit Pin-Code, oder Sie lassen das Gerät im Flugmodus (offline) laufen.

Die Abbildung auf der nächsten Seite zeigt einen Screenshot der eigens für ihre Kinder eingerichteten Seite auf dem iPad, das bei Judith Mathez zu Hause in Gebrauch ist. Gut sichtbar sind die Kinder-Apps sowie der Flugmodus, in dem die älteren Kinder das Gerät benutzen dürfen.

Apps für Kinder auf dem iPad (Beispiel)

Gut erkennbar ist rechts unten auch die Timer-App, mit der sich die Nutzungszeit wie mit einem Wecker regulieren lässt. Die Kinder hören zur vereinbarten Zeit einen Ton, der sie ans Abschalten erinnert. Bei den einen Kindern funktioniert eine solche Massnahme gut, bei anderen braucht es zusätzliche Aufsicht.

DAS SAGT DIE EXPERTIN JUDITH MATHEZ (41 JAHRE): *«Wenn mein ältester Sohn (9 Jahre) auf dem iPad ein Game spielen will, dann machen wir ab, dass er eine halbe Stunde spielen darf. Dann wird die App mit der Uhr auf 30 Minuten eingestellt, und wenn die Zeit vorbei ist, läutet es. Bei ihm kann ich mich darauf verlassen, dass er dann wirklich aufhört, auch wenn ich nicht gerade dabei bin. Beim jüngeren Bruder (7 Jahre) ist das anders. Da reguliere ich dann eher stärker als beim älteren. Das muss man eben von Kind zu Kind anpassen und schauen, wie es funktioniert.»*

Da Kinder Wiederholungen gerne mögen, reicht es in der Regel, eine Auswahl an Apps zu installieren. Doch woher holt man sich als Eltern Inspirationen für gute Kinder-Apps?

Gute Kinder-Apps finden

Bei der Vielzahl an Apps für Kinder und Jugendliche fällt es mitunter schwer, sich einen Überblick zu verschaffen. Elternzeitschriften, spezielle Websites und Gespräche mit anderen Eltern helfen, sich im App-Dschungel zurechtzufinden.

> **RALF D. (35 JAHRE):** *«Die Apps, die unsere Kinder (Sohn, 3,5 Jahre; Tochter, 1,5 Jahre) ansehen dürfen, waren meist Empfehlungen aus verschiedenen Heften für Eltern. Auch von Kollegen haben wir Dinge aufgeschnappt, die wir dann zuerst selbst angeschaut haben. Wenn man weiss, was die Inhalte einer App sind, kann man die Kinder auch einen Moment damit alleine lassen. Aber es ist mir bewusst, dass es mit der Zeit um viel mehr gehen wird, als eine Sonne anzuklicken oder ein Schäfchen zu berühren. Wir werden versuchen, bei der Nutzung dabei zu sein, aber den Kindern auch Freiheiten zu lassen.»*

Es gibt Quellen (siehe Anhang), wo Eltern sich informieren können, welche Apps für Kinder besonders empfohlen werden. Dabei gilt jedoch: Was die einen Eltern als sinnvoll erachten, ist in einer anderen Familie noch lange nicht erlaubt. Hier liegt es an den Eltern, zu entscheiden, welche Apps sie ihren Kindern zum Anschauen und Spielen geben wollen und welche eher nicht – genau wie bei anderen Medieninhalten auch.

Regeln für den Umgang mit Tablets

Zeitliche Nutzungsregeln sind natürlich auch im Zusammenhang mit Tablets ein Thema. Viele Eltern berichten, dass sie eine generelle Bildschirmzeit für ihre Kinder festgelegt haben, wobei die Kinder entscheiden dürfen, auf welchem Medium sie ihre Inhalte schauen wollen. Die Mobilität und Handlichkeit der Tablets führt dazu, dass sie praktisch überall und jederzeit zum Einsatz kommen können. Dennoch gibt es in vielen Familien Abmachungen, wann Tablets genutzt werden dürfen und wann eher nicht.

BARBARA (39 JAHRE) UND DANIEL R. (38 JAHRE): «An einem Tag ihrer Wahl darf unsere Tochter (3,5 Jahre) 15 Minuten fernsehen oder 15 Minuten Spiele auf dem Tablet spielen. Mit welchem Gerät sie die Zeit verbringt, spielt für uns keine Rolle. Es geht uns mehr um die Quantität, aber auch um die Qualität.»

DAS SAGT DER EXPERTE MARC BODMER (49 JAHRE): «Mit Apps haben wir eine simple Regel: Wenn wir gemeinsam weggehen oder zu dritt als Familie zu Hause essen, dann gibts keine Medien. Wenn wir aber zu fünft gehen, mit Freunden etwa, wenn also die Zahl der Erwachsenen im Vergleich zur Zahl der Kinder massgeblich steigt, dann sind Medien auch mal o.k. Denn wenn wir uns über Themen unterhalten, bei denen unser Sohn (9 Jahre) nicht mitreden kann, dann soll er auch die Möglichkeit haben, sich zu beschäftigen. Egal, ob er da nun ‹digital ruhiggestellt› ist oder malt oder sonst etwas macht. Denn in diesem Moment ist er allein und isoliert, weil er einfach nicht an dieser Diskussion teilhaben kann. Seine Ohren sind aber auch dann erstaunlich offen – sobald er nämlich etwas aufschnappt, was ihn interessiert, ist er sofort wieder ‹da›.»

Beim Thema Essen und Tablets gehen die Meinungen stark auseinander. Viele Eltern berichteten von der Abmachung, dass Tablets – aber auch viele andere Medien – nichts am Esstisch zu suchen haben. Während der Essenszeit sind Gespräche miteinander wichtiger. Aber es gibt auch Familien, bei denen das Tablet zum Lesen am Tisch erlaubt ist. In Zeiten des E-Papers wird auch mal in Ruhe die Tageszeitung gelesen. Man kann sich tatsächlich fragen, was schlimmer ist – hinter einer riesengrossen Zeitung zu verschwinden oder diese am Tisch auf dem Tablet zu lesen und dabei für die Kinder sichtbar zu bleiben.

SIMONA G. (48 JAHRE): «Unser Sohn (12 Jahre) hat ein kleines iPad, und das ist natürlich praktisch, wenn man schnell etwas nachschauen will. Beim Essen sind wir Eltern aber streng und erlauben keine Medien – weder beim Frühstück noch beim Mittag- oder Abendessen. Auch wenn er sagt, er müsse nur ‹ganz schnell› etwas überprüfen. Notfalls ziehen wir das Gerät dann einfach kurz ein.»

SUSANNA H. (45 JAHRE): «Bei uns zu Hause wird ohne Begleitung von Medien gegessen – also ohne Telefon und ohne Zeitung. Und es werden auch keine Nachrichten geschrieben.»

DAS SAGT DER EXPERTE MARC BODMER (49 JAHRE): *«Handys sind bei uns während der Mahlzeiten grundsätzlich nicht auf dem Esstisch. Allerdings kommt es vor, dass ich am Morgen beim Frühstück die NZZ auf dem Tablet lese. Manchmal sieht unser Sohn (9 Jahre) dann ein Bild, das ihn interessiert, das schauen wir uns dann gemeinsam an. Ich kann mich noch an meine eigene Kindheit erinnern – da verschwand mein Vater morgens am Tisch hinter einer Wand, einer riesigen Zeitung. Man konnte ihn nicht mehr sehen! Ob das besser ist…? Das Tablet ist vergleichsweise klein, und man hat immerhin noch visuellen Kontakt, auch wenn man lesend absorbiert ist.»*

Print oder Screen?

Die Möglichkeiten, die Tablets im Alltag bieten, gefallen den einen Leuten – und den anderen weniger. Je nach Situation wird beim Lesen manchmal eine Print-Variante bevorzugt, und ein anderes Mal kommt die elektronische Variante zum Zug. Immer wenn neue Medien aufkommen, entsteht der Eindruck, dass «alte» oder «klassische» Medien durch sie verdrängt oder ersetzt werden. Es gibt aber Beispiele, die genau das Gegenteil veranschaulichen.

DAS SAGT DIE EXPERTIN BARBARA JAKOB (47 JAHRE): *«Ich habe ein iPad. Aber das richtig genussvolle Lesen, das verbinden offenbar alle in unserer Familie mit dem richtigen Buch. Wir lesen auch in den Ferien keine elektronischen Bücher, sondern nehmen immer echte Bücher mit. Teilweise auch aus dem Bücher-Brockenhaus, mit dem Hintergedanken, dass man sie am Ferienort zurücklassen kann. Aber auch das bringt keiner von uns übers Herz. Zeitungsabos hingegen nutzen wir intensiv auf dem iPad. Als Sonnendach taugt eine ‹Süddeutsche Zeitung› ja sicher, doch ist sie am Strand nicht sehr handlich. Im Ausland die neueste Ausgabe einer Zeitung zu lesen, finde ich super. Das iPad geht dann reihum, auch unsere Töchter (Zwillingstöchter, 17 Jahre; Tochter, 14 Jahre) lesen rege mit.»*

Einmal mehr: Eltern sind Vorbilder

Schnell das Wetter nachschauen, die Büromails checken oder den Wochenendeinkauf via Online-Shopping erledigen – und das beim Spielen mit den Kindern oder am Esstisch beim Abendessen. Weil so vieles so schnell und mit so wenigen Klicks möglich ist, lassen sich auch Erwachsene gern dazu verleiten, sich zwischendurch via Tablet organisatorischen Dingen zu widmen. Doch Eltern haben auch in diesen Dingen eine wesentliche Vorbildfunktion. Checkt die Mutter auf dem Tablet ständig ihr Facebook-Profil oder der Papa seine Mails, dann lernt das Kind, dass dies o.k. ist. Obwohl es verführerisch ist, gehen deshalb viele Eltern dazu über, zugunsten ihrer Kinder auch für sich selbst Medienregeln aufzustellen, wie das folgende Beispiel zeigt:

DAS SAGT DIE EXPERTIN JUDITH MATHEZ (41 JAHRE): *«Die Kinder sehen mich im Alltag am meisten mit Zeitungen oder Zeitschriften in der Hand. Die Vorbildwirkung der Eltern spielt meiner Meinung nach eine Rolle. Ich habe selbst kein Smartphone, so komme ich gar nicht in Versuchung, auf dem Spielplatz schnell etwas nachzuschauen. Wenn, dann nehme ich eine Zeitschrift mit. Wenn die Zeitschriften mit der Post nach Hause kommen, dann schauen wir viele davon gemeinsam mit den Kindern an, zum Beispiel das ‹National Geographic›. Auch an den Tagen, an denen ich die Kinder zu Hause betreue, bin ich nicht am Computer. Und wenn, dann nur kurz in der Mittagspause, wenn die Kinder beschäftigt sind.»*

Zu Lernzwecken dürfen die Kinder Tablets oft auch länger benutzen als nur für die vereinbarte Zeit. Neben den Eltern sind es auch Geschwister, die die Mediennutzung ihrer Brüder und Schwestern beeinflussen und ein Stück weit auch kontrollieren können.

Abmachungen gemeinsam aushandeln

Während in vielen Familien eher die Eltern Medienregeln aufstellen, gibt es auch solche, in denen die Kinder bewusst in den Prozess miteinbezogen werden – ein konstruktives Vorgehen, bei dem sich der Nachwuchs ernstgenommen fühlt.

DAS SAGT DIE EXPERTIN JUDITH MATHEZ (41 JAHRE): *«Bei vier Kindern wie bei uns (drei Söhne, 9, 7 und 2 Jahre; eine Tochter, 6 Jahre) ist die soziale Kontrolle unter den Geschwistern hoch. Zum Beispiel beim iPad – da geht es um Themen wie ‹Wer* darf in welcher Reihenfolge ans Gerät?›. Wir haben die Nutzungszeiten und -reihenfolge gemeinsam mit der ganzen Familie ausgehandelt. Zuerst haben wir Eltern uns darüber unterhalten, was wir als sinnvoll erachten, und danach haben wir es mit den Kindern besprochen. Eine spezielle Herausforderung war, dass sich unsere Kinder gegenseitig beim Spielen auf dem iPad auch zuschauen wollen. Das ist ja fast so attraktiv, wie selbst zu spielen. Zu den Abmachungen kamen wir so: Wir fingen damit an, dass die älteren Kinder 30 Minuten Bildschirmzeit haben durften, und wenn man den anderen beim Spielen zuschaute, dann zählte diese Zeit halb. Das wurde schnell zu kompliziert, und die Kinder empfanden es auch rasch als ungerecht, denn es führte dazu, dass die einen Kinder auf mehr Bildschirmzeit kamen als die anderen. Die Kinder sagten dann von sich aus, dass sie einfach diese 30 Minuten Bildschirmzeit wollten, ob sie während dieser Zeit nun zuschauen oder selbst spielen. Eigentlich haben sie von sich aus eine strengere Regel gewählt, die in ihren Augen aber gerechter ist. Die zwei älteren Kinder haben jetzt eine halbe Stunde Bildschirmzeit pro Tag (ob nun für Filmli oder für Games) und bekommen das iPad oder den Laptop. Unsere Tochter hat 15 Minuten Bildschirmzeit, und der Kleinste hat noch keine. Manchmal schaut er natürlich den älteren Geschwistern zu. Das darf er auch, denn üblicherweise läuft er nach ein paar Minuten wieder weg und macht etwas anderes.»

TIPP *Der Vorteil einer Herangehensweise, bei der die Kinder ein Mitspracherecht haben: Beide Seiten – Eltern und Kinder – können ihre Überlegungen detailliert schildern und begründen. Die Kinder fühlen sich so ernstgenommen. Es geht dabei nicht darum, sich ausschliesslich nach den Wünschen der Kinder zu richten. Aber ein offenes Ohr für ihre Argumente hilft den Eltern dabei, «durchhaltbare» Abmachungen zu treffen.*

Tablets unterwegs

Zweifellos können Tablets das Leben unterwegs leichter machen. Dank ihres Speichervolumens bieten sie viel Platz für Musik oder Lesestoff. Letzterer lässt sich heutzutage bequem aufs Gerät laden und mit einer entsprechenden App konsumieren.

Auch sonst erweist sich das Tablet auf Reisen als grosse Hilfe. Das haben auch die Hersteller für Autozubehör entdeckt.

DAS SAGT DER EXPERTE STEVE BASS (47 JAHRE): «Als wir letzthin mit der gesamten Familie in die Ferien fuhren, hatte meine älteste Tochter (17 Jahre) das Buch, das sie mitgenommen hatte, schon am ersten Tag fertig gelesen. Wir hatten Gratis-WLAN am Ferienort, und sie konnte sich drei E-Books auf das Tablet laden. Das war schon praktisch.»

ALESSIA S. (35 JAHRE): «Wenn wir mit unseren Töchtern (7 und 3,5 Jahre) nach Italien fahren, ist die Fahrzeit mit sechs Stunden schon sehr lang. Dann erlauben wir ihnen auch mal, im Auto einen Film zu schauen. Es gibt Halterungen für die Kopfstütze, mit denen man Tablets befestigen kann. So funktioniert das ziemlich gut.»

Neben Apps zum Spielen, mit denen man sich die Zeit vertreiben kann, sind es vor allem Filme, die Kinder gerne auf den Tablets anschauen. Unter den Videoportalen ist vor allem eines sehr vielen Eltern und Kindern bekannt: Youtube.

Youtube

Kein Videoportal ist so bekannt und beliebt wie Youtube. Nutzer konsumieren dabei nicht nur, sie laden selber auch gewaltige Mengen hoch: nämlich Videomaterial für unglaubliche 72 Stunden pro Minute.

Mit Youtube ist es ein wenig wie mit dem gesamten Internet: Es finden sich viele tolle, aber auch eine Menge zweifelhafte Inhalte. Manch ein Videoclip, der im ersten Moment so aussieht, als sei er für Kinder gemacht, entpuppt sich bei näherem Hinsehen als gar nicht kindgerecht. Scheinbar harmlose Filmchen können in den Kindern mitunter einiges auslösen. Eltern können ihre Kinder nicht vor allen Inhalten schützen. Aber vor allem bei jüngeren Kindern können sie noch verstärkt ein Auge darauf haben, welche Videoclips sich der Nachwuchs auf Portalen wie Youtube ansieht.

RALF D. (35 JAHRE): *«Youtube-Filme dürfen unsere Kinder (Sohn, 3,5 Jahre; Tochter, 1,5 Jahre) noch nicht alleine schauen, da sind wir immer dabei. Auf Youtube ist das Angebot ja endlos. Wir Eltern finden, dass die Kinder nach 10 Minuten Youtube genug gesehen haben. Ich habe das Gefühl, die Inhalte beschäftigen sie ohnehin, und mehr als eine so kurze Zeit können sie doch noch gar nicht verarbeiten.»*

DAS SAGT DER EXPERTE MARC BODMER (49 JAHRE): *«Youtube lässt sich ja nicht filtern. Also habe ich meinem Sohn (9 Jahre) gesagt, dass es auf Youtube ganz viele Videos und Inhalte gibt, die er sicher gar nicht sehen möchte, zum Beispiel schwere Unfälle ... Und auch, dass der Moment kommen werde, wo ein Kollege sagen wird: ‹Schau mal, hier habe ich etwas total Geiles gefunden.› Ich habe ihm den Rat gegeben, dass er lieber erst nachfragen solle, wenn jemand auf diese Weise zu ihm kommt. Aufgrund der Antwort könne er dann immer noch entscheiden, ob er das wirklich sehen möchte. Wenn der Kollege keine Antwort auf seine Frage geben könne, dann sei die Wahrscheinlichkeit relativ gross, dass das Video etwas beinhalte, was man gar nicht sehen müsse. Ob er es dann schaut oder nicht – er weiss jetzt schon, dass es solche Situationen und auch solche Inhalte gibt.»*

DAS SAGT DER EXPERTE STEVE BASS (47 JAHRE): *«Meine Tochter (12 Jahre) hatte in der Schule von einem Youtube-Film gehört, bei dem man ein blutiges Horrorgesicht im Spiegel sieht, wenn man es sich einige Male angeschaut hat. Sie hat es nicht geschaut, aber mir davon erzählt, und ich habe es gegoogelt. Es handelte sich um einen Zusammenschnitt verschiedener Horrorfilme, und am Ende erschien tatsächlich das blutige Gesicht einer Frau. Offenbar hatten einige Mädchen in der Schule das Video gesehen und danach einige Nächte kaum geschlafen. Ich habe viel Zeit damit verbracht, mit meiner Tochter darüber zu sprechen, dass es eben auf Youtube und auch sonst im Internet viele solche Dinge gibt, urbane Legenden und auch Kunstfilme, in denen Horror ein Element ist. Dass das Blut kein Blut ist, sondern nur Ketchup. Es brauchte einige Zeit, um ihr klarzumachen, dass das nicht ‹echt› ist.»*

JENS E. (37 JAHRE): *«Ich habe beruflich viel mit dem Internet zu tun und weiss deshalb, was sich da alles ‹tummelt›. Als meine Kinder (Tochter, 6 Jahre; Sohn, 4 Jahre) mitbekommen haben, dass ich und meine Frau das Tablet auch dazu verwendeten, um auf Youtube Videos anzuschauen, wollten sie natürlich auch sehen, was das ist. Ich muss dazu sagen, dass sie vorher schon ihre Lieblingsfiguren auf DVD sehen durften (‹Lauras Stern›, ‹Pingu›, ‹Kleiner Roter Traktor›), und anstatt dass wir dann mehr DVDs besorgten, verlagerte sich das Filmeschauen auf das Tablet. Gemeinsam schauen sie fast* nie; es ist eher so, dass sie einzeln danach fragen. Und sie dürfen dann schauen, wenn meine Frau oder ich im selben Raum beschäftigt sind, etwa damit, Wäsche zusammenzulegen, zu kochen, Rechnungen einzuzahlen. Sie dürfen sich ein Video ansehen, müssen das Tablet aber danach zurückbringen, und wir schalten es zusammen aus.»

Lustiges, Trauriges, Echtes, Fakes: Stoff für Gespräche

Viele Eltern berichten aber auch Positives über ihre Erfahrungen mit Youtube, vor allem über lustige Videoclips, die sie auch mal gemeinsam mit den Kindern anschauen. Auf diese Weise können ebenfalls kurze, aber prägende Medienmomente zwischen Eltern und Kindern entstehen. Diese wiederum können zum Sprechen über Medien anregen.

SUSANNA H. (45 JAHRE): *«Manchmal kommen unsere Kinder (Sohn, 11 Jahre; Tochter, 9 Jahre) von der Schule und wollen uns etwas Lustiges zeigen. Meist ist das ein Filmchen auf Youtube, von dem sie durch Freunde erfahren haben. Das sind Momente, in denen wir gemeinsam etwas auf Youtube anschauen, es sind meistens sehr lustige Augenblicke.»*

BETTINA R. (42 JAHRE): *«Manchmal bekommt mein Freund bei der Arbeit einen lustigen Youtube-Clip zugeschickt; nach dem Abendessen schauen wir uns den dann an und bleiben meist noch etwas hängen. Klar, kommt da mein Sohn (12 Jahre) dazu und steuert bei, was er von Freunden mitgekriegt und selber auf Youtube entdeckt hat. Da wird jeweils viel gelacht – aber wir haben letzthin auch über einen Clip diskutiert, weil da etwas gezeigt wurde, was nicht echt sein konnte (es war wohl ein Fake-Video). Ich finde das eindrücklich, weil diese Youtube-Videos ja oft den Eindruck hinterlassen, als habe sie jemand beiläufig oder zufällig aufgenommen. Mein Freund hat versucht, meinem Sohn zu erklären, dass man Filme mit Computerprogrammen manipulieren kann. Ich hoffe, mein Sohn schaut sich diese Videos jetzt generell etwas kritischer an.»*

Code-Sperre & Co.

Wenn Youtube gemeinsam genutzt wird, haben die Eltern eine Kontrolle darüber, welche Clips ihre Kinder zu Gesicht bekommen. Auch lassen sich mittels spezieller Freeware-Programme Youtube-Videos auf das Tablet (oder den Computer/Laptop oder das Smartphone) laden, sodass sie auch im Offlinemodus angeschaut werden können. Dies bietet verschiedene Vorteile: So kann das Kind auch mal selbständig Videos aus der eigens erstellten Videothek auswählen, ohne dass ein Elternteil ständig aufpassen muss, dass der Nachwuchs nicht bei Videos mit ganz anderen Inhalten landet. Die aufgelisteten Beispiele ähnlicher Videos auf der rechten Seite der Youtube-Website verführen nämlich bereits Kleinkinder dazu, diese intuitiv anzuklicken, während auf dem Bildschirm der eigentlich gewählte Clip läuft (siehe unten, Screenshot von iPad).

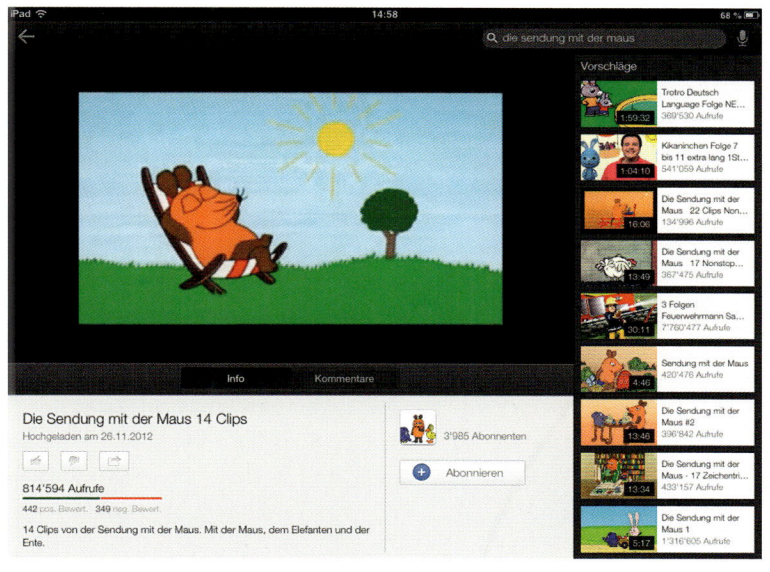

Kindersendung via Youtube (Beispiel)

Im harmlosesten Fall führt das dazu, dass nach Ablauf des Hauptfilms immer wieder ein neuer Clip aus der Auswahl auf der rechten Seite angewählt wird. Oder aber die Kinder zappen hemmungslos von Clip zu Clip, ohne sich auf einen Inhalt zu konzentrieren. Die verführerische und vor allem endlose Auswahl an Filmen ist verständlicherweise faszinierend. Zahlreiche Eltern berichteten davon, dass sie auch gerade deswegen beschlossen haben, ihr Tablet mit einer Code-Sperre zu versehen. Denn hinter einem kindgerechten Titel oder einer Vorschau verbirgt sich nicht immer das, was man erwarten würde.

DAS SAGT DIE EXPERTIN CORNELIA BIFFI (48 JAHRE): «*Das grosse Thema bei uns – vor allem für den älteren meiner beiden Söhne (9 und 5 Jahre) – ist die Code-Sperre auf unserem iPad. Die richteten wir ein, nachdem die Jungs versucht hatten, selber auf das Gerät zuzugreifen. Da schauten sie exzessiv Youtube-Trickfilme (‹Die Schlümpfe› etc.) – das hörte gar nicht auf. Mit der Sperre konnten wir diese Entwicklung bremsen. Was hinzukommt: Man kann auch Inhalten begegnen, die nichts mit dem ursprünglich geschauten Trickfilm zu tun haben. Meine Söhne haben das einmal bei der Tochter einer Nachbarin erlebt, die auch gar nicht wusste, was die Kinder da schauten. Es war die Parodie eines Trickfilms, ziemlich gewalthaltig. Unser jüngerer Sohn erzählte von diesem Film. Ich habe dann versucht, ihm zu erklären, was eine Parodie ist: dass ein Film aus vielen Bildern zusammengesetzt ist und dass man diese Bilder verändern und mit anderer Musik unterlegen kann und dass der ‹neue› Film dann ganz anders daherkommt als die Vorlage. Die Idee dahinter war nicht, ihm zu sagen, dass es einfach schlecht ist, was man da finden kann, sondern ihm zu zeigen, dass es einen guten Grund gibt, warum die Mutter oder der Vater manchmal ein Auge darauf hat, was die Kinder auf Youtube machen.*»

All diese konkreten Erfahrungen, die Eltern und Kinder mit Clips auf Youtube gemacht haben, sind eine gute Basis für gemeinsame Gespräche. Denn je früher ein Kind weiss, wie es reagieren kann, wenn es auf einen verstörenden Film auf Youtube trifft, desto eher weiss es im Ernstfall, wie es handeln soll.

Offline gucken
Um unpassenden Inhalten vorzubeugen, greifen Eltern auch auf die Möglichkeit zurück, auf dem Tablet eine übersichtliche Sammlung an Videos für ihre Kinder einzurichten. Nebst der Kontrolle bieten die offline gespeicherten Videos noch einen weiteren Vorteil: Sie lassen sich auch benutzen, wenn keine stabile Internetverbindung vorhanden ist.

Das gilt für das Auto, den Bus, den Zug. Oder findet manchmal höchst dankbare Anwendung auf langen Reisen in geschlossenen Räumen, wo Kinder ihren Drang nach Bewegung kaum ausleben dürfen – etwa im Ferienflieger.

NATALIE (30 JAHRE) UND STEFAN M. (34 JAHRE): *«Unsere Tochter (7 Jahre) durfte auf Youtube zunächst einfach so ihre Lieblingsfilme schauen. Aber es gab dann relativ schnell einmal Zoff, weil sie das Tablet nicht wieder hergeben wollte. Wir hatten abgemacht, dass sie eine bestimmte Sendung schauen darf – aber wenn wir nachschauten, was sie denn da auf dem Sofa sitzend schaute, war oft etwas ganz anderes auf dem Bildschirm. Nichts Schlimmes oder so, einfach Trickfilme, die für viel ältere Kinder gemacht sind. Das fand sie natürlich superinteressant... Und es kam dann immer das Argument, dass ihre Freundinnen die auch schon schauen dürften. Nachdem das so oft zu Diskussionen geführt hat, haben wir ihr eine Bibliothek auf dem Tablet eingerichtet – da kommen pro Woche vielleicht zwei neue Videos rein. Das ist zwar ein Aufwand, funktioniert aber stressfreier.»*

WUSSTEN SIE, DASS ...

- **... 2013 erstmals mehr Tablets als Laptops verkauft wurden?** Ihre Attraktivität bei Jung und Alt wird auf ihre einfache und intuitive Handhabung zurückgeführt. Ausserdem kann man sie aufgrund ihrer Grösse praktisch überall nutzen – ob zu Hause oder unterwegs.
- **... dass ein Tablet vieles leichter macht?** Kinder und Senioren finden oftmals einen leichteren Zugang zu E-Mail und Internet, wenn sie ein Tablet verwenden. Technische Tücken wie bei Laptop oder Computer sind viel weniger ein Thema.
- **... bei Tablets die WLAN-Variante die Nase vorn hat?** Die allermeisten Nutzer von Tablets besitzen ein Gerät, mit dem sie via WLAN und ohne Abonnement ins Internet gelangen.
- **... dass es spezielle Kinder-Tablets gibt?** Dabei unterscheiden sich die Modelle zum Teil stark. Es gibt alles vom poppig-bunt aufgemachten Modell bis hin zur Kopie eines Erwachsenen-Tablets. Meist verfügen die Kinder-Tablets über spezielle Pakete mit Kinder-Apps, die bereits installiert sind.
- **... dass Tablets bei Jugendlichen nicht annähernd so beliebt sind wie Smartphone und Handy?** Weniger als 10 Prozent der Jugendlichen besitzen ein eigenes Tablet.
- **... es von beliebten Kinderbuchklassikern (wie etwa dem «Wimmelbuch») immer häufiger Apps für Smartphone und Tablet gibt?** Ein gezielter Blick in den App-Store lohnt sich.

GEORG S. (44 JAHRE): *«Unsere Kinder (Tocher, 14 Jahre; Sohn, 9 Jahre) waren noch nie Fans von längeren Autofahrten, aber manchmal muss das eben sein. Nach gefühlten 10 Minuten fangen sie hinten im Auto schon an zu jammern, ob man bald da sei, es sei ihnen langweilig. Früher haben Hörspiele gut funktioniert, aber ich sage es ganz ehrlich, nach zwei, drei Stunden ‹TKKG› und Hits aus der Kinderdisco hat man es als Erwachsener auch gehört (lacht). Heute machen wir es so, dass jedes Kind entweder auf einem unserer Smartphones oder auf einem Tablet etwas schauen darf, je nach Dauer der Fahrt. Mit Kopfhörern!»*

KRISTINA H. (32 JAHRE): *«Mit zwei Kleinkindern (zwei Töchter, 3,5 und 1,5 Jahre) ins Flugzeug steigen – das macht man eigentlich nur, wenn man nicht anders kann. Oder ganz dringend weit weg in die Ferien möchte. Mein Mann und ich haben da zum Glück die gleiche Einstellung: Die Kinder kriegen im Flugzeug auch mal extra neue Spielzeuge oder kleine Süssigkeiten, damit sie die lange Zeit, die sie doch mehr oder minder stillsitzen müssen, einigermassen gesittet überstehen – auch zum Wohl der anderen Passagiere. Dazu gehört auch, dass wir am Flughafen eine Extraladung PIXI-Büchlein kaufen, da alles Neue immer viel interessanter ist. Und die ältere Tochter darf im Flugzeug auf dem Tablet im Offlinemodus Trickfilme schauen und Musik hören. Wohlgemerkt auch länger, als sie es zu Hause darf. Spannend wirds werden, wenn die kleinere Tochter ihren Anspruch auf das Tablet ebenfalls geltend macht – dann muss wohl ein zweites Gerät her, damit der Frieden gewahrt wird. Aber nur fürs Flugzeug.»*

Es ist anzunehmen, dass Tablets sich in den kommenden Jahren dank des wachsenden Angebots und der sinkenden Preise in den Haushalten weiter verbreiten werden. Wie bei jedem Medium, das in einen Haushalt «einzieht», gilt auch beim Tablet: Massvoll und situativ passend eingesetzt, bietet es für Eltern und Kinder Spass und Vorteile.

DAS SAGEN FACHLEUTE:
- Begleitet ans Tablet: Obwohl schon Kleinkinder rasch herausfinden, wie man ein Tablet bedient, sollten sie dies in Begleitung tun. Ziehen Sie in Betracht, eine Code-Sperre einzurichten.
- Apps gezielt wählen: Informieren Sie sich über die verschiedenen Apps, die für Kinder erhältlich sind. Es gibt anregende Apps zum Spielen, Zeichnen und Geschichtenerzählen. Viele davon sind kostenlos oder günstig.

- Flugmodus und Kinderseite: Richten Sie eine eigene Seite auf dem Tablet ein, auf der alle Kinder-Apps versammelt sind. Stellen Sie den Flugmodus (Offlinemodus) ein, wenn Sie nicht möchten, dass Ihr Kind irrtümlich im Internet landet.
- Youtube und Filme: Erklären Sie Ihrem Kind, dass es auf Youtube ganz viele lustige Dinge gibt, aber auch viele Videos, die es sicher nicht sehen möchte. Laden Sie die Lieblingsclips Ihres Kindes auf das Tablet, damit es diese im Offlinemodus schauen kann.
- Tabletzeit ist auch Bildschirmzeit: Vereinbaren Sie für die Nutzung des Tablets klare Regeln. Vor allem auf Youtube ist das Angebot riesig, und das Zeitgefühl schwindet rasch.
- Kein Babysitter: Kein Kind sollte regelmässig mittels Tablets oder anderer Medien «ruhiggestellt» werden. Manchmal ist es tatsächlich nützlich, meist profitiert ein Kind aber mehr, wenn ihm auch mal langweilig ist. Denn dann können kreative Ideen erst aufkommen.

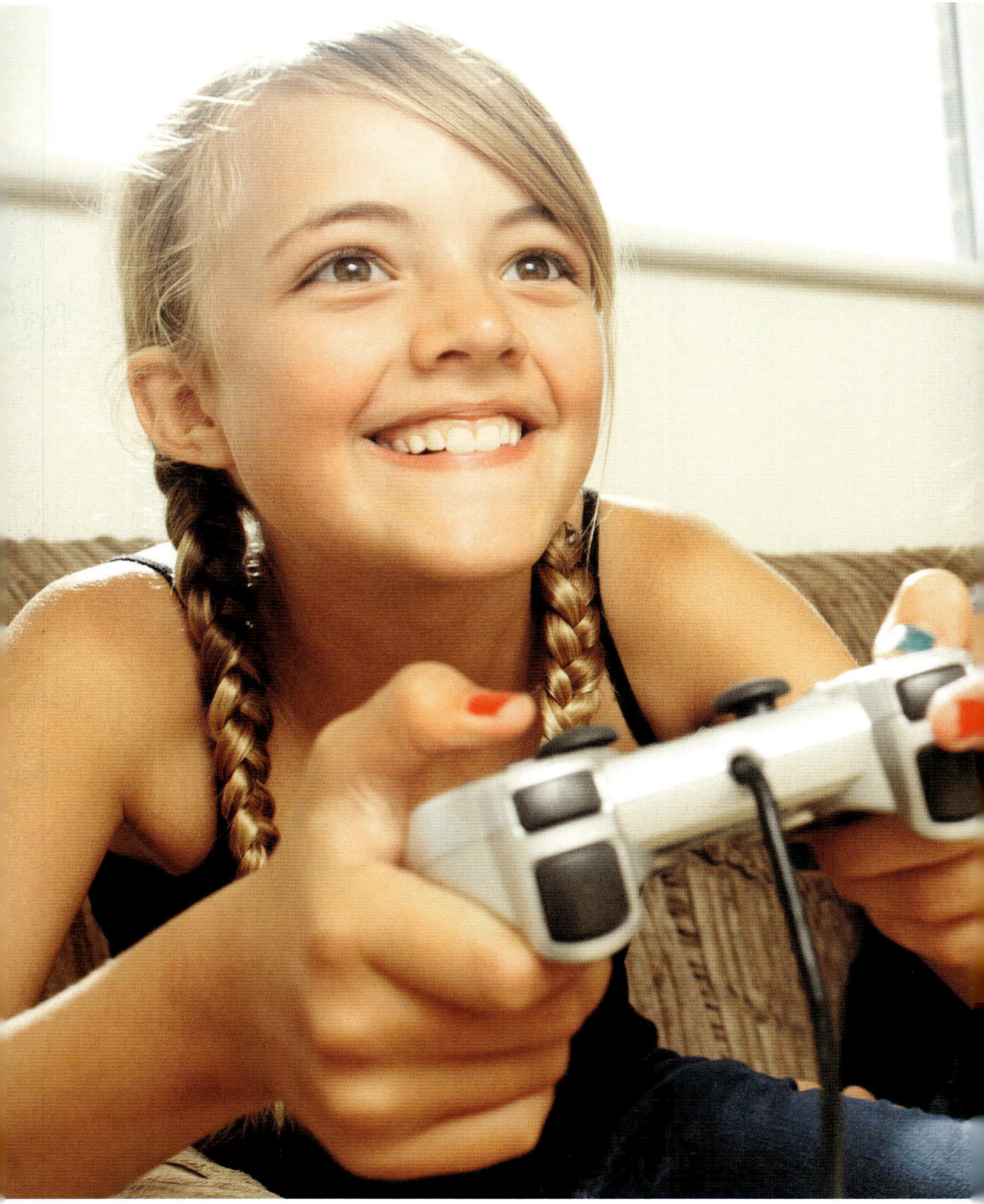

Computer und Videogames

6

Aus den meisten Haushalten sind sie nicht mehr wegzudenken, und es gibt sie oft in mehrfacher Ausführung: Computer und Laptops. Als Unterhaltungs- und Arbeitsgeräte sind sie praktisch und oft eine Notwendigkeit für berufliche wie auch schulische Angelegenheiten.

Arbeitsinstrument und Spielzeug in einem

In unserer Wissensgesellschaft gilt es als Schlüsselkompetenz, Computer bedienen zu können – nicht nur für private Zwecke, sondern auch für den Erfolg in der Schule und im Beruf. Während Vorschulkinder sich den Geräten noch spielerisch widmen, werden sie für Schulkinder mehr und mehr zu einem Arbeitsinstrument.

Irgendwann kommt in jeder Familie der Zeitpunkt, wo die Kinder auch an den Computer sitzen möchten. Kleine Kinder beobachten Mami und Papi dabei, wie sie auf der Tastatur schreiben, und wollen das natürlich auch probieren. Wer kennt sie nicht, die tapsigen ersten Versuche der Kinder, der Tastatur Zeichen zu entlocken, während sie auf dem Schoss eines Elternteils sitzen! Was für die Tastatur nicht immer folgenfrei bleibt, ist für das schrittweise Herantasten an das Medium Computer wichtig: begleitet ein neues Gerät kennenlernen zu dürfen.

RALF D. (35 JAHRE): *«Alleine gehen unsere Kinder (Sohn, 3,5 Jahre; Tochter, 1,5 Jahre) natürlich noch nicht an einen Computer. Aber sie durften auch schon auf unseren Schoss sitzen und im Word-Programm etwas ‹schreiben› bzw. auf die Tasten hauen und etwas zeichnen am Computer. Das fanden sie natürlich toll, denn sie sehen ja auch, dass Mami und Papi am Computer arbeiten. Die Tastatur ist das Spannendste für die Kinder. Am Schluss haben sie dann drei bis vier ausgedruckte A4-Seiten voller Buchstaben und Gezeichnetem.»*

Programme und Einstellungen zum Schutz des Kindes

Oft ist es ein altes Gerät der Eltern, das an das Kind weitergegeben wird, wenn dieses in ein Alter kommt, in dem Hausaufgaben mit dem Computer gelöst werden sollen. Vielleicht kommen für die Schule auch erste Lernprogramme zum Einsatz. Wenn jüngere Kinder den Computer nutzen möchten, kann das Gerät gut in einem öffentlichen Raum im Haushalt platziert werden, zum Beispiel im Wohnbereich. So können die Eltern das Kind bei Bedarf unterstützen und haben die Nutzung besser im Auge, als wenn sie hinter geschlossenen Türen stattfindet. So wird es auch in vielen Familien gehandhabt.

Daneben gibt es weitere Massnahmen, um die Computernutzung für das Kind möglichst risikoreduziert zu gestalten, vor allem, wenn der Zugang zum Internet ein Thema wird. Es gibt verschiedene Arten von Programmen, die den Zugriff auf bestimmte Seiten sperren oder erlauben, aber auch solche, bei denen Eltern eine zeitliche Beschränkung eingeben können. Das Kind wird dann nach einer bestimmten Zeit daran erinnert, dass der Computer nun gleich automatisch herunterfährt. Manche Schulen geben Tipps an die Eltern ab und informieren sie über die Verfügbarkeit solcher Programme.

CECILE J. (47 JAHRE): *«Unser Computer, der über einen Internetanschluss verfügt, steht im Wohnzimmer und ist für alle zugänglich, auch für unsere Kinder (zwei Töchter, 13 und 11 Jahre; Sohn, 6 Jahre).»*

ALESSIA S. (35 JAHRE): *«Unsere Tochter (7 Jahre) hat von der Schule einen Zettel nach Hause gebracht mit vielen Tipps, wie man am Computer bestimmte Einstellungen vornehmen kann, damit das Kind im Internet nicht auf unerwünschte Inhalte stösst. Es gibt beispielsweise ein Programm, mit dem unsere Tochter nur auf bestimmte erlaubte Seiten gelangt. Mein Mann und ich fanden es super, dass das von der Schule aus kam. Auf diese Art kann unsere Tochter ganz langsam und auch geschützt erste Dinge mit dem Computer ausprobieren.»*

Viele Eltern berichten von positiven Erfahrungen mit diesen Einstellungen; beim Einstieg in die Computernutzung macht es Sinn, dass Kinder besonders geschützt sind. Je älter sie werden, desto eher verlieren technische Schutzmassnahmen allerdings an Wirksamkeit. Im Gegenzug gewinnen Gespräche mit dem Kind über die Risiken (Computer als Zeitfresser, Computerviren, Risiken im Internet) an Wichtigkeit.

MARIA S. (46 JAHRE): «Als mein Sohn (14 Jahre) sich für den Computer bzw. fürs Internet zu interessieren begann, schränkte ich die Inhalte, auf die er zugreifen konnte, stark ein. Damit waren aber auch gewisse harmlose Dinge unzugänglich. Ich musste die Sperre punktuell wieder aufheben und Inhalte freischalten. Klar, habe ich mit meinem Sohn über problematische Inhalte gesprochen. Aber mir war es eben auch wichtig, dass er nicht zufällig auf unpassende Inhalte stösst, zum Beispiel auf Pornografie.»

SERAINA H. (45 JAHRE): «Zusammen mit meiner Tochter (11 Jahre) habe ich auch schon Fotos gemacht und auf dem Computer bearbeitet; wir haben uns köstlich amüsiert. Ich habe mit ihr ein verlängertes Wochenende in Venedig verbracht, und wir haben für ihren Vater einen Film erstellt. Dazu haben wir in einem Kaffee ein Storyboard verfasst, meine Tochter hat alle Filmaufnahmen gemacht, und zusammen haben wir den Film daheim geschnitten.»

WUSSTEN SIE, DASS ...
- **... es in den USA Computerprogramme für Babys ab 6 Monaten gibt?** Ziel der umstrittenen Programme ist es, dass bereits Säuglinge am Bildschirm Formen, Farben und Gegenstände erkennen lernen.
- **... bereits für Kinder ab 1,5 Jahren Kindercomputer angeboten werden?** Die Geräte sind ansprechend gestaltet und beinhalten Programme speziell für Kinder. Doch so reizvoll sie auch sind: Sie sind keine Spielkameraden, sondern eben nur Geräte. So sollte das Kind sie auch begreifen lernen.

Neben all den Fragen um die sichere Nutzung soll nicht vergessen gehen, dass der Einsatz des Computers als Arbeitsinstrument auch dazu dienen kann, die Medienkompetenz von Kindern auf unterhaltsame Weise zu fördern. Dann nämlich, wenn das Kind die Möglichkeit bekommt, sich auch kreativ mit dem Gerät zu befassen.

Ich bin auch ein Spielzeug

Betritt man heute das Zimmer von Kleinkindern, so sieht es dort in vielen Fällen ein bisschen aus wie in der Erwachsenenwelt: Da stehen etwa eine

Plastikküche, ein Telefon, ein Kinderstaubsauger – und auf dem kleinen Pult ein knallbunter Kindercomputer. Es gibt sie in verschiedenen Ausführungen, wobei die einen auf Knopfdruck Lieder wiedergeben, während auf anderen Modellen gelernt oder auch gespielt werden kann. So lernen Kinder schon früh, dass der Computer zu ihrer Lebenswelt gehört.

Wenn es darum geht, am Computer Spiele zu spielen – auch einfach nur offline –, wird das Gerät besonders faszinierend. Zahlreiche Aussagen von Eltern zeigen, dass ihnen genau dies Sorge bereitet. Eltern wenden unterschiedliche Strategien an, um mit der Beliebtheit des Computers als Spielzeug umzugehen. Bei kleinen Kindern reicht es oft schon, die Geräte ausser Sichtweite aufzubewahren, damit sie keine Verlockung darstellen. Bei älteren Kindern werden Regeln im Umgang mit dem Computer hingegen rasch ein Thema. Abgemachte Zeiten am Computer einzuhalten, ist für Kinder nicht immer leicht. Einige Eltern setzen deshalb bewusst auf fixe Limiten, die der Computer selbst vorgibt.

DAS SAGT DIE EXPERTIN MELA KOCHER (41 JAHRE): *«Unsere Kinder (zwei Söhne, 5 und 3 Jahre) müssen immer fragen, bevor sie etwas am Laptop angucken. Wir legen die Geräte auch immer weg.»*

SUSANNE (36 JAHRE) UND JONAS L. (35 JAHRE): *«Unsere Söhne (13 und 11 Jahre) wären am liebsten die ganze Zeit am Computer, aber das geht natürlich nicht. Wir verwenden ein Programm, das bestimmte Inhalte im Internet sperrt und andere erlaubt. Ausserdem nutzen wir die Funktion des Programms, die den Computer nach vorgegebener Dauer automatisch ausschaltet. So ist es für uns momentan leichter, die Zeit für Computerspiele zu begrenzen.»*

Wenn die Kinder älter werden, reduziert sich in der Regel der Einsatz von Computersoftware, die Inhalte oder Nutzungszeiten einschränken. Das Kind übernimmt Schritt für Schritt mehr Verantwortung für seine Zeit am Computer. Aus zahlreichen Kommentaren wird deutlich, dass Eltern für ihre Kinder ein Gleichgewicht zwischen Bildschirmzeit und Nicht-Bildschirmzeit anstreben. Wie genau diese Balance aussieht, hängt stark davon ab, wie der Familienalltag organisiert ist und wie die Eltern selbst zum Thema Computer stehen (mehr zum Thema Balance siehe Anhang).

MARIA S. (46 JAHRE): «Wenn mein Sohn (14 Jahre) von der Schule nach Hause kommt, darf er – wenn die Aufgaben gemacht sind – an den Computer. Bis vor kurzem hatte er eine limitierte Zeitdauer zur Verfügung. Das waren zwei Stunden pro Tag, was sowohl Fernsehen als auch die Nutzung des Computers beinhaltete. Das klappte recht lange gut; wir haben auch mit einem Programm gearbeitet, das nach einer vorgegebenen Zeit den Computer automatisch abschaltete. Als unser Sohn 14 wurde, erfuhr ich aus seinem Umfeld, dass seine Freunde offenbar alle mit weniger zeitlichen Regeln konfrontiert sind als er. Es wurde auch schwieriger, weil er für die Schule mehr Zeit am Computer brauchte. Also habe ich die Regeln ein wenig gelockert, denn er muss ja immer mehr Verantwortung übernehmen. Aber er weiss genau, dass er sich dennoch an bestimmte Abmachungen halten muss: Die Hausaufgaben und die Aufgaben im Haushalt müssen gemacht sein, bevor er sich an den Computer setzt. Und er weiss auch, dass ich die Regeln wieder strenger machen werde, wenn sich ein grosses Ungleichgewicht zeigt zwischen seiner Computernutzung und nichtmedialen Tätigkeiten wie Freunde treffen und rausgehen.»

DAS SAGEN FACHLEUTE:
- Früh übt sich …? Wann ein Kind tatsächlich bereit ist, die ersten Schritte mit dem Computer zu unternehmen, variiert von Individuum zu Individuum. Ein Vorschulkind, das noch keine Computererfahrungen gemacht hat, trifft man heute eher selten an, aber einen Nachteil hat es gegenüber seinen Altersgenossen, die schon am Computer waren, dadurch nicht.
- Lernsoftware für den Computer: Lernprogramme machen es möglich, gewisse Aufgaben so oft zu wiederholen, bis das Kind sie verstanden hat (zum Beispiel im Bereich Sprache oder Mathematik). Doch es sollten keine zu hohen Ansprüche an die Programme gestellt werden. Am besten lernen Kinder noch immer unter der Anleitung von Bezugspersonen.
- Nutzungszeiten besprechen: Da der Computer oft zum Lernen und zum Spielen benutzt wird, lohnt es sich, dies bei den Abmachungen zu berücksichtigen und die Tätigkeitsbereiche gegebenenfalls transparent zu trennen.

Videospiele und Onlinegames

Videospiele sind beliebt – und längst nicht mehr nur bei Knaben und Männern. Was wir in den Medien über sie lesen, ist aber meist negativ behaftet. Dabei geht es um viel mehr als um Killergames und Ego-Shooter: Videospiele können zum Lernen beitragen und verschiedenste Fähigkeiten (Motorik, Geschicklichkeit, strategisches Denken) schulen. Vorausgesetzt natürlich, man setzt sie gezielt und mit Mass ein.

Ob auf dem Computer oder auf der Spielkonsole: Kinder, Jugendliche und manch ein junggebliebener Erwachsener lieben Videospiele. Die thematische Vielfalt des Angebots ist riesig. Von Sport- über Lern- und Strategiespiele bis hin zu Shootern findet sich alles auf dem Markt. Gespielt wird entweder auf dem fix installierten Gerät oder via mobile Handheld-Konsole, allein oder gemeinsam.

Videospiele im Wandel

Videospiele wurden in den 1970er-Jahren populär. Mit der immer grösseren Verbreitung von Computern in Privathaushalten hielten sie schliesslich auch Einzug in den Alltag. Zugleich wurden erste Spielkonsolen entwickelt. Früher erkannte man sie sofort – klobig, schwarz und gross kamen sie daher. Heute muss man sich oft zweimal umsehen, um sie zu entdecken. Schlank und stylisch präsentieren sich die Spielkonsolen der neusten Generation und fügen sich beinahe unsichtbar in die Wohneinrichtung ein. Denn sie werden längst nicht mehr nur für den typischen Gamer (oftmals assoziiert mit der Vorstellung eines eher ungepflegten Nerds, der sich in sein Zimmer verkriecht und stundenlang spielt) hergestellt, sondern zunehmend als Medium für die gesamte Familie vermarktet. In rund zwei Dritteln aller schweizerischer Haushalte steht mindestens eine Spielkonsole, und dank des breiten, familienfreundlichen Spielangebots beteiligen sich immer öfter auch Eltern und Grosseltern an virtuellen Autorennen, Golfspielen oder Jump'n'Run-Spielen (wie in «Super Mario»).

Die Videospiele selbst haben durch die technischen und gestalterischen Möglichkeiten an Qualität gewonnen. Was mit «PONG» oder «Pacman» begann, lässt sich kaum mehr mit den Videospielen von heute vergleichen. Vergleichen Sie nur einmal zwei «Super Mario»-Versionen, eines aus dem Jahr 1985, eines von heute. Sie werden feststellen: Da ist viel passiert.

Die Möglichkeit, Videospiele immer realistischer zu gestalten, führt in den Massenmedien und in manchem Elternhaus denn auch regelmässig zu Diskussionen über die vermeintliche Wirkung auf den Nutzer. In Kurzzeitstudien konnte nachgewiesen werden, dass der Konsum von Bildschirmgewalt die Aggression der Probanden ansteigen liess. Jedoch gibt es keine Langzeitstudien, die einen kausalen Zusammenhang zwischen Bildschirmgewalt (ob nun am Fernseher oder im Game) und realer Gewaltbereitschaft feststellen konnten. Aufgrund der aktuellen Erkenntnisse nimmt man an, dass Bildschirmgewalt bei denjenigen Personen einen negativen Effekt haben kann, die eine Prädisposition für gewalttätiges Verhalten mitbringen, aus einem gewalttätigen Umfeld stammen und vielleicht auch gerade deshalb zu Mediengewalt-Inhalten greifen. Diese Risikogruppe bewegt sich im Bereich einiger weniger Prozent.

TIPP *Stellen Sie sich wie bei sämtlichen anderen Medien auch bei Computerspielen folgende Fragen: Weshalb (Motiv), wie lange (Dauer) und was (Inhalt) spielt mein Kind eigentlich? Anhand der Antworten lässt sich erkennen, ob es sich um einen altersgerechten Konsum in gesundem Mass handelt.*

Was spielen – und ab wann?

Viele Spiele beinhalten in der Tat Gewalthandlungen, weshalb Eltern gut daran tun, sich anhand der Altersempfehlungen und der Spielinhalte selbst darüber schlau zu machen, ob ein Videospiel für das eigene Kind geeignet ist oder eher (noch) nicht.

Damit Eltern sich im Dschungel der Angebote nicht verlieren, gibt es gute Informationsquellen, die es ihnen erlauben, ein Videospiel inhaltlich einzuschätzen, ohne dass sie es selbst von A bis Z durchspielen müssen (detaillierte Informationen dazu im Anhang). Auf zahlreichen Internetseiten beispielsweise finden sich empfehlenswerte Videospiele für Kinder und Jugendliche. Eine wichtige Orientierungshilfe ist PEGI (www.pegi.ch). Die Pan European Game Information will sicherstellen, dass Unterhaltungsmedien wie Filme, Videos, DVDs oder Videospiele (auch Onlinespiele) eine deutliche Kennzeichnung des Alters erhalten, ab dem sie inhaltlich geeignet sind. Den Eltern soll sie den Kaufentscheid erleichtern.

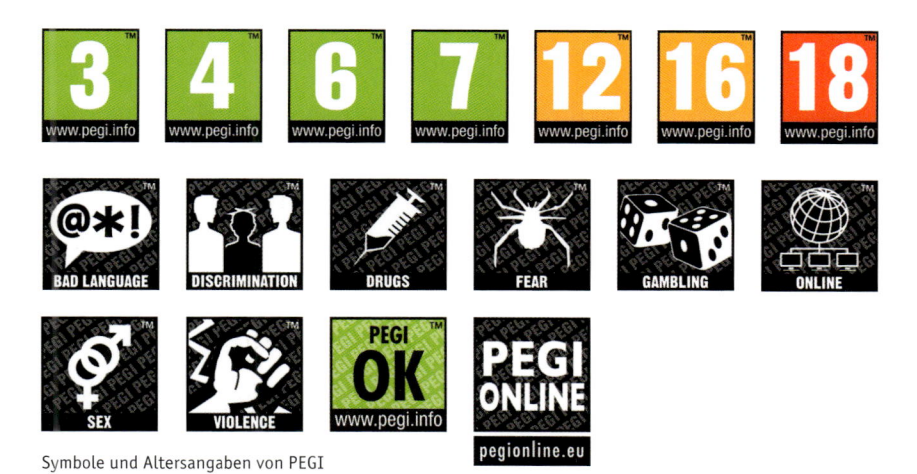

Symbole und Altersangaben von PEGI

In den einen Haushalten funktioniert eine Regulierung über Altersfreigaben wunderbar. Bei anderen Familien sorgen sie aber auch für Diskussionsstoff. Eine grosse Sorge der Eltern ist, dass ihre Kinder zu viel Zeit mit Videogames verbringen und dass sie regelrecht süchtig werden könnten. Die Faszination für ein Spiel oder ein Spielgenre kann gross sein, doch von einer Sucht kann man in den meisten Fällen nicht sprechen. In der Regel flaut das Interesse an Videospielen nach einer bestimmten Zeit oder in einer bestimmten Lebensphase von selbst wieder ab. Andere Freizeitaktivitäten und das Zusammensein mit Freunden gewinnen wieder die Oberhand.

SARAH T. (46 JAHRE): *«Mit unserem Sohn (8 Jahre) gibt es hin und wieder Diskussionen, wenn er findet, dass bestimmte Videospiele für sein Alter viel zu langweilig seien. Er würde gerne andere Spiele ausprobieren. Aber wir schauen auf die Altersbegrenzungen und erklären ihm immer wieder, dass gewisse Dinge noch nichts für seine Augen sind.*

Wir haben einmal den Versuch gewagt und ihm an Weihnachten ein Spiel für ältere Kinder geschenkt. Den Film dazu kannte er bereits. Als wir es dann gemeinsam anspielten, mussten wir alle feststellen, dass es für unseren Achtjährigen vom Inhalt her wirklich noch nicht ging; wir haben es dann dem älteren Bruder geschenkt. Wir versuchen, den Jungs zu vermitteln, dass es einen Unterschied gibt zwischen realen und medialen Dingen. Dass ein Mensch, der wirklich stirbt, nicht plötzlich wieder aufstehen kann wie in einem Spiel oder einem Film. Darüber sprechen wir oft mit ihnen.»

ELENA Z. (50 JAHRE): *«Meine Tochter (heute 20 Jahre) spielte in ihrer Jugendzeit intensiv Onlinespiele, am liebsten das Strategiespiel ‹World of Warcraft›. Sie investierte Taschengeld und Zeit in das Spiel, und uns Eltern war nicht wohl dabei. Wir sprachen mit ihr darüber, mussten ihr aber im Jugendalter auch gewisse Freiheiten lassen. Als dann ihr erster fester Freund ein Thema wurde, verbrachte sie immer weniger Zeit mit dem Onlinespiel. Es brauchte einfach etwas anderes, was noch wichtiger war in dieser Zeit.»*

FASZINIERT – ODER SÜCHTIG?

Nur ein kleiner Teil der Kinder, die von Medien fasziniert sind und diese gern nutzen, sind tatsächlich süchtig. Suchtähnliche Zustände – mit allen Medien – sind nicht leicht festzustellen. Am ehesten können Eltern sie an folgenden Punkten erkennen, wobei mehrere Kriterien zutreffen müssen:

- Das Medium gewinnt sehr stark an Wichtigkeit. Das Kind empfindet die Beschäftigung damit als die wichtigste Tätigkeit in seinem Alltag.
- Hobbys, Schule usw. werden über längere Zeit vernachlässigt, die Leistungen nehmen ab.
- Medien werden zur Kontrolle der Stimmung eingesetzt (negative Gefühle verdrängen, Suche nach Belohnung durch den Medienkonsum).
- Das Medium wird immer häufiger und länger genutzt.
- Versuche, auf das Medium zu verzichten, scheitern.
- Das Kind reagiert gereizt auf einen Medienentzug (mit körperlichen Symptomen, ähnlich wie bei einer stoffgebundenen Sucht).
- Das Kind versucht, heimlich Medien zu nutzen.
- Die Mediennutzung wird ein permanentes und prominentes Konfliktthema in der Familie.

Es gibt Stellen, an die Eltern sich wenden können, wenn sie ohne fremde Hilfe mit einer Mediensituation nicht mehr zurechtkommen (mehr Informationen dazu im Anhang).

«Aber mein Freund darf das schon»

Je älter Kinder werden, desto mehr gewinnen ihre Freunde an Wichtigkeit. Und sie vergleichen das, womit sich die Freunde medial auseinandersetzen, selbstverständlich mit dem, was sie selbst mit Medien schon tun dürfen. Die meisten Eltern kennen den Satz «Mein Kollege darf das aber schon...» aus dem Mund ihrer Kinder. Von dieser sogenannten Peer-Pressure, dem Druck unter Gleichaltrigen, wissen viele Eltern zu erzählen.

DAS SAGT DER EXPERTE MARC BODMER (49 JAHRE): *«Natürlich ist mein Sohn (9 Jahre) auch schon mit dem Argument auf mich zugekommen, dass ein bestimmtes Spiel von allen seinen Freunden bereits gespielt werde. Ich sagte, dass ich es mir ansehen würde, und angesichts des Inhaltes war klar, dass er es wirklich noch nicht spielen darf. Damit war die Diskussion beendet. Denn er wusste, dass es an meiner Entscheidung nichts zu rütteln gab, auch nicht, wenn er lang genug ‹stürmen› würde. Peer-Pressure, also der Druck, der von Gleichaltrigen ausgeht, ist ein grosses Thema beim Gamen. Und dazu kommt die andere Art von Peer-Pressure, die sich auf die Eltern auswirkt, indem sie denken: Mein Kind ist nicht dabei, wenn es dies und das nicht spielen darf. Das verstehe ich, aber da lohnt es sich schon, als Eltern konsequent zu bleiben. Man muss sich auch vor Augen führen, dass sich ein Game, das auf der Konsole gespielt wird, ganz anders anfühlt, als wenn man es auf dem iPhone spielt. Die Bildschirmgrösse spielt eine wichtige Rolle, beispielsweise wenn ein Charakter im Spiel seinen Kopf verliert. Handkehrum stellt sich immer die Frage, wo man die Grenze ziehen soll, wenn man eine ziehen möchte. Es ist nicht leicht.»*

Die Nutzung von Videospielen wirft auch dann Fragen auf, wenn mehrere Kinder im Haushalt leben. Was tun, wenn die jüngere Schwester das Spiel des älteren Bruders mitspielen möchte? Da ist es für Eltern nicht immer einfach, sich an die Altersfreigaben zu halten. Im folgenden Beispiel wird jedoch ein wichtiger Aspekt deutlich: Kinder sollen ruhig Grenzen erfahren, um dann auch die Freude zu erleben, wenn sie bestimmte Dinge ab dem vorgesehenen Alter tun dürfen. Grenzen sind positiv – auch wenn Kinder sie just in diesem Augenblick als unfair empfinden.

DAS SAGT DIE EXPERTIN JUDITH MATHEZ (41 JAHRE): *«Bei Games halten wir uns an die Altersbeschränkungen. Natürlich gab es auch schon Diskussionen, denn 9 Jahre ist beispielsweise so eine Altersgrenze auf iTunes. Aber es ist uns wichtig, dass die Kinder merken, dass es Dinge gibt, auf die sie warten müssen. Das funktioniert auch ganz gut. Wir haben Games vorinstalliert, und unser ältester Sohn (drei Söhne, 9, 7 und 2 Jahre; eine Tochter, 6 Jahre) investiert auch schon mal sein Taschengeld in Apps und Games. Wenn er kommt und sagt, er wolle diese App oder jenes Spiel, dann erklären wir ihm, dass das so und so viel kostet und dass er das selbst bezahlen muss. Das ist mit den Apps heute ja auch anders: Früher musste man für eine dieser Cartridges für den Gameboy oder dergleichen monatelang sein Taschengeld sparen. Eine App hingegen ist eben schnell gekauft. Für meinen ältesten Sohn ist es natürlich auch spannend, mit mir über Games zu diskutieren, wenn er irgendwo hört, dass es ein neues Spiel oder eine neue Version eines Spiels gibt. Denn ich kenne mich ja vom Beruf her mit Games aus.»*

Zeitliche Beschränkungen

Auch bei Videospielen wenden Eltern zeitliche Abmachungen an. Je nach Alter des Kindes fallen diese ganz unterschiedlich aus. Zudem gibt es Regeln, die festlegen, in welchen Situationen Kinder überhaupt spielen dürfen. Einigen Eltern gelingt es gut, das Gamen mithilfe von Zeitbeschränkungen zu regulieren. Nicht selten vereinbaren Eltern mit ihren Kindern auch einen Deal.

RENATO L. (35 JAHRE): *«Gamen dürfen die älteren drei unserer vier Söhne (8, 6 und 4 Jahre und 4 Monate) nur bei besonderen Anlässen, zum Beispiel wenn sie krank sind oder auf längeren Reisen. Die Ausnahme sind Lernspiele.»*

KARIN D. (44 JAHRE): *«Unsere Kinder (beide 12 Jahre) spielen in den seltensten Fällen alleine mit der Wii. Die einzige Regel ist: Sie müssen uns Eltern vorher fragen. Wenn zu viele Kinder da sind und die Wahrscheinlichkeit gross ist, dass einige zu lange warten müssen, dann wird nicht Wii gespielt.»*

ELENA Z. (50 JAHRE): *«Mein Sohn (7 Jahre) darf jeden Nachmittag oder Abend höchstens 30 Minuten spielen. An Tagen, an denen er freihat, darf er jeweils eine Stunde* auf seinem Nintendo spielen. Wir haben abgemacht, dass er zum Ausgleich vor dem Schlafengehen noch in einem Buch seiner Wahl liest, manchmal auch in Kinderzeitschriften oder Comics.»

Videospiele bereiten Spass, und nicht selten vergeht dabei die Zeit wie im Flug. Das ist ein Grund, weshalb in vielen Familien zeitliche Abmachungen getroffen werden, damit andere Tätigkeiten des Alltags (Hobbys, Schule, «Ämtli» …) nicht vernachlässigt werden.

DAS SAGT DER EXPERTE PETER JAKOUBEK (52 JAHRE): «Wir hatten schon relativ früh Computer zu Hause. Allerdings hatten die keine Ausstattung mit Joysticks oder Spielkonsolen. Da war vonseiten der Kinder (zwei eigene Töchter, 21 und 14 Jahre, und die Familie hat im Rahmen einer sozialpädagogischen Wohngruppe bis vor zwei Jahren auch Pflegekinder bei sich zu Hause aufgenommen) auch nie eine Nachfrage da. Die einen Kinder aus der Wohngruppe gingen über das Wochenende nach Hause und konnten dort ausgiebig gamen. Wir hatten und haben bei der Benutzung des Computers natürlich auch Regeln. Wir gaben den Kindern via Administratorenrechte gewisse Zeitlimiten vor, zum Beispiel eine Stunde oder 90 Minuten, und nach einer Warnung war die Kiste dann aus. Oder wir schalteten nur bestimmte Spiele frei. Das war von Anfang an so, und die Kinder kannten es gar nicht anders. Wir haben die Zeit am Computer auch an das Alter der Kinder bzw. an die Schulstufe (Unter-, Mittel-, Oberstufe) geknüpft, ähnlich wie beim Taschengeld. Die älteren Kinder durften entsprechend länger gamen und auch andere Spiele benutzen.»

Um enttäuschten Kindergesichtern ein Stück weit vorzubeugen, wenn Mutter oder Vater plötzlich erscheint und das Spiel mittendrin beenden möchte, machen die meisten Eltern mit ihren Kindern schon vorher ab, wie lange sie ein Videospiel benutzen dürfen. Weil das Zeitgefühl gerade bei kleinen Kindern noch nicht so ausgeprägt ist, lohnt sich auch der Versuch, einen Wecker zu stellen, der das Kind fünf Minuten vor Ablauf der Game-Zeit daran erinnert, dass es nun bald das Gerät ausschalten muss.

Manche Eltern setzen ein mediales Zeitbudget ein. Es kann für alle Medien gelten (ein Total an Medienzeit pro Tag oder Woche, das alle Medien einschliesst) oder nur auf die Nutzung von Videospielen begrenzt sein. Taktangebend ist oft auch die Tagesstruktur in der Familie, die Gamen nur zu bestimmten Zeiten überhaupt zulässt.

SARAH T. (46 JAHRE): «Wir sagen unseren Söhnen (20, 8 und 6 Jahre) immer vorher, wie lange sie ein Medium benutzen dürfen. Das funktioniert wirklich gut. Zum Beispiel bei Videospielen: Da kann ich die älteren beiden nicht dranlassen und dann irgendwann kommen und verlangen, sie sollen jetzt sofort abstellen. Sie wissen unterdessen auch, dass sie wirklich aufhören müssen, wenn es abgemacht ist. Denn die Konsequenz ist, dass sie sonst das nächste Mal weniger lang spielen dürfen.»

DAS SAGT DIE EXPERTIN JUDITH MATHEZ (41 JAHRE): «An den Tagen, an denen meine Kinder (drei Söhne, 9, 7 und 2 Jahre; eine Tochter, 6 Jahre) am Mittag von der Krippe oder der Schule nach Hause kommen, nutzen sie in ihrer Mittagspause häufig Bücher, Comics oder Hörspiele, zum Teil auch Musik. Das ist auch ihre Gamezeit, wenn sie diese haben wollen. Danach ist die Game- bzw. Bildschirmzeit für den Tag vorbei. Meine Tochter zeigt weniger Interesse an den Games als ihre Brüder. Während diese in ihrer Bildschirmzeit fast ausschliesslich spielen, schaut sie sich oft auch kurze Clips an (z.B. aus der ‹Sendung mit der Maus›). Aber noch vor all dem müssen die Hausaufgaben gemacht werden – das ist eine der Regeln, die bei uns zu Hause gelten.»

Die Sache mit der Gewalt

Nicht nur die gespielte Zeit sorgt für Diskussionsstoff. Oft geht es darum, was der Nachwuchs spielen möchte. Was Eltern erlauben oder verbieten, hängt nicht nur von Altersfreigaben ab, sondern auch von ihrer persönlichen Einstellung gegenüber den Inhalten von Videospielen. Eines der meistdiskutierten Themen (sowohl in den Medien, wenn es um Videospiele geht, als auch unter Eltern) ist Gewalt. Für Eltern ist es nicht leicht, die Faszination ihrer Kinder im Bereich von Gewaltspielen nachzuvollziehen, vor allem, wenn sie selbst dieses Genre nicht befürworten. Bis zu einem gewissen Alter können Eltern noch einigermassen steuern, welche Medien – auch Videospiele – in den Haushalt gelangen. Schwieriger wird es, wenn die Freunde der Kinder ins Spiel kommen.

REGULA N. (45 JAHRE): *«Brutale Games gibt es in unserem Haus nicht. Wir verfügen über Sportgames wie Fussball, Hockey oder Autorennen, mit denen die Kinder (Tochter, 23 Jahre; Sohn, 12 Jahre) spielen dürfen.»*

INA K. (32 JAHRE): *«Was ich überhaupt nicht befürworten kann, sind Dinge im Fernsehen oder Games, die Gewalt beinhalten. Ich bin im richtigen Leben gegen Gewalt, und meine Söhne (10, 8 und 5 Jahre) wissen genau, dass ich auch über Medien so denke. Es ist schon vorgekommen, dass wir ein Plastikgewehr umtauschten, das einer meiner Söhne als Geschenk erhalten hatte. Trotz meiner negativen Haltung gegenüber Waffen und Ballergames habe ich erkennen müssen, dass Kämpfen und Sich-Messen Themen sind, mit denen Knaben sich einfach auseinandersetzen. Das war schwierig für mich. Ich finde, wenn Knaben sich schon messen müssen, dann sollen sie sich auf dem Fussballfeld oder sonst beim Sport austoben. Ich versuche das bei meinen Söhnen zu fördern.»*

MARIA S. (46 JAHRE): *«Über Games spreche ich viel mit meinem Sohn (14 Jahre), vor allem, weil ich eine sehr konsequente Einstellung zu Ego-Shooter-Spielen habe. Aber er kommt immer wieder mit Argumenten an, es sei ‹doch gar nicht so schlimm› und es habe in dem Spiel viel mehr Autorennen … Ich war da zu Hause lange sehr streng, und er durfte diese Spiele hier nicht spielen. Das hatte zur Konsequenz, dass er sie bei Freunden spielte. Es ist ein Kampf, den man nur verlieren kann. Wenn sie zu Hause etwas nicht dürfen, dann machen sie es bei den Kollegen, oder der ältere Bruder hat ein Spiel, das erst für Ältere freigegeben ist, oder jemand hat einen Spielkeller, wo sowieso niemand sieht, was sie machen. Sie leihen sich die Spiele auch von Freunden aus und spielen sie heimlich. Mein Sohn hat kürzlich ein Spiel ausgeliehen, das ich sicher nicht gekauft hätte. Ich habe mich entschieden, ihn spielen zu lassen und zu beobachten, ob ihn das verändert oder auch aggressiver macht. Das ist bis jetzt nicht der Fall – wohl ist mir dabei trotzdem nicht. Aber vielleicht ist es dennoch besser, dass ich ihn dabei ‹im Blick› habe, als wenn er alles einfach bei den Freunden macht …»*

HINWEIS Auch wenn die Kontrolle über die medialen Tätigkeiten des Kindes mit zunehmendem Alter abnimmt, tun Eltern gut daran, den Kindern ihre persönliche Meinung über Medien und Medieninhalte mitzuteilen. Beide Seiten sollen im Gespräch die Möglichkeit erhalten, Pro und Contra darzulegen.

Regeln gemeinsam diskutieren

Weil Zeitbeschränkungen allein zu neuen Konflikten führen können, haben sich in vielen Familien andere Formen von Regeln mit Videospielen durchgesetzt. Streit gibt es nämlich nicht nur, weil das Kind gern weiterspielen möchte, sondern auch, wenn es das Game aus spieltechnischen Gründen schlicht und einfach noch nicht beenden kann.

Konsequente Abmachungen, die im Alltag eingesetzt werden und nicht einmal etwas mit Medien zu tun haben müssen, haben ebenfalls einen Einfluss darauf, wie die Kinder Regeln zu Medien akzeptieren. Sie geben den Kindern einen Anhaltspunkt dafür, wann Eltern eine Bitte oder eine Aufforderung ernst meinen.

LARS I. (47 JAHRE): *«Mein Sohn (15 Jahre) würde ja am liebsten immer spielen. Ich habe versucht, ihn einfach fix eine Stunde spielen zu lassen, aber dann gab es sehr oft Diskussionen beim Abschalten. Die Spiele, die er spielte, kannte ich nicht, aber er erklärte mir eines Abends, dass es für ihn ganz stressig sei, das Spiel ‹auf Kommando› beenden zu müssen. Wenn er nicht an einem Punkt sei, wo er den Spielstand abspeichern könne, müsse er ja alles noch einmal durchspielen. Seither haben wir eine neue Regel, die zeitlich etwas flexibler ist. Ich achte darauf, ihn früh genug vorzuwarnen, wenn wir bald gehen müssen oder das Abendessen bald fertig ist.»*

DAS SAGT DER EXPERTE MARC BODMER (49 JAHRE): *«Wir haben mit unserem Sohn (9 Jahre) kaum Diskussionen, wenn er den Fernseher ausschalten oder ein Game beenden muss. Manchmal spielt er nach der Schule eine halbe Stunde, und dann ist Schluss. Und manchmal, wenn ich zum Beispiel beim Kochen etwas länger brauche, dann spielt er halt etwas länger. Aber dadurch, dass wir keine fixen Zeiten angeben, kommt er nie in eine Stresssituation, nach dem Motto ‹Ich muss jetzt spielen, weil ich jetzt die Gelegenheit dazu habe›. Meiner Erfahrung nach führt dies dazu, dass viele Kinder bis zum Anschlag spielen und ihre Eltern drei-, viermal sagen müssen, dass sie aufhören sollen. Das gilt für alles, nicht nur für Medien. Wichtig ist meiner Meinung nach eine klare Ansage der Eltern, was sie von ihrem Kind erwarten und was die Konsequenz ist, wenn dies nicht geschieht. Einfach aus dem Blauen heraus und mitten im Spiel sollte das nicht geschehen, sondern vorher, bevor die Kinder damit anfangen. Ohne Erklärungen und genaue Ansagen können die Kinder gar nicht nach- vollziehen, weshalb die Eltern etwas möchten.»*

Manchmal ist es – vor allem bei mehreren Geschwistern – gar nicht so leicht zu erklären, warum das eine Kind länger spielen darf als das andere. Und überhaupt ist es eine Herausforderung, einem Kind zu verdeutlichen, warum es 30 Minuten spielen darf – und nicht doppelt so lang. Wenn die Kinder realisieren, dass hinter einer elterlichen Medienregel mehr steckt als nur eine Zufallszahl, dass sich die Eltern dazu etwas überlegt haben, kommt die Regel möglicherweise besser an. Und wenn Kinder in die Entscheidung miteinbezogen werden, wenn Medienregeln erklärt oder festgelegt werden, erleben sie, dass sie ernst genommen werden und einen gewissen Einfluss haben. Sie erfahren auch, dass im gemeinsamen Gespräch Dinge ausgehandelt und besprochen werden können. Was nicht bedeutet, dass allein die Wünsche der Kinder berücksichtigt werden sollen.

YVONNE S. (42 JAHRE): *«Pro Schuljahr dürfen unsere Söhne (12 und 9 Jahre) wöchentlich 20 Minuten Videospiele spielen. Konkret sind das beim Neunjährigen 60 Minuten und beim Zwölfjährigen 1 Stunde 40 Minuten. Die Regel mit den Schul-jahren kam von unseren Söhnen selbst! Dazu legen wir mindestens einen bis zwei gamefreie Tage pro Woche ein.»*

Mitspielen macht Spass

Manchmal ist ein Perspektivenwechsel für die Eltern aufschlussreich: Warum das Game nicht einmal selbst in die Hand nehmen?

DAS SAGT DER EXPERTE PETER JAKOUBEK (52 JAHRE): *«Ich habe mich mal bei einem Mittelstufenkind dazugesetzt, als es ein Autorallye-Game spielte. Und plötzlich merkt man beim Spielen, dass man in die Seitenlage kippt und dass es einen fasziniert und packt! Es ist tatsächlich spannend und gibt einem auch ein bisschen Adrenalin, aber man merkt auch, wie anstrengend es ist. Und dann versteht man, dass es für die Kinder und Jugendlichen ebenfalls aufregend und anstrengend ist. Mitzuspielen zeigt einem als Erwachsenen eben auch: Halt, stopp. Das ist eine lustige Sache, so ein gutes Spiel. Aber auch das in Massen.»*

Das Beispiel zeigt, dass eigene Medienerfahrungen – auch wenn man nicht als Gewinner aus einem Autorennen hervorgeht oder nicht versteht, warum ein Kind bei einer Videosequenz lauthals lacht – das Verständnis schulen. Plötzlich kann man ein Stück weit besser nachvollziehen, weshalb gewisse mediale Dinge so wichtig sind, oder auch einfach nur, warum sie so verführerisch sind. Die Faszination der Kinder kann aber auch auf die Eltern abfärben und zu speziellen und unerwarteten Medienmomenten führen. Co-Viewing und Co-Playing sind gute Formen, von Zeit zu Zeit Einblick in die Medienwelt des Kindes zu nehmen – was natürlich nicht bedeutet, dass das Kind nie selbständig Medien nutzen (lernen) soll, im Gegenteil.

DAS SAGT DER EXPERTE FLURIN SENN (42 JAHRE): *«Wenn man sich zusammen mit den Kindern auf ein Spiel einlässt, dann hat man als Elternteil eine ganz andere Position, um mit dem Kind darüber zu diskutieren, was man an einem Spiel toll oder eben nicht so toll findet. Man steht auf einer ganz anderen Ebene, als wenn man nur Zuschauer ist.»*

DAS SAGT DIE EXPERTIN BARBARA JAKOB (47 JAHRE): *«Einmal haben sich unsere drei Töchter geärgert, weil sie bei einem Spiel nicht in das nächste Level kamen. Da haben wir uns spätabends hingesetzt und versucht, dieses Level zu knacken. Um halb zwei Uhr morgens haben wir es geschafft. Das war auch für uns Eltern spassig.»*

Gemeinsame Medienmomente

Videospiele eignen sich gut dafür, sie mit den Kindern gemeinsam zu nutzen. Nicht selten sind es Väter, die diese Momente besonders geniessen, weil sie selbst auch die Gelegenheit zum Spielen erhalten. Beschäftigt man sich gemeinsam mit einem Videospiel, ergibt sich dadurch auch eine gute Basis, um in einer unverkrampften Atmosphäre über die Inhalte zu sprechen.

DAS SAGT DER EXPERTE MARC BODMER (49 JAHRE): *«Wenn mein Sohn (9 Jahre) und ich gemeinsam spielen, zum Beispiel NHL, FIFA oder ‹Need for Speed›, dann ist das schon toll. Wir spielen zusammen aber auch Fighting Games, bei denen die Altersfreigabe höher liegt. Man muss dazu allerdings sagen, dass mein Sohn seit drei*

Jahren ins Kung-Fu geht. Er weiss also genau, was es heisst, wenn man beim Kämpfen eins auf den Kopf bekommt, und wie es sich anfühlt, wenn man sich einen echten Tritt einfängt.»

DAS SAGT DIE EXPERTIN JUDITH MATHEZ (41 JAHRE): «Ein paarmal pro Jahr nehme ich die drei grösseren Kinder (zwei Söhne, 9 und 7 Jahre; eine Tochter, 6 Jahre) mit zur Arbeit. Ich habe dort ja ein ‹Game-Labor› mit der ganzen Hardware und viel Software. Dort dürfen sie spielen, und da spielen wir manchmal alle zusammen – auch mit Konsolen wie der Wii oder der Kinect. Sie finden das toll – aber es ist auch schon vorgekommen, dass sie gesagt haben, sie möchten jetzt lieber in die Pfadi.»

Die weite Welt der Onlinegames

Das Internet hat auch die Welt der Videospiele verändert. Das ohnehin grosse Angebot ist noch grösser geworden. Auch ist es praktisch jedem möglich, via Internet zu Spielen zu kommen. Die meisten Eltern wenden punkto Online-Games ähnliche Regeln an wie bei Videospielen, etwa zeitliche Beschränkungen.

ULRICH W. (41 JAHRE): «Bei Multiplayer-Games im Internet gilt für unseren Sohn (11 Jahre) eine Zeitbeschränkung von 30 Minuten.»

SIMONA G. (48 JAHRE): «Bei uns gab es Diskussionen, wie lange abends noch Online-Games gespielt werden dürfen. Unser Sohn (12 Jahre) würde natürlich gern weiterspielen, aber wir stellen das Internet jetzt spätestens um 21.30 Uhr ab, damit alle zur Ruhe kommen. Die Kinder brauchen unserer Meinung nach auch genügend Schlaf, denn die Anforderungen in der Schule werden immer grösser. Ausserdem kriegen wir es rein räumlich mit, wenn ein Stock weiter unten gespielt wird. Deshalb wird die Internetverbindung gekappt und das Büro abgeschlossen. Denn wie man das Internet wieder einschaltet, das weiss unser Sohn natürlich schon.»

ANNA P. (45 JAHRE): «Mein Sohn (16 Jahre) spielt gern Onlinegames, vor allem Autorennen oder ein Spiel mit einem Labyrinth. Er hat aber auch schon Spiele ausprobiert, bei denen man sich gegenseitig mit Panzern abschiessen muss. Als das

> *Interesse für Spiele aufkam, setzte ich mich dazu, weil ich sehen wollte, was er spielt. Wir Eltern möchten nicht, dass unsere Kinder gewalthaltige Dinge spielen oder sehen. Wenn schon, dann dreht sich die Diskussion bei uns eher um die Zeitdauer. Mein Mann hat mit einem Kontrollprogramm für Eltern ein Zeitfenster vorgegeben, sodass Spielen am PC nur zwischen 8 und 19 Uhr überhaupt möglich ist. Unsere Kinder wissen, dass wir mit diesem Kontrollprogramm auch überprüfen können, was sie am PC machen. Es zeichnet ihre Aktivitäten auf. Seit unser Sohn weiss, dass um 19 Uhr Schluss ist, gibts an dieser Stelle auch keine Diskussionen mehr.»*

Zeitliche Limiten können zwar auch bei Multiplayer-Onlinegames[2] funktionieren. Je nach Art des Games wird diese Regel aber rasch knifflig. Denn wenn mehrere Spieler gemeinsam spielen, entsteht ein gewisser Druck, ein Level des Spiels gemeinsam fertig zu spielen – was je nach Spiel deutlich länger dauern kann, als es das elterlich festgelegte Zeitlimit vorsieht. In diesem Fall ist es sowohl für das Kind als auch für die Eltern ratsam, gemeinsam darüber zu sprechen, welche Abmachung für beide Seiten stimmen könnte.

Onlinegames können wie andere Medien auch zu gemeinsamen Momenten innerhalb der Familie führen. Manchmal ermöglichen sie es sogar, ein Spiel aus der realen Welt mit einem virtuellen Mitspieler zu komplettieren, wie das folgende Beispiel veranschaulicht:

DAS SAGT DER EXPERTE PETER JAKOUBEK (52 JAHRE): *«Meine Frau jasst überhaupt nicht gerne, sie hasst es! Letzthin gab es deshalb eine lustige Situation: Meine jüngere Tochter (14 Jahre) sass in ihrem Zimmer am Computer, die ältere (21 Jahre) in ihrem Zimmer ebenfalls. Ich selbst war unten im Büro am Computer, und zu dritt spielten wir einen Jass über das Internet. Meine Frau kam dazu und meinte, dass wir jetzt wohl endgültig übergeschnappt seien. Ich erklärte ihr, dass uns der vierte Spieler fehle und dass der Computer ihn ersetze. So konnten wir einen ‹Schieber› machen, ohne dass meine Frau mitjassen musste. Wir fanden das wirklich sehr amüsant.»*

---

[2] Multiplayer-Onlinegames sind Onlinespiele, bei denen man gemeinsam mit anderen (oder) gegen andere Personen spielt.

> **WUSSTEN SIE, DASS ...**
>
> ■ **... in den Top Ten der meistverkauften Videogames aller Zeiten die meisten gewaltfrei sind?** An der Spitze der Verkaufscharts liegen ein Sportspiel, ein Jump'n'Run-Spiel und ein Rennspiel:
> 1: Wii Sports (Sport)
> 2: Super Mario Bros. 1985 (Jump'n'Run)
> 3: Mario Kart Wii (Racing)
> 4: Pokemon (Rollenspiel)
> 5: Tetris (Puzzle)
> 6: Wii Sports Resort (Sport)
> 7: Wii Play (Party Game)
> 8: New Super Mario Bros (Jump'n'Run)
> 9: Duck Hunt (Arcade Shooter)
> 10: Super Mario Bros. 2009 (Jump'n'Run)
> (www.games.ch)

Ist gratis immer gratis?

Viele Onlinegames können gratis gespielt oder heruntergeladen werden. Neben ausgewiesenen kostenpflichtigen Onlinegames gibt es jedoch auch eine Zwischenform, bei der eine erste Version kostenlos ist.

DAS SAGT DER EXPERTE MARC BODMER (49 JAHRE): *«Wir haben Diskussionen mit unserem Sohn (9 Jahre), wenn er nachschauen will, was sein Spiel ‹gerade macht›. Er meint damit ein Online-Strategiespiel in einem Free-to-Play-Modell. Das ist aus Elternsicht eine gute Sache, denn es ist auf den ersten Blick gratis. Mein Sohn hatte in diesem Spiel bereits ein Dorf aufgebaut, hatte aber noch keinen ‹eigenen› Zugang zum Spiel. Als er sich diesen dann einrichten durfte, musste er von vorn beginnen und war im Gegensatz zu seinen Freunden im Rückstand. Um ihm zu verdeutlichen, wie dieses Spielmodell funktioniert, dachten wir dann gemeinsam darüber nach, ob er den Rückstand mit einem kostenpflichtigen Upgrade aufholen solle. Als er das im Freundeskreis ankündigte, warfen ihm seine Freunde jedoch vor, er spiele unfair. Das Ganze zeigt, wie knifflig das Modell ist, einerseits für die Familie und andererseits für denjenigen, der es spielt.»*

Mit Free to Play (auch Free2Play oder F2P) ist gemeint, dass die Grundfunktionen dieser Onlinespiele kostenlos gespielt und heruntergeladen werden können. Upgrades sind kostenpflichtig. Das Beispiel verdeutlicht, wie wichtig es ist, als Eltern einigermassen Bescheid zu wissen, was die Kinder spielen. Nicht bloss des Inhalts wegen, sondern auch, weil sowohl versteckte Kosten als auch neue Spielmöglichkeiten zu Überraschungen führen können.

HINWEIS *Wie im Umgang mit allen anderen Medien sind Regeln auch für Videogames richtig und wichtig. Manchmal ist es beim Festlegen dieser Abmachungen hilfreich, ein Stück weit die Sicht der Kinder auf Video- und Onlinegames zu übernehmen, um die Faszination und die spieltechnischen Mechanismen besser verstehen zu können.*

DAS SAGEN FACHLEUTE:
- Videogame ist nicht gleich Videogame: Es gibt ein riesiges Angebot, und nicht alle Videospiele sind qualitativ gleich gut. Aus zahlreichen Genres (Action, Jump 'n' Run, Sport, Shooter, Strategie...) und Titeln gilt es, das passende Spiel auszuwählen – keine leichte Aufgabe. Informieren Sie sich direkt in Geschäften oder online (www.usk.de oder www.gametest.ch).
- Es muss nicht immer pädagogisch wertvoll sein: Spielen an sich ist definiert als «zweckfreies Tun». Kinder (aber auch Erwachsene) haben ein Recht auf Tätigkeiten, die auch mal nicht lehrreich sind. Auch in Bezug auf Video- und Onlinegames.
- Bedenken äussern: Zögern Sie nicht, mit Ihrem Kind zu sprechen, wenn Sie das Gefühl haben, es spiele zu lange, aus den falschen Gründen oder etwas inhaltlich Unpassendes. Legen Sie Ihre Einstellung offen, und lassen Sie auch das Kind seinen Standpunkt vertreten.

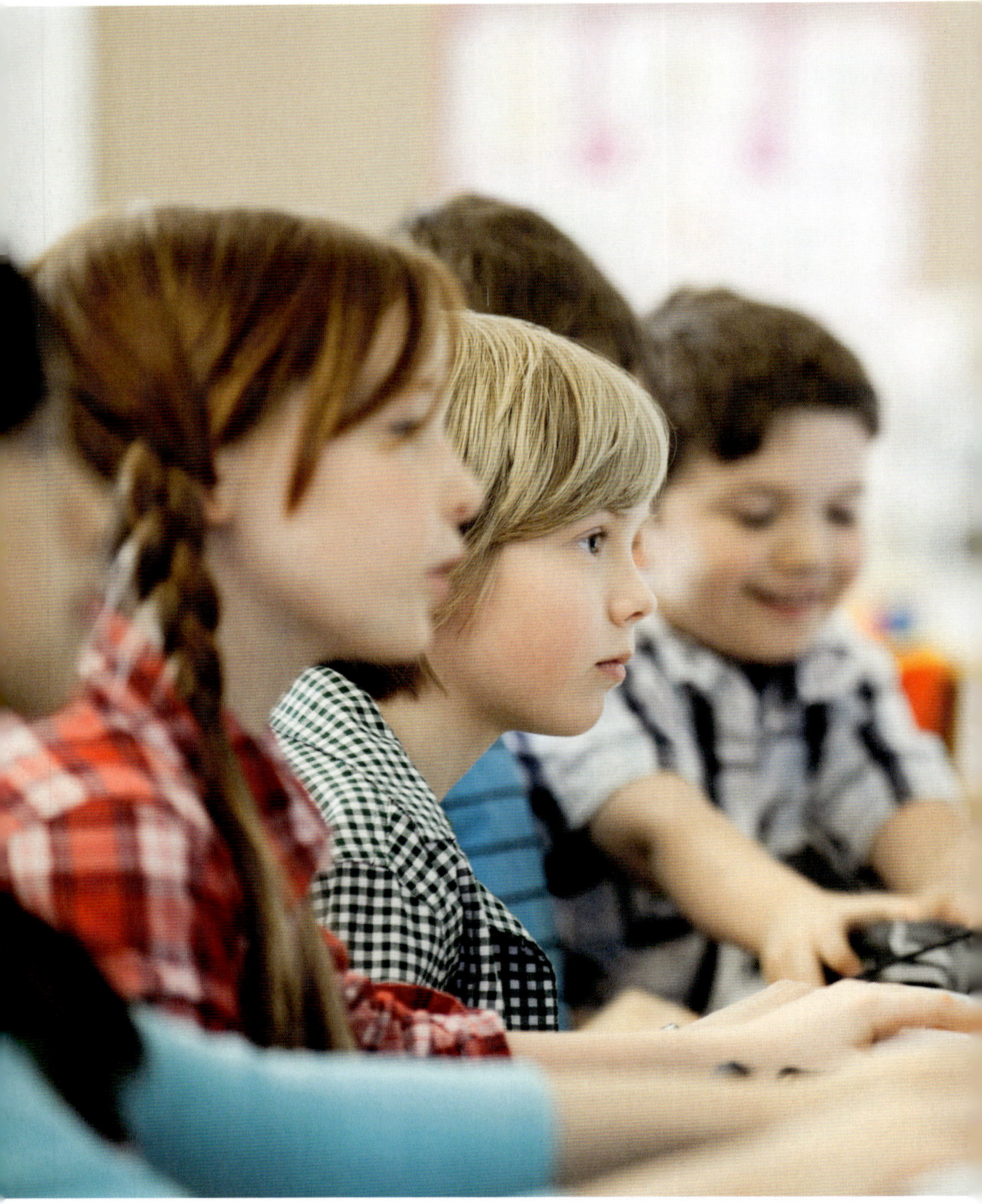

Wundertüte Internet

7

Kinder und Jugendliche von heute sind Digital Natives: die Zeit ohne Internet kennen sie gar nicht mehr. Online gehen zu können und im Internet zu surfen, ist so selbstverständlich wie die Tatsache, dass auf Knopfdruck das Licht im Zimmer angeht.

Gute Seiten, schlechte Seiten

Im Internet geht die Palette von praktischen, unterhaltsamen und kindgerechten Angeboten bis hin zu nicht altersgerechten und illegalen Inhalten. Da überrascht es nicht, dass sich bei Eltern ein mulmiges Gefühl im Magen ankündigt, wenn der Nachwuchs den Wunsch äussert, auch einmal im Internet surfen zu dürfen.

Aus der Fülle an Angeboten im Internet das passende herauszupicken, fällt nicht selten sogar Erwachsenen schwer. Mit den Möglichkeiten des Web 2.0 wird das Internet ständig von seinen Nutzern mitgestaltet. Stündlich werden riesige Mengen an Text, Bildern, Videos und Audiomaterial hochgeladen und anderen Nutzern zur Verfügung gestellt. Das Angebot wird grösser und die Kontrolle über die veröffentlichten Inhalte immer schwieriger. Was also tun?

Zusammen ins Netz

In den meisten Familien sehen die Kinder irgendwann, wie Mami und Papi im Internet surfen, sei dies auf dem Tablet, auf dem Smartphone oder am Computer oder Laptop. Selbstverständlich wollen die Kinder dann auch sehen, was es da Spannendes gibt, was die Eltern gebannt auf den Bildschirm blicken lässt – genau wie beim Fernsehen. Gerade weil die meisten Eltern heutzutage bezüglich der Risiken sensibilisiert sind, begleiten viele von ihnen ihre Kindern bei den ersten Schritten im Internet.

SERAINA H. (45 JAHRE): «Wir zeigen unserer Tochter (11 Jahre), was wir im Internet machen. Sie hat mit uns zusammen schon unsere Facebook-Profile besucht, weiss, dass es auch XING und LinkedIn gibt. Sie kennt das Internet; wir haben auch schon zusammen recherchiert.»

HANNA W. (49 JAHRE): «Unsere Tochter (10 Jahre) hatte lange kein grosses Interesse am Internet. Erst als ihre Freundinnen in der Schule von bestimmten Seiten schwärmten und das immer mehr ein Thema auf dem Schulhausplatz wurde, fragte sie, ob sie das zu Hause anschauen dürfe. Sie lernte das Internet schrittweise kennen: Erst war immer ein Erwachsener dabei, denn sie musste ja auch lernen, wie sie den Computer rein technisch benutzen kann. In einem nächsten Schritt richteten mein Partner und ich ihr dann ein Set aus etwa fünf Internetseiten ein, die sie anschauen und benutzen durfte – erst begleitet, später auch allein. Wobei ‹allein› bei uns bedeutet, dass fast immer jemand im selben Raum ist. Unser Laptop steht fix im Wohnzimmer. Und das werden wir auch so beibehalten, bis unsere Tochter älter ist und selbst ein Gerät braucht, für die Schule zum Beispiel ...»

Wenn Eltern die Variante wählen, bei der das Kind im Wohnraum surft, ist eine Kontrolle dessen, was angeklickt, angeschaut oder gespielt wird, sicher besser möglich. Das gilt nicht nur für fix installierte Geräte, sondern natürlich auch für Smartphones, Tablets etc.

Das Internet wird immer früher ein Thema bei den Kindern. Nicht selten denken Eltern, Surfen sei noch gar nicht aktuell, obwohl ihre Kinder schon erste Erfahrungen damit gesammelt haben.

OLIVIA M. (33 JAHRE): «Es stimmt schon – die Kids von heute gehen früher ins Internet. Nur schon deshalb, weil sie nicht mehr den Umweg über den Computer machen müssen, seit fast überall in den Haushalten Smartphones und Tablets zur Verfügung stehen. Von der Bedienung her sind die Geräte mit Touchscreen eben viel intuitiver und einfacher zu handhaben. Da hat ein Kindergartenkind schnell das Browserfenster offen und klickt auf Youtube ein Video an. Und das Wahnsinnige dabei ist ja, dass schon Vorschulkinder wie meine Tochter (4 Jahre) ihren Grosseltern erklären, wie die Geräte funktionieren. Für mich zeigt das deutlich, dass es mit Anschalten und Drauflossurfen nicht getan ist, sondern dass es auch hier die Eltern braucht, die ihre Kids begleiten, wenn sie ins Internet gehen. Das braucht Zeit, und die sollte man sich nehmen.»

SARAH T. (46 JAHRE): «Wir haben ein Passwort – die jüngeren Söhne (8 und 6 Jahre) dürfen noch nicht ins Internet. Wenn der Achtjährige etwas nachschauen muss für die Schule, dann machen wir das gemeinsam. Wir sind da strenger geworden, seit er einmal von einem Besuch bei einem Kollegen nach Hause kam und erzählte, dass sie dort einfach so ins Internet konnten. Er erzählte auch, dass sie dabei Dinge gesehen hatten, von denen ich dachte, sie seien noch jahrelang nicht aktuell.»

Nicht nur für die Kinder ist es positiv, einen begleiteten Einstieg ins Internet zu erleben. Manch ein Elternteil kann in seiner Rolle als Begleiter auch schrittweise eigene Bedenken und Befürchtungen ablegen.

Auch für das Internet gilt: Gespräche darüber mit dem Kind sind wichtig. Idealerweise wird nicht nur über Probleme und Gefahren diskutiert, sondern auch über Positives, Nützliches und Erfreuliches. Manchmal sind es auch ganz praktische Dinge, die beim Einstieg ins Internet eine Rolle spielen und bei denen Mami und Papi helfen können.

DAS SAGT DER EXPERTE MARC BODMER (49 JAHRE): *«Die eigene E-Mail-Adresse, die war für meinen Sohn (9 Jahre) sofort wichtig, als er seinen iPod Touch bekam. Wir richteten die Mailbox gemeinsam ein und sagten ihm gleichzeitig, dass damit sowohl Vor- als auch Nachteile auf ihn zukämen.»*

DAS SAGT DER EXPERTE FLURIN SENN (42 JAHRE): *«Unserem ältesten Sohn (10 Jahre) tut sich jetzt langsam die Internet-Welt auf, mit all ihrer Attraktivität. Da ist es uns Eltern wichtig, ihn zu begleiten – so wie wir es bei den anderen Medien auch gehandhabt haben. Wir sagten zu ihm: ‹Wenn du irgendwann auf etwas stösst, was dich irritiert, dann kannst du zu uns kommen.› Diese Offenheit, dass man mit den Eltern über alles sprechen kann, pflegen wir generell in der Familie. Momentan erlebt er das Internet noch mit unserer Begleitung, er kann sich gewisse Seiten anschauen, und dies meist im Wohnzimmer oder am Esstisch, in einem etwas öffentlicheren Raum zu Hause.»*

DAS SAGT DER EXPERTE STEVE BASS (47 JAHRE): *«Unsere Kinder waren damals, als das Internet für sie interessant wurde, alleine schon durch meinen Beruf sensibilisiert für die Probleme, die da auf sie zukommen könnten. Sie bekamen nebenbei mit, welche Fragen Eltern an Elternabenden stellten, und wir sprachen zu Hause auch über Chancen und Risiken verschiedenster Anwendungen. Ich bekomme auch ihr positives Verhalten im Internet mit, zum Beispiel wenn eines der Kinder ein Landschaftsbild auf Facebook stellt, auf dem keine Personen zu sehen sind, die man vorgängig um Erlaubnis fragen müsste. Oder wenn eines der Kinder einen Link postet, der inhaltlich so gut ist, dass ich ihn an einem Elternabend verwenden kann. Ich finde es wichtig, die Kinder bei solchen positiven Aktionen auch zu bestärken und nicht nur bei negativen Dingen ein Gespräch zu beginnen.»*

Inhalte filtern

Mit technischen Filterprogrammen lassen sich die Inhalte im Internet für jüngere Kinder einschränken. Damit kann man den Zugriff auf bestimmte Seiten freigeben und Seiten mit nicht altersgerechten Inhalten blockieren. Ebenso lässt sich mit vielen Programmen die Nutzungsdauer begrenzen: Nach der festgelegten Zeit beendet das Programm den Internetausflug des Kindes. Vielen Eltern von jüngeren Kindern geben diese Filterprogramme Sicherheit, da es nicht immer möglich (oder vonseiten des Kindes erwünscht) ist, während des Surfens daneben zu sitzen.

TIPP *Über eine geeignete Filtersoftware können Sie sich in der Regel dort schlau machen, wo Sie Ihren Computer gekauft haben. Unabhängige Informationsangebote im Internet, wie etwa Klicksafe, bieten Ihnen ebenfalls wertvolle Tipps (www.klicksafe.de).*

Ein Vater formulierte seine Erfahrungen mit den Programmen so:

JONAS L. (35 JAHRE): *«Für den Umgang mit dem Computer haben wir folgende Abmachungen bei uns: Es gibt erstens zeitliche Regeln, die unsere Söhne (13 und 11 Jahre) einhalten sollen. Zweitens haben wir ein Filterprogramm, das gewisse Seiten sperrt. Ich bekomme auch einen Auszug davon, was die Kinder im Internet angesurft haben, und kann das kontrollieren. Die Kinder wissen, dass ich das überprüfe. Das gibt mir die Möglichkeit, mit ihnen darüber zu reden, was sie da gesucht haben. Bei uns zu Hause können sie den Computer und auch das Internet nicht völlig frei nutzen. Aber bei Freunden können sie das natürlich umgehen, wenn deren Eltern andere Abmachungen haben als wir. Es kann also vorkommen, dass die Computerzeit unserer Söhne abgelaufen ist und sie dann fragen, ob sie zu ihren Freunden gehen dürfen. Da ist es dann ziemlich offensichtlich, dass sie dort weiterspielen möchten. Das ist natürlich nicht in unserem Sinn. Aber ab einem gewissen Alter müssen sie lernen, auch mit den Möglichkeiten ausserhalb des Elternhauses klarzukommen. Wir regeln zu Hause, was wir regeln können.»*

DAS SAGT DIE EXPERTIN BARBARA JAKOB (47 JAHRE): *«Wir sagten unseren Töchtern (Zwillingstöchter, 17 Jahre; Tochter, 14 Jahre) beim Einstieg ins Internet in der Primarschulzeit, dass wir anhand des Verlaufs gemeinsam anschauen würden, welche Internetseiten sie besucht haben.»*

Um einen Überblick davon zu erhalten, was im Internet angeklickt wurde, können Eltern den Verlauf kontrollieren. Er zeigt die Liste derjenigen Seiten, die angesurft wurden. Zahlreiche Eltern berichteten davon, dass ihre Kinder dies auch wissen. Der Verlauf kann aber auch Anlass sein, über die Internetnutzung zu sprechen.

HINWEIS *Je älter die Kinder werden, desto grösser ist auch die Wahrscheinlichkeit, dass ein Schulkollege oder das ältere Geschwisterkind bereits den Trick kennt, mit dem sich ein Filterprogramm ausschalten oder umgehen lässt. Auch ein Verlauf lässt sich mit wenigen Klicks manipulieren. Deshalb sind die Programme zwar eine gute Schutzmassnahme, ersetzen jedoch nie das persönliche Gespräch mit dem Kind über das Internet und darüber, was es dort im positiven und negativen Sinn erwarten kann.*

Über das Internet sprechen

Eltern können zu Hause relativ lange ein Auge darauf haben, was ihre Kinder im Internet tun. Was sie jedoch bei Freunden oder auf dem Smartphone eines Mitschülers zu Gesicht bekommen, entgleitet immer mehr ihrem Einfluss. Auch werden Kinder mit ansteigendem Alter immer selbständiger und wünschen weniger Aufsicht und mehr Privatsphäre, spätestens wenn sie das eigene internetfähige Gerät in den Händen halten. Doch die grössere Selbständigkeit im Umgang mit dem Internet bedeutet nicht, dass Kinder und Jugendliche sich nicht mehr an ihre Eltern (oder an eine andere Vertrauensperson) wenden sollen, wenn sie verstörenden Inhalten begegnen. Diese Tür sollte für sie immer offen stehen. Manchmal ergibt sich aus dem Alltag heraus eine Gelegenheit, mit dem Kind zusammen einen Sachverhalt zu recherchieren. Situationen wie im folgenden Beispiel bieten sich geradezu dafür an, mit den Kindern über gute und schlechte Seiten des Internets zu sprechen.

URSULA H. (49 JAHRE): *«Ich bin alleinerziehend, aber meine Kinder (Sohn, 18 Jahre; Tochter, 16 Jahre) haben viel Kontakt zu ihrem Vater. In unserer Familie herrschte immer eine sehr offene Gesprächskultur, schon als die Kinder noch klein waren. Als Eltern* *haben wir vieles erzählt, was uns im Alltag beschäftigte, und die Kinder sind da hineingewachsen und sind sicher auch eher ‹gsprächig›. Das ist unsere ganzheitliche Familiengesprächskultur; da ist das Reden über Medien und darüber, wie sie funktionieren und was wir mit ihnen erleben, nur ein kleiner Teil davon. Unsere Kinder sprechen auch von sich aus Dinge an, denen sie im Internet begegnet sind, vor allem Lustiges, aber früher auch Dinge, die sie erschreckt haben. Mein Sohn bekam vor einigen Jahren einmal ein sehr realistisches Kriegsvideo gezeigt, da konnte er einige Nächte wirklich schlecht schlafen. Jetzt, da sie älter sind, mache ich mir auch keine Illusionen mehr, dass sie mit all ihren Gedanken zu mir (oder meinem Ex-Mann) gehen, denn ihre Freunde sind immer mehr ihre Vertrauten. Aber ich bin mir sicher, dass sie trotzdem wissen, dass sie immer zu den Eltern kommen können, mit jedem Thema.»*

DAS SAGT DIE EXPERTIN CORNELIA BIFFI (48 JAHRE): *«Der ältere Sohn (9 Jahre) brauchte für die Pfadi ein Kostüm eines Knappen, sie befassten sich gerade mit dem Mittelalter. Wir gaben auf Google das Wort ‹Knappe› ein und suchten nach einem Schnittmuster. Es kamen dann auch einige Bilder von Frauen in ‹knapper› Unterwäsche, und mein Sohn fragte mich, wie das sein könne. Auch ein Alltagsbeispiel dafür, wie man bei einer harmlosen Suche auf ganz andere Inhalte stossen kann.»*

Internetseiten für Kinder

Wie bei sämtlichen Kindermedien (vom Buch bis hin zu Fernsehsendungen) gibt es qualitativ sehr unterschiedliche Angebote. Was die einen Eltern für gut befinden, ist in den Augen anderer vielleicht pädagogisch nicht besonders wertvoll. Das gilt auch für Internetseiten, die speziell Kinder ansprechen sollen.

Kinder interessieren sich oft einfach für ihre Lieblingsfiguren, die sie bereits aus Büchern, Zeitschriften, Liedern oder aus dem Fernsehen kennen. Diese wollen sie dann auch im Internet «besuchen». Zahlreiche Anbieter von Kindersendungen haben ihre eigenen Internetseiten, auf denen die kleinen Zuschauer an Wettbewerben teilnehmen, Bastelanleitungen oder Kochrezepte herunterladen können, Zugriff auf Spiele und Geschichten haben oder schlicht verpasste Sendungen online anschauen können. Durch das Internet haben die Kinder mit zunehmendem Alter die Möglichkeit, nicht nur Zuschauer zu sein, sondern ihre Lieblingssendungen zu kommentieren und nicht zuletzt mit Gleichgesinnten zu chatten, die ihre Leidenschaft für ein bestimmtes Thema teilen.

Es gibt auch spezielle Suchmaschinen für Kinder, zum Beispiel das seit 1997 existierende Angebot www.blinde-kuh.de. Mit der Suchfunktion können Kinder nach Begriffen suchen und erhalten dann eine Liste mit Treffern, die von inhaltlich geprüften, kindgerechten Seiten stammen (siehe Anhang).

ISABELLE P. (38 JAHRE): *«Ich könnte sie nicht einmal alle aufzählen: Bob der Baumeister, die Maus (aus der ‹Sendung mit der Maus›), KiKaninchen, Garfield ... Mein Sohn (6 Jahre) hat, was das Internet angeht, keine speziellen Interessen. Er will sich einfach die Seiten anschauen, auf denen er seine Trickfilmhelden sehen oder mit ihnen spielen kann. Und er schaut sich auf Youtube gerne auch Clips mit ihnen an.»*

DAS SAGT DIE EXPERTIN CORNELIA BIFFI (48 JAHRE): *«Unsere Söhne (9 und 5 Jahre alt) nutzen viele Dinge im Medienverbund. Am Computer habe ich für sie einige Internetlinks eingerichtet. Einer davon führt auf die Seite der ‹Sendung mit der Maus›. Sie schauen dort regelmässig via Computer die ‹Lach- und Sachgeschichten›. Auch zu ‹Zambo› und ‹Blinde Kuh› haben sie Links.»*

Wenn Eltern sich informieren möchten, welche Angebote im Internet für ihr Kind überhaupt geeignet sind, bieten verschiedenste Hilfeseiten Unterstützung (siehe Anhang).

TIPP *Scrollen Sie auch bei Übersichtsseiten nach unten und schauen Sie, wer hinter der Seite steht. Viele Seiten mit Tipps für gute Kinderseiten werden staatlich oder von namhaften Institutionen gefördert.*

Soziale Netzwerke

Weltweit gibt es Tausende von sozialen Netzwerken – für Kinder, für Jugendliche, für Erwachsene. Eins der bekanntesten ist Facebook.

Die meisten sozialen Netzwerke schreiben vor, ab wann man sie nutzen darf. Aus Studien wie auch aus der Praxis ist aber bekannt, dass sich bei Weitem nicht alle Kinder und Jugendlichen an diese Vorgaben halten. Die Peer-Pressure spielt eine wichtige Rolle bei der Frage, welchem sozialen Netzwerk sich Kinder und Jugendliche wann anschliessen wollen. Manchmal haben Kinder aber auch eine falsche Vorstellung davon, wie viele ihrer Freunde tatsächlich schon bei einem sozialen Netzwerk dabei sind.

SIMONA G. (48 JAHRE): «Unsere Kinder (Sohn, 12 Jahre; Tochter, 11 Jahre) erzählen immer wieder von Schulkameraden, die auf Facebook bereits ein Profil haben. Der Wunsch, auch dabei zu sein, ist ganz klar da. Aber wir haben mit ihnen gesprochen und ihnen erklärt, dass dafür eine Altersuntergrenze von 13 Jahren gilt. Der Gruppendruck auf die Kinder ist gross – und damit auch der Druck auf die Eltern. Wenn andere Eltern es ihren Kindern erlauben, wird es schwierig, gegenüber den Kindern zu rechtfertigen, warum gerade sie es nicht dürfen.»

DAS SAGT DER EXPERTE DANIEL SÜSS (51 JAHRE): «Es gab eine Zeit, da wollte die jüngere Tochter (13 Jahre) unbedingt bei Facebook dabei sein, weil ‹alle in der Klasse› auch dabei seien. Da sagte ich, okay, lass uns mal überprüfen, wer da schon dabei ist. Das waren dann bei Weitem nicht alle, sondern vielleicht vier oder fünf Klassenkameraden. Zu diesem Zeitpunkt durfte die ältere Schwester (14 Jahre) Facebook vom Alter her schon nutzen, aber sie wollte das damals noch gar nicht. Die beiden Schwestern sind von ihrer Persönlichkeit her so unterschiedlich, dass sie auch unterschiedliche Medieninteressen haben.»

Das Alter der Kinder ist das eine, wenn sie einem sozialen Netzwerk beitreten möchten. Das andere ist der Nutzen, den sie (und ihre Eltern) sich von einer solchen Mitgliedschaft versprechen. Dazu gehört etwa die Vernetzung mit Freunden, aber auch mit Bekannten und der Familie im Ausland; die Möglichkeit, unkompliziert Nachrichten, Fotos und Videos auszutauschen und in Kontakt zu bleiben, vielleicht sogar Lerngruppen für schulische Zwecke innerhalb sozialer Netzwerke zu gründen.

Sobald sich der Nachwuchs dann aber bei einem sozialen Netzwerk anmeldet, werden auch Verhaltensregeln ein Thema. Damit Eltern ihre Kinder auch hier unterstützen können, existiert eine Vielzahl an Broschüren und Hilfsmitteln mit Informationen und Tipps (siehe Anhang). Bestimmte Benimmregeln ergeben sich auch ganz natürlich durch den gesunden Menschenverstand.

Mit persönlichen und fremden Daten umgehen

Der Umgang mit persönlichen und fremden Daten gehört im Internetzeitalter wohl zu einem der wichtigsten Themen überhaupt. Denn die Spuren im Internet sind schwer bis unmöglich zu entfernen, und sie können das Leben der Heranwachsenden weit in die Zukunft hinein begleiten. Auch wenn es noch kein Thema ist: Es macht Sinn, sich früh genug zu überlegen, wie man als Eltern auf den Wunsch der Kinder reagieren kann, bei einem sozialen Netzwerk mitzumachen.

DAS SAGT DIE EXPERTIN BARBARA JAKOB (47 JAHRE): *«Die älteren beiden Töchter (17 Jahre) nutzen kein soziales Netzwerk; sie sagen ganz klar, dass ihnen die Zeit dafür zu schade und der Aufwand zu gross ist. Auch unsere jüngere Tochter (14 Jahre) interessierte sich lange nicht dafür, sondern erst, als sie den Kontakt zu älteren Klassenfreunden aufrechterhalten wollte. Wir sagten, das sei in Ordnung und wir würden gemeinsam ein Profil aufsetzen. Da gibt es ja verschiedene Infomaterialien, die den Eltern dabei helfen können. Unsere Abmachung war dann, dass sie das soziale Netzwerk nutzen darf, sobald sie es möchte (was sie dann nie wollte), und dass wir es ab und zu wieder miteinander anschauen würden. Als Familie besprachen wir damals, dass sie gewisse Dinge nicht tun dürfen – zum Beispiel Fotos von sich in der Badehose online stellen. Und dass sie sich überlegen sollten, ob Partyfotos, die sie im Moment wahnsinnig lustig finden, auch später noch lustig sind. Wir versuchten, bei allen dreien generell das Bewusstsein zu schärfen, dass ein Bild in dem Moment, da sie es online* stellen, nicht mehr in ihrem Besitz ist, sondern dass auch der Plattformbetreiber oder diejenigen, die es sehen, theoretisch etwas damit tun können.»

MARKUS N. (42 JAHRE): «Wir sagten unserer Tochter (15 Jahre), sie solle sich bei jedem Posting überlegen, ob sie dieses a) ihrem zukünftigen Lehrmeister oder b) ihrem Grosmami zeigen würde. Das soll sie dazu anregen, einen Moment nachzudenken, bevor sie etwas im Internet platziert. Denn heute ist das ja in ein paar Sekunden drin, aber für immer online.»

KARIN D. (44 JAHRE): «Unsere Töchter (beide 12 Jahre) können sich das Internet bei uns zu Hause zeitlich beschränkt freischalten lassen. Für Schulprojekte kann diese Sperre auch aufgehoben werden. Wir Eltern kontrollieren, auf welche Seiten die Kinder gehen – und sie wissen das auch! Facebook ist noch nicht erlaubt, obwohl ein hoher Prozentsatz ihrer Freunde trotz der Altersbeschränkung dort längst angemeldet ist. Es gibt eine installierte Kindersicherung, die den Zugriff auf bestimmte Seiten, etwa auf solche mit Pornos oder Gewaltinhalten, unterbindet. Wir haben mit unseren Kindern über Sicherheit im Netz gesprochen, zum Beispiel über das Teilen von Informationen oder Sicherheitseinstellungen. Und wenn Facebook aktuell wird, werden wir mit ihnen die entsprechenden Einstellungen durchgehen.»

Privatsphäre-Einstellungen auf Facebook

Facebook ist heute jedem ein Begriff. Doch was genau verbirgt sich hinter den sogenannten Privatsphäre-Einstellungen, die man zum eigenen Schutz vornehmen sollte?

Um diese Frage zu beantworten, muss man das Prinzip der sozialen Netzwerke genauer beleuchten. Facebook und Co. sind daran interessiert, dass ihre Nutzer möglichst viele persönliche Informationen von sich preisgeben. Denn diese machen es möglich, Werbung zielgerichtet zu platzieren. Die Mitgliedschaft bei Facebook etwa ist kostenlos, allerdings wird man damit automatisch zum Empfänger von Werbung; davon leben die meisten sozialen Netzwerke. Entsprechend sind sie mässig daran interessiert, dass ihre Nutzer wenig von sich preisgeben – und genau das ermöglichen die Privatsphäre-Einstellungen. Damit entscheidet der Nutzer darüber, welche Fotos, Videos oder Texte er welcher Person auf seiner

PRIVATSPHÄRE-EINSTELLUNGEN AUF FACEBOOK (SCREENSHOT)

	Privatsphäre-Einstellungen und Werkzeuge			
Allgemein				
Sicherheit				
Privatsphäre	Wer kann meine Inhalte sehen?	Wer kann deine zukünftigen Beiträge sehen?	Freunde	Bearbeiten
Chronik und Markierungen		Überprüfe alle deine Beiträge und Inhalte, in denen du markiert bist		Aktivitätenprotokoll verwenden
Blockieren				
Benachrichtigungen		Möchtest du das Publikum für Beiträge einschränken, die du mit Freunden von Freunden oder öffentlich geteilt hast?		Vergangene Beiträge einschränken
Handy				
Abonnenten	Wer kann mich kontaktieren?	Wer kann dir Freundschaftsanfragen senden?	Freunde von Freunden	Bearbeiten
Apps		Wessen Nachrichten sollen in meinem Postfach gefiltert werden?	Strenges Filtern	Bearbeiten
Werbeanzeigen				
Zahlungen	Wer kann nach mir suchen?	Wer kann mithilfe der von dir zur Verfügung gestellten E-Mail-Adresse nach dir suchen?	Freunde	Bearbeiten
Supportkonsole		Wer kann mithilfe der von dir zur Verfügung gestellten Telefonnummer nach dir suchen?	Freunde	Bearbeiten
		Möchtest du, dass andere Suchmaschinen einen Link zu deiner Chronik enthalten?	Aus	Bearbeiten

Wichtig zu wissen: Privatsphäre-Einstellungen werden von den Betreibern der Netzwerke häufig verändert. Die obige Abbildung zeigt eine Momentaufnahme der Privacy-Einstellungen der Autorin (Stand März 2014).

Folgende Einstellungen sind nach heutigem Kenntnisstand empfehlenswert (viele dieser Tipps gelten übrigens auch für andere Netzwerke):
- Sich nur mit wirklich bekannten Freunden befreunden.
- «Freunde» lassen sich unterteilen: in Bekannte, Freunde, Familie oder Ähnliches. Diese Gruppen können je nach Einstellung mehr oder weniger Inhalte eines Profils sehen.
- Postings (Text, Bild, Video) nicht «öffentlich» verbreiten, sondern lieber nur mit «Freunden» teilen.
- Das eigene Profil so einstellen, dass es nur «via Freunde» auffindbar ist.
- Einstellung so wählen, dass man informiert wird, wenn jemand einen auf einem Foto «markiert».
- Gut überlegen, welche Profilinformationen (Schule, Wohnort, Interessen ...) tatsächlich nötig sind.
- Einstellung so wählen, dass das Profil via Suchmaschinen nicht auffindbar ist.

Schauen Sie gemeinsam mit den jungen Nutzern, welche Einstellungen sinnvoll sind.
Auf www.klicksafe.de finden Sie hierzu Anleitungen, die immer wieder aktualisiert werden.

Freundesliste zugänglich macht. Klingt einfach, ist es vielfach aber nicht. Denn die Einstellungen sind in den meisten Fällen nicht sehr nutzerfreundlich angelegt, und es erfordert Zeit, sie vorzunehmen. Kaum hat man sie getätigt, können die Anbieter der sozialen Netzwerke zudem neue Richtlinien aufstellen – und das Spiel beginnt von vorn. Kein Wunder also, dass die (jungen) Nutzer wenig Geduld mit diesen Einstellungen haben und dass auch Eltern den Faden verlieren. Doch es lohnt sich trotz des Aufwandes, mit dem Nachwuchs darüber zu sprechen und die Einstellungen tatsächlich einmal gemeinsam am Computer vorzunehmen.

Befreundet mit Mami und Papi?
Irgendwann kommt der Moment, da die Jugendlichen unter sich sein möchten und ihr Tun in den sozialen Netzwerken nicht mehr unbedingt mit Mami und Papi teilen wollen. Was tun, wenn die eigenen Kinder nicht mehr mit einem befreundet sein wollen? Ist man als «Freund» mit seinem Kind verbunden, kann man dessen Aktivitäten in einem sozialen Netzwerk relativ gut nachverfolgen. Doch es stellt sich die Frage, wo eine Grenze erreicht ist und wo Eltern sich besser ausklinken, statt jedes Posting des Nachwuchses zu beobachten oder zu kommentieren.

MARIA S. (46 JAHRE): *«Bei Facebook ist mein Sohn (14 Jahre) schon eine Weile dabei – unterdessen aber nicht mehr so intensiv wie zu Beginn. Anfangs war es mir besonders wichtig, dass man von den Dingen, die er schrieb, nicht auf seinen Wohnort schliessen konnte. Der Account, den er eröffnete, durfte nicht eins zu eins der Realität entsprechen. Am Anfang war ich auch eine Weile mit ihm auf Facebook befreundet, bis er mich dann aus der Liste entfernt hat – weil ich zu viel mitkriegen würde. Was er nicht herausgefunden hat, ist, dass ich via Freunde trotzdem sehen kann, was sich auf seinem Profil tut. Das habe ich ihm auch noch nicht gesagt...»*

DAS SAGT DER EXPERTE PETER JAKOUBEK (52 JAHRE): *«Netlog war das erste soziale Netzwerk, das meine Töchter (21 und 14 Jahre) nutzten. Da fragte ich mich damals natürlich, was das ist und wozu es taugt. Für mich war das eher eine ‹Zeitvernichtungsmaschine›, weil man alles immer kommentieren und interpretieren muss, was da geschrieben wird. Und dann kam Facebook mit noch mehr Funktionen. Da sind beide Töchter noch heute aktiv, die ältere anerkannte mich als Vater auch als ‹Freund›. Die jüngere Tochter hat das nicht gemacht, sie ist lieber für sich, und das finde ich auch*

> o.k. In dem Alter bewegt man sich eher in seiner Peergroup, und das verstehe ich auch. Das ist genau gleich wie früher, als wir mit dem Töffli beim Bahnhofkiosk rumsassen. Heute gibt es das auch noch, aber eben in sozialen Netzwerken. Man ist auf Facebook oder in Gruppen auf WhatsApp. Früher kam man von der Schule heim und hängte sich sofort ans Telefon – das ist bei den sozialen Medien ähnlich. Und da braucht es uns als Eltern ja nicht. Bei Fragen und wenn sie Hilfe brauchen – natürlich. Aber sicher nicht unbedingt in einer Facebook-Gruppe. Ich hätte es ja auch nicht toll gefunden, wenn meine Eltern früher zum Bahnhof gekommen wären, um mit mir und meinen Töffli-Kollegen rumzuhängen!»

Es gibt aber auch Kinder, die nichts dagegen haben, mit ihren Eltern, Grosseltern und anderen Verwandten in sozialen Netzwerken befreundet zu sein. Sei es nun, weil sie nichts zu verstecken haben, sei es, weil sie durchaus in der Lage sind, die Privatsphäre-Einstellungen so vorzunehmen, dass der engste Familienkreis die neusten Partybilder und die frechsten Sprüche gar nicht zu sehen kriegt... Ob nun befreundet oder nicht – Eltern können und sollen sich mit ihren Kindern auch über das Verhalten in sozialen Netzwerken unterhalten. Dabei gilt es wie im «Offline-Leben» auch, die Privatsphäre des Kindes zu berücksichtigen.

Privatsphäre – auch von Eltern zu respektieren
Es ist wichtig, als Elternteil akzeptieren zu lernen, dass die Kinder (vor allem im Jugendalter) ihre Privatsphäre stückweise ausbauen. Die meisten Jugendlichen grenzen sich zeitweise von ihren Eltern ab, auch medial, was zum normalen Entwicklungs- und Loslösungsprozess gehört. Diese Verhaltensweisen haben sich im Laufe der Zeit nicht geändert, aber die Medien eröffnen neue Möglichkeiten der Kommunikation untereinander. Früher hat man nach der Schule mit Freunden telefoniert, heute unterhält man sich via Facebook und Co. Denn Kommunizieren ist genau das, was Jugendliche am allerliebsten tun – ob nun von Angesicht zu Angesicht oder über den Umweg mit den Medien.

> **DAS SAGT DER EXPERTE DANIEL SÜSS (51 JAHRE):** «Ich nutze Facebook auch selbst, aber ich habe meine Töchter (14 und 13 Jahre) nicht gefragt, ob sie sich mit mir ‹befreunden› wollen. Sie kamen damit auf mich zu, und da fand ich, dass das in

Ordnung ist. Wenn man als Eltern mit den Kindern in sozialen Netzwerken befreundet ist, dann gibt einem das auch die Möglichkeit, einander kurz zu schreiben oder ‹anzustupsen›, wenn man nicht gerade zusammen ist. Aber es gibt auch die andere Seite: Wenn man abends spät noch auf Facebook reinschaut und sieht, dass die Kinder ebenfalls online sind – das ist auch eine Art der Kontrolle, die da entsteht.»

Eines Tages kommt auf jeden Fall der Moment, da der Nachwuchs selbst entscheiden muss, was er von sich im Internet oder in sozialen Netzwerken preisgibt. Eine Familie berichtet von einer Regel, an die sich sowohl die Kinder als auch die Eltern halten:

ULRICH W. (41 JAHRE): *«Unsere Kinder (Tochter, 13 Jahre; Sohn, 11 Jahre) sind generell gut sensibilisiert, was den Umgang mit privaten Daten im Internet angeht. Es gibt bei uns zu Hause den Grundsatz zum Umgang mit der Privatsphäre, insbesondere auf Facebook oder anderen sozialen Netzwerken: Poste nur, was am nächsten Tag auch auf der Titelseite der Zeitung stehen könnte!»*

Besonders gut an einer Abmachung wie dieser ist, dass sie sehr einprägsam ist. Es gibt zahlreiche Abwandlungen davon, zum Beispiel «Poste nichts, was du nicht auch deiner Grossmutter sagen würdest» oder «Veröffentliche im Internet nichts, was du nicht auch jemandem direkt ins

---

WUSSTEN SIE, DASS ...
- **... Knaben im Jugendalter bei der Preisgabe von Informationen in sozialen Netzwerken etwas freizügiger sind als Mädchen?** Mädchen sind zurückhaltender, mit einer Ausnahme: Beim Veröffentlichen von Fotos sind sie weniger schüchtern als Knaben.
- **... Facebook eigentlich erst für Jugendliche ab 13 Jahren gedacht ist?** Trotz dieser Vorschrift gibt es viele Kinder unter 13, die bereits registriert sind. Denn überprüft wird das Anmeldeprozedere nicht – mit einem falschen Geburtsjahr ist man dabei.
- **... WhatsApp bei Kindern und Jugendlichen aufholt?** WhatsApp verzeichnet steigende Nutzerzahlen. Es sieht danach aus, als würden immer mehr Kinder und Jugendliche diesen privateren Weg der Kommunikation untereinander vorziehen.

Gesicht sagen könntest». Grundsätzlich geht es darum, dass die Kinder möglichst früh lernen, dass ihre Texte, Fotos oder Videos für viele Menschen sichtbar sind – und auch sichtbar bleiben.

Dieselben Regeln gelten im Übrigen für Erwachsene. Viele Eltern nutzen selbst soziale Netzwerke, um mit Bekannten, Freunden und Verwandten in Kontakt zu bleiben. Dazu gehört auch oft, dass man Familienereignisse mit anderen teilt. Insbesondere Urlaubsfotos, Aufnahmen von Familienfeiern oder Ausflügen werden gerne ins Internet gestellt. Deshalb sollten Eltern sich – wie man es auch von den Kindern erwartet – die folgenden Fragen stellen, bevor sie auf den Posten-Knopf klicken:

- Sind die Personen auf dem Foto oder Video mit meiner Veröffentlichung einverstanden?
- Bringe ich mich oder die Personen auf dem Foto oder Video durch mein Posting in eine unangenehme Situation?
- Könnte das Foto oder Video, das im Moment vielleicht lustig ist, in Zukunft auch peinlich für eine Person werden?

Manch einer, der spontan ein Urlaubsbild mit fröhlich badenden Kindern am Meeresstrand heraufladen wollte, überlegt es sich vielleicht doch noch anders, wenn er sich diese Fragen stellt. Denn im Internet weiss man trotz aller Vorsichtsmassnahmen nie ganz genau, wer mitliest.

Downloads

Bei Google schnell ein paar Bilder für die Hausaufgaben herunterladen oder den neuen Song, den man eben im Radio gehört hat. Dazu noch den Film, der eigentlich erst im Kino läuft – es ist ja so einfach, und «jeder macht es». Aber ist es auch rechtens?

Wenn es um Downloads in Form von Text, Bildern oder Tonträgern respektive Videos geht, stellt sich rasch die Frage nach den Urheberrechten. Wem gehört eigentlich das, was im Internet zu finden ist? Zahlreiche medienpädagogische Informationsmaterialien widmen sich genau dieser Frage (siehe Anhang). Denn der Überblick lässt sich im Dschungel der Rechte im Internet nicht einfach behalten.

Die Sache mit dem Urheberrecht

Es ist kaum verwunderlich, dass Kinder und Jugendliche relativ selbstverständlich ans Thema herangehen und annehmen, was sie finden, könnten sie auch behalten und verwenden. Tatsächlich gibt es aber relativ klare Bestimmungen dazu, was rechtlich erlaubt ist und was nicht (siehe Kasten auf Seite 146).

> **INFO** *Die Schweiz stellt punkto Downloads eine Art Sonderfall dar. Denn wer legale Inhalte (Text, Bild oder Ton) lediglich zum persönlichen Gebrauch herunterlädt, aber nicht selbst anbietet, macht sich nicht strafbar.*

THOMAS R. (39 JAHRE): *«Ganz ehrlich – ich befasse mich zwar beruflich mit dem Internet, aber was alle diese rechtlichen Dinge mit Downloads und Uploads angeht, da blicke selbst ich nicht immer durch. Wenn das bei uns zu Hause ein Thema wird (Sohn, 10 Jahre; Tochter, 5 Jahre), dann werde ich mich sicher mehr einlesen.»*

DAS SAGT DIE EXPERTIN BARBARA JAKOB (47 JAHRE): *«Bei unserer jüngsten Tochter (14 Jahre) spielt Musik eine wichtige Rolle; sie zieht sich den grössten Teil der Titel via Youtube auf ihr Handy. Mithilfe von iTube oder Ähnlichem kann sie die Musik dann auch offline anhören.»*

Um es kurz zu sagen: Was man selbst gemacht hat – also einen Text, ein Bild oder Video oder auch eine Tonaufnahme –, darf man grundsätzlich verwenden, wie man möchte. Bei allem anderen greift in den allermeisten Fällen das Urheberrecht, auch im Internet. Das bedeutet, dass man den Urheber um Erlaubnis fragen muss, bevor man sein Material verwendet. Zwar ist die rein private Nutzung eines Bildes, das man sich auf den Computer herunterlädt, noch erlaubt. Doch bereits die Veröffentlichung eines solchen Bildes in einem sozialen Netzwerk oder auf der eigenen Website ist rechtlich gesehen ohne Erlaubnis nicht mehr in Ordnung.

HINWEIS *Es gibt spezielle Anbieter, die lizenzfreies Material zur Verfügung stellen (einer davon ist z.B. Creative Commons, www.creativecommons.ch), das meist unter Einhaltung bestimmter Bedingungen weiterverwendet werden darf. Nach diesem Material lässt sich unterdessen auf zahlreichen Fotoportalen gezielt suchen.*

WUSSTEN SIE, DASS ...
- **... es das «Recht am eigenen Bild» gibt?** Das bedeutet, dass man streng genommen jede Person vor der Veröffentlichung eines Bildes um ihr Einverständnis fragen müsste. Diese Regel gilt für alle – ausgenommen davon sind Personen des öffentlichen Lebens (z.B. berühmte Musiker, Künstler, Schauspieler, Politiker etc.).
- **... auch im Internet «der Schutz der Ehre» gilt?** Das heisst, dass gemäss Persönlichkeitsrecht das Beleidigen von Personen auch online nicht erlaubt ist. Was von wem als Beleidigung aufgefasst wird, ist schwierig zu bestimmen. Die Grenze zwischen Spass und Ernst verläuft oft fliessend (siehe auch Cybermobbing, Seite 183).
- **... dass man das Recht hat, Aufnahmen aus dem Internet entfernen zu lassen, wenn sie ohne Einverständnis veröffentlicht wurden?** Klingt einfach – ist es aber oft nicht. Meist sind Bekannte sehr kulant und entfernen auf Nachfrage die Inhalte rasch wieder. Kennt man den Urheber jedoch nicht und wendet man sich an die Betreiber einer Website oder eines sozialen Netzwerkes, kann es unter Umständen lange dauern, bis er auf die Bitte reagiert. Und während dieser Zeit kann ein Bild oder Video bereits kopiert und woanders wieder heraufgeladen worden sein ...
- **... dass man sich im Extremfall an die Polizei wenden kann, wenn man im Internet auf Inhalte stösst, die die eigenen Persönlichkeitsrechte verletzen?** Es empfiehlt sich, erst die anderen Optionen anzuwenden, um einen Inhalt entfernen zu lassen. Doch der Gang zum Anwalt und/oder zur Polizei ist durchaus eine Möglichkeit.

Chat

Mit anderen Menschen zu kommunizieren – auch im Internet – ist ein Grundbedürfnis. Im Gegensatz zur E-Mail bietet der Chat die Möglichkeit, sich in Echtzeit miteinander zu unterhalten – egal, ob man im gleichen (Schul-)Zimmer sitzt oder ob einen Tausende von Kilometern trennen. Das zieht Erwachsene wie Kinder und Jugendliche gleichermassen in den Bann.

Vielleicht erinnert sich der eine oder andere Elternteil noch an das Phänomen der Internetcafés in den 90er-Jahren. Dort hatte man die Möglichkeit, mal eben eine Weile im Internet zu surfen oder aber auch mit jemandem zu chatten. Als das Internet immer stärker in die privaten Haushalte drängte, verschwanden die Internetcafés, und man begegnet ihnen höchstens noch im Urlaub, wo sie nostalgische Erinnerungen wecken. Manch ein Erwachsener hatte in diesen Internetcafés seinen ersten Kontakt mit dem Internet – und mit dem Chat. Seither hat sich einiges getan.

Kontakte mit Unbekannt

Waren Chatdienste wie ICQ oder MSN früher erst nach einem Download auf dem Computer oder Laptop verfügbar, bieten heute die meisten sozialen Netzwerke eine integrierte Chatfunktion. Doch abgesehen vom Kanal, über den Kinder und Jugendliche chatten, sorgen sich die meisten Eltern darum, mit wem sie dabei in Kontakt kommen. Neue Chatpartner können interessant sein, aber nicht immer sind sie live und in Farbe so, wie sie sich online beschreiben. Deshalb ist das mulmige Gefühl, das Eltern bei neuen Chatfreunden ihrer Kinder beschleicht, verständlich.

RITA K. (39 JAHRE): *«Für unsere Tochter (15 Jahre) war das Internet lange kein Thema. Doch als sie in die Oberstufe kam, chatteten plötzlich alle ihre Freunde, und da wollte sie natürlich auch mitmachen. Grundsätzlich habe ich nichts dagegen – früher* hing man nach der Schule ja auch mit den Freundinnen herum oder telefonierte stundenlang miteinander. Aber ich hatte schon auch Angst, dass meine Tochter beim Chatten von Leuten mit unseriösen Absichten angesprochen wird. Wir erstellten damals eine Liste mit Freunden und Freundinnen, mit denen sie chatten durfte, und sie zeigte zum Glück kein Interesse, sich mit jemand Unbekanntem zu unterhalten, sie wollte nur den Kontakt zu ihren ‹Gspänli› haben. Jetzt, wo sie etwas älter ist und ein Smartphone hat, hat sich auch ihr Kollegenkreis erweitert. Wir haben Gespräche darüber geführt, wie man sich beim Chatten verhalten soll, aus Respekt gegenüber anderen. Und sie weiss auch, dass sie jederzeit zu uns Eltern kommen kann, wenn ihr im Chat etwas ‹gspässig› erscheint.»

MARIA S. (46 JAHRE): «Ich habe mit meinem Sohn (14 Jahre) über die Kontakte in sozialen Netzwerken und im Chat gesprochen. Denn wenn sich jemand für 35 ausgibt, dann merkt man doch sehr rasch, an der Sprache zum Beispiel, dass das wahrscheinlich nicht stimmt und dass sich doch ein Kind dahinter verbirgt – oder umgekehrt. Ich habe ihm signalisiert, dass er mit mir jederzeit über alles sprechen darf, was ihn im Internet beschäftigt. Eine Zeit lang hatte er einen ‹Freund› im Internet, der war auch ‹so nett›, er war 19 Jahre alt und hatte ähnliche Interessen. Mit der Zeit haben sich die beiden sogar SMS geschickt. Da war dann für mich endgültig der Zeitpunkt für ein Gespräch gekommen, da schrillten bei mir sämtliche Alarmglocken. Es war aber schwierig, denn offenbar war das tatsächlich einfach ein netter junger Mann, der ihm Tipps – auch für Games – gegeben hatte. Es war wirklich nicht einfach für mich als Mutter, denn ich wollte ihm keine Angst machen, aber ihn dennoch darauf hinweisen, dass es gewisse Risiken bei dieser Art von Kommunikation gibt. Auch wenn sich jemand noch so nett gibt.»

DAS SAGT DER EXPERTE PETER JAKOUBEK (52 JAHRE): *Bei Themen wie Chatten sind meine Frau und ich immer à jour geblieben, indem wir uns informiert haben – auch an Informationsveranstaltungen über die Chancen und Risiken des Internets. Wir haben das Thema Chat zum Beispiel dann auch mit den Kindern aufgenommen. Analog zum Ausgang, wo man ja auch nicht beliebig zu Fremden ins Auto steigt, sollten sich die Kinder auch im Internet-Chat überlegen, wer das ist, mit dem sie sich da unterhalten. Dass das vielleicht nicht der herzige Schmusebär ist, sondern jemand anders. Wir waren mit diesen Themen ziemlich realitätsnah, haben den Kindern aber keine Angst damit gemacht. Sie sollten einfach lernen, das Internet auch kritisch anzuschauen, genau gleich wie zum Beispiel die Berichterstattung in Zeitschriften…»*

Wer mit seinen Kindern offen über das Chatten spricht und die eigenen Ängste kindgerecht, aber realistisch formuliert, der schafft eine Grundlage dafür, dass die Kinder ihrerseits sich mit Fragen und Unsicherheiten auch an die Eltern wenden.

Chatten ohne Grenzen?

Heute wird im Gegensatz zu früher nicht mehr nur vom Computer, Laptop oder Tablet aus gechattet. Denn wer ein Smartphone besitzt, kennt selbstverständlich WhatsApp und ist damit mobil und jederzeit in der Lage, mit anderen Nutzern, die online sind, zu plaudern oder Bilder und Videos auszutauschen. Mit dem Dienst ist es möglich, Nachrichten an alle Kontakte, die auch WhatsApp nutzen, zu versenden – über WLAN zurzeit noch gratis. Neben den kostenpflichtigen SMS oder MMS ist WhatsApp deshalb eine beliebte Alternative, um in Verbindung zu bleiben. Und zwar Tag und Nacht.

So wie es die Familie im folgenden Beispiel gelöst hat, kann viel Druck von den Schultern der jungen Chatter genommen werden. Sagt man den Freunden einmal Bescheid, wann man für sie erreichbar ist und wann nicht, werden sie auch nicht enttäuscht, wenn sie gespannt auf die nächste Nachricht warten. Eine solche Selbstregulation des eigenen Chatverhaltens ist bereits ein Zeichen für medienkompetentes Handeln.

Doch nicht nur der Stress, der sich bisweilen durchs Chatten ergibt, ist ein Gesprächsthema zwischen Eltern und Kindern. Auch das, was man im Affekt über jemanden im Internet äussert, sorgt für Diskussionen.

LEA M. (41 JAHRE): *«Im Schlafzimmer unserer Tochter (14 Jahre) geht jeden Abend dieses Konzert los – fast im Sekundentakt macht es ‹bing› und eine neue WhatsApp-Nachricht geht auf ihrem Smartphone ein. Es ist wahnsinnig, wie schnell das geht. Und dann muss sie natürlich auf alle Nachrichten sofort antworten, damit kein Freund und keine Freundin warten muss. Wir haben ihr geraten, ihr Smartphone abends um eine bestimmte Zeit ganz abzuschalten. Sonst ist der Druck, ständig erreichbar zu sein und Antwort geben zu müssen, auch für sie sehr gross.»*

REGULA N. (45 JAHRE): *«Wir diskutieren regelmässig über den Gebrauch des Smartphones, darüber, was man nicht tun sollte und weshalb. Es zeigt sich, dass es für das Kind (Sohn, 12 Jahre) oftmals schwierig ist, einzuschätzen, was warum nicht o. k. ist. Vor allem im Chat sind schnell Sätze geschrieben, die zu Diskussionen führen. Wir reden darüber, warum man im Chat zum Beispiel nicht sagen sollte, dass der Kollege im Hockey eine Niete sei.»*

Worte können wehtun, vor allem wenn sie unüberlegt oder in einem gefühlsmässig aufgeladenen Zustand verfasst werden. Dabei kann der Chatpartner das Ziel sein, aber auch Dritte können in der elektronischen Kommunikation rasch verletzt werden. Es geht also nicht nur darum, Kindern zu zeigen, wie sie sich selbst schützen können. Sondern es geht ebenso um das respektvolle Verhalten anderen gegenüber – auch in der Kommunikation via Computer oder Smartphones. Egal, ob die Inhalte von wenigen Menschen eingesehen werden können wie im Chat oder von der ganzen Welt wie im öffentlichen Raum des Internet.

DAS SAGEN FACHLEUTE:
- Internet: ab wann? Kinder profitieren am meisten von den Möglichkeiten im Internet, wenn sie schon über Lese- und Schreibkompetenzen verfügen. Im Vorschulalter sind sie deshalb immer nur Zuschauer bzw. Konsumenten und verstehen vor allem im Alter unter drei Jahren noch überhaupt nicht, was es mit dem Internet auf sich hat.
- Nicht nur Gefahren aufzeigen: Kinder sollen keine Angst vor dem Internet bekommen, aber einen gesunden Respekt und eine realistische Sicht darauf entwickeln. Sprechen Sie mit Ihrem Kind deshalb nicht nur über Risiken, sondern nehmen Sie auch positive Aspekte (Spass, Informationssuche, Kontaktpflege …) zum Anlass, um darüber zu reden, was das Internet alles beinhaltet.
- Schrittweise loslassen: Sie als Eltern kennen Ihr Kind am besten und können am ehesten beurteilen, wann es bereit ist, schon ohne Begleitung zu surfen und zu chatten. Lassen Sie sich nicht davon beeindrucken, was andere Kinder in Ihrem Umfeld schon dürfen. Fahren Sie Ihren eigenen Kurs und vertrauen Sie auf Ihre Intuition. Das Internet rennt Ihrem Kind nicht davon.

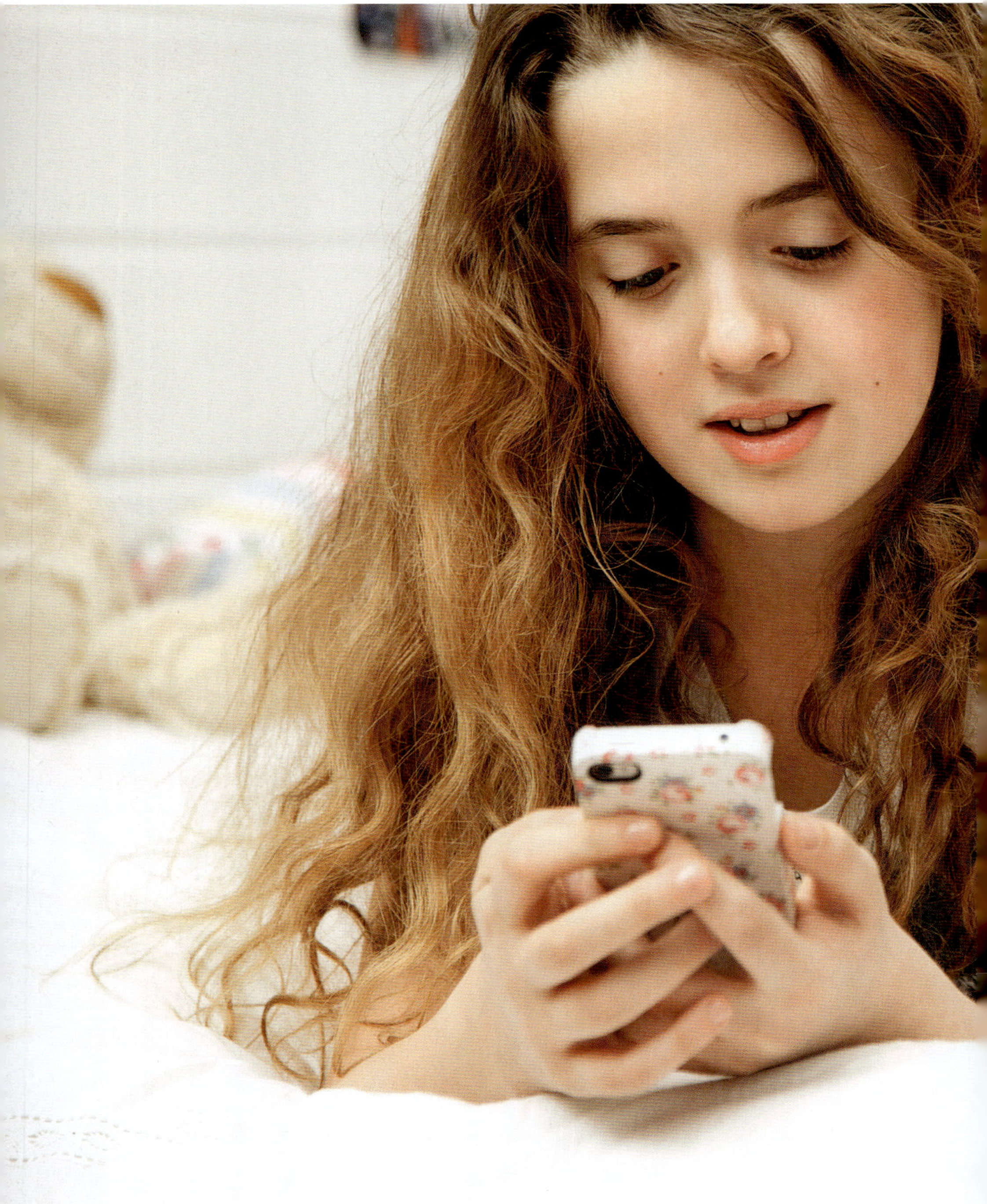

Von Handys und Smartphones

8

Handys und Smartphones sind beliebte Begleiter im Alltag. Im Elternhaus beobachten immer mehr Kinder, wie wichtig die Geräte für Mami und Papi sind, privat oder beruflich. Nicht selten dürfen sie die elterlichen Geräte auch einmal zum Spielen benutzen. Spätestens nach dem Übertritt in die Oberstufe stellt sich den meisten Eltern die Frage: Ab wann braucht mein Kind tatsächlich ein Handy oder ein Smartphone?

Ein Handy – wie praktisch

Wer im Zug oder Bus seine Mitmenschen beobachtet, stellt rasch fest, wie stark die Smartphone-Welle sämtliche Generationen erfasst hat. Auf den kleinen Displays wird gelesen, gegoogelt, twittert, gemailt. Doch es gibt sie noch, die sogenannten Feature Phones: Handy-Dinosaurier, die vor allem zum Telefonieren und zum Versenden von SMS gedacht waren.

Das Mobiltelefon ist eine praktische Erfindung, keine Frage. Das sehen auch viele Eltern so und «vererben» ihrem Nachwuchs zu einem passenden Zeitpunkt ein ausrangiertes altes Gerät. Mit dem Handy bleibt das Kind erreichbar, wenn es sich in der Schule befindet oder im Rahmen von Freizeitaktivitäten den Raum verlässt, den die Eltern im Blick haben. Pläne ändern sich nicht selten: Eine Lektion fällt aus, das Kind verpasst nach dem Karateunterricht den Zug – eine Nachricht oder ein Anruf genügt, und die elterlichen Nerven sind besänftigt. Auch für das Kind ist die Erreichbarkeit praktisch. Zudem eröffnen sich neue Kommunikationsmöglichkeiten mit der Familie, aber vor allem mit Freunden.

VERA G. (47 JAHRE): *«Bei meinem Sohn (9 Jahre) kommt langsam der Wunsch nach einem Handy auf. Vor allem, weil viele Klassenkameraden schon eines haben. Er spricht darüber, aber der Wunsch ist noch nicht so stark ausgeprägt, dass wir ernsthaft darüber diskutiert hätten. Ich hoffe, es bleibt noch ein bis zwei Jahre so. Aus meiner Sicht ist es noch zu früh, aber verbieten wollen wir es nicht. Er soll lernen, vernünftig damit umzugehen. Und vielleicht kann er uns Eltern zukünftig auch mal einen Tipp geben, wie man die neuen Geräte nutzt.»*

Das liebe Geld

Nicht selten führt die Kommunikationsfreudigkeit des Nachwuchses zu Diskussionen mit den Eltern, und oft geht es dabei um die Finanzierung des Handys. Verschiedene Telekommunikationsanbieter haben heutzutage spezielle Kinderabos und auch Kinderhandys im Angebot. Ihr Ziel ist es in der Regel, es den Eltern zu ermöglichen, ihre Kinder Schritt für Schritt in die Selbständigkeit mit dem Handy zu entlassen. Dabei bestimmen die Eltern, welche Funktionen eines Handys das Kind ab welchem Zeitpunkt benutzen darf.

Eltern steht auch die altbewährte Option des Prepaid-Angebots zur Auswahl, um die anfallenden Kosten unter Kontrolle zu behalten. Vereinzelt versenden die digital versierten Nutzer Text-, Ton- oder Filmdateien von Handy zu Handy auch kostenfrei via Bluetooth. Wenn das Kind sich mit seinem Taschengeld beteiligt, kann der Umgang mit dem Handyguthaben eine gute Übung sein, um den Wert eines bestimmten Geldbetrages besser einschätzen zu lernen. Denn nicht selten geht sowohl beim Texten als auch beim Sprechen das Zeitgefühl verloren.

BEAT F. (40 JAHRE): *«Unsere Tochter (heute 16 Jahre) ist in unseren Augen eine Vernünftige. Aber man hört ja immer wieder von Fällen, wo Kinder – und die Eltern! – von wahnsinnig hohen Rechnungen überrascht werden, zum Beispiel wegen Roaming-Gebühren. Als das Thema Handy wichtiger wurde für unsere Tochter, machten wir ab, dass sie den ersten Prepaid-Betrag von ihrem Taschengeld zahlt, die Kosten für das Gerät haben wir übernommen. Ab da musste sie jeweils die Hälfte des monatlichen Prepaid-Betrages zahlen und wirklich entscheiden, ob sie dieses Geld nun für Kino, Kleider oder eben für ihr Mobiltelefon ausgeben wollte.»*

Vom Familienhandy zum eigenen Gerät

Viele Eltern wählen die Variante des Familienhandys, bevor sie ihrem Nachwuchs ein eigenes Gerät erlauben. Das Familienhandy wird dem Kind mitgegeben, wenn die Eltern es für nötig halten. Auf diese Weise kann das Kind sich an die Verantwortung gewöhnen, ein Mobiltelefon mit sich zu tragen. Wenn es dann so weit ist und das Kind stolz sein eigenes Handy in den Händen hält, heisst das für die meisten Eltern dennoch nicht, dass es das Gerät nutzen darf, ohne dass sie ein Wörtchen mitzureden haben.

KARIN D. (44 JAHRE): *«Unsere Kinder (beide 12 Jahre) haben ihre Handys zum letzten Geburtstag bekommen. Vorher hatten sie keine eigenen Geräte, sondern es gab ein Familienhandy, das sie mitnehmen konnten, wenn sie unterwegs waren und erreichbar sein mussten. Ihre Handys sind zwar internetfähig, aber sie dürfen damit vorerst nur telefonieren, über WhatsApp Nachrichten versenden, skypen, Spiele spielen und Musik hören. Alle Accounts laufen über meinen Mann, sodass sie selbst keine Apps herunterladen können.»*

TIPP *Die Kontrolle schrittweise an das Kind abzugeben, ist im Zusammenhang mit dem Handy eine gute Strategie. Man stärkt das Kind, indem man ihm Vertrauen schenkt und ihm zeigt, dass man sich in seinem Sinn für eine risikoreduzierte und positive Form der Handynutzung engagiert. Dazu zählen idealerweise auch Gespräche, in denen das Kind über seine Erfahrungen mit dem Handy und der Kommunikation damit berichten kann.*

Handys kann man ausschalten

Viele Eltern sind sich darüber im Klaren, dass das Handy nicht nur positive Seiten für die Kommunikation innerhalb der Familie oder im Bekanntenkreis hat. Funktionen wie Spiele auf dem Handy werden situativ eingesetzt, aber das Handy wird zugunsten anderer Tätigkeiten auch einmal bewusst abgeschaltet. Regeln werden von den Kindern sicher besser angenommen, wenn sich die Eltern trotz der Faszination der mobilen Geräte ebenfalls an gewisse Abmachungen halten.

KARIN D. (44 JAHRE): *«Spiele auf dem Handy sind bei uns zwischendurch erlaubt, etwa auf Autofahrten. Aber sobald jemand anders anwesend ist, wird das Handy grundsätzlich weggelegt.»*

CECILE J. (47 JAHRE): *«Bei uns zu Hause haben wir ein Handylimit – abends sind die Geräte bis maximal 22 Uhr eingeschaltet. Und damit sind wirklich alle Handys gemeint – auch die der Eltern.»*

Smartphone, mein Smartphone

Mit dem Wunsch nach einem Smartphone heben einige Kinder den Geduldsbalken ihrer Eltern auf ein neues Niveau. «Aber alli mini Fründe händ doch au scho eis…» Diesen Satz hören Eltern erst einmal, dann zweimal, dann täglich. Und ehe man sich versieht, liegt ein kleiner, stylischer und vermeintlich smarter Computer im Taschenformat als Geschenk verpackt unter dem Tannenbaum.

Bei keinem anderen Gerät geben Eltern ihre Kontrolle zwangsläufig so stark ab wie beim Smartphone. Von aussen betrachtet ist es in erster Linie ein Gerät, mit dem der Nachwuchs unter anderem telefonieren, spielen, surfen, chatten, texten, Musik hören, fotografieren und filmen kann. Tatsächlich ist ein Smartphone für eine Vielzahl der Nutzer – und dazu zählen auch Erwachsene – viel mehr: Es ist ein personalisierter Gegenstand, der mit seinen Inhalten einem Tagebuch gleichkommt. Der Klingelton und die Hülle wurden mit viel Liebe ausgewählt, und man hat alle wichtigen Kontakte immer in Griffnähe. Manche Eltern geben ihr Smartphone den Kindern auch mal zum Spielen, andere machen dies bewusst nicht. Auch für viele Erwachsene ist es ein sehr persönlicher Gegenstand, der rasch kaputtgehen kann und deshalb nicht in Kinderhände gehört.

Das Smartphone erweist sich in manchen Situationen als praktischer Gegenstand, mit dem sich die Kinder bei Langeweile auch mal beschäftigen können. Wohldosiert und sparsam eingesetzt, ist gegen eine solche Ablenkung auch gar nichts einzuwenden.

RALF D. (35 JAHRE): *«Es ist eigentlich wahnsinnig, wie selbstverständlich die Kinder von heute mit Smartphones und alledem aufwachsen. Das sind ja Multimedia-Geräte! Aus Elternsicht ist das schon krass. Andererseits ist es auch cool, dass diese Möglichkeiten da sind und die Kinder sich damit auseinandersetzen können. Die Hersteller haben das auch schlau gemacht, die Bedienung ist einfach, und die Kinder lernen alles sehr schnell. Ich finde es nicht beunruhigend, sondern eher faszinierend.»*

ALESSIA S. (35 JAHRE): *«Bei den Smartphones sind wir eher streng mit unseren Töchtern (7 und 3,5 Jahre). Mein Smartphone dürfen sie fast gar nie in die Hand nehmen, ausser ich zeige ihnen darauf ein Filmchen. Wenn zum Beispiel die grosse Tochter vom Fünfmeterbrett gesprungen ist und ich sie gefilmt habe, will sie das natürlich nachher allen zeigen. Aber es ist schwer, das durchzusetzen, denn viele Kinder dürfen mit den Geräten ihrer Eltern spielen.»*

SABINE W. (35 JAHRE): *«Unser Sohn (5 Jahre) darf das Smartphone zum Beispiel benutzen, wenn ich unsere Tochter (8 Jahre) von der Theatergruppe abhole. Da sind wir auch mal zehn Minuten zu früh, dann setzen wir uns hin, und er darf auf dem Smartphone ein bisschen spielen. In solchen Wartesituationen erlauben wir das.»*

Altes Bedürfnis, neues Kommunikationsmittel

Die Kommunikation unter den Heranwachsenden von heute unterscheidet sich von derjenigen früherer Generationen vor allem durch die Medien, die dafür eingesetzt werden. Eltern können die Wichtigkeit des Chattens und des Versendens von SMS via Smartphone nicht immer nachvollziehen. Doch wie das folgende Beispiel zeigt, versuchen sich viele Eltern in ihre Kinder hineinzuversetzen, um sie besser verstehen zu können. Das Smartphone ist nämlich nicht selten etwas, was Freunde miteinander verbindet.

DAS SAGT DER EXPERTE DANIEL SÜSS (51 JAHRE): *«So wie meine Töchter (14 und 13 Jahre) und ihre Freunde ‹funktionieren›, wäre es sicher extrem schwierig, wenn meine Töchter kein Smartphone oder Handy hätten. Allein schon, was die ganzen Abmachungen untereinander und die Kommunikation betrifft. Sie machen sehr viel über WhatsApp, Instagram oder Skype. Auch was Hausaufgaben angeht – da wird etwa ein Arbeitsblatt fotografiert und verschickt. Um ohne Smartphone nicht ausgeschlossen zu sein, müssten meine Töchter eine andere Peergroup haben. Sie haben auch schon erzählt, dass es einige in der Klasse hat, die nur ein Feature Phone (ein Handy ohne Internetzugang) besitzen und sich nicht mit sozialen Netzwerken beschäftigen. Diese Kinder seien dann eher ausgegrenzt, wenn auch nicht aktiv, so doch passiv. Sie sind nicht im Zentrum des Geschehens, im Kern der Clique und der Aufmerksamkeit.»*

Weil das Smartphone so viele Funktionen unterschiedlicher Medien vereint, sorgt es für Diskussionsstoff in der Familie. Abmachungen, die bezüglich Smartphone-Nutzung getroffen werden, verändern sich in der Regel mit dem Alter des Kindes. Regeln, die die ganze Familie betreffen, gibt es selbstverständlich auch in Bezug auf das Smartphone.

Gerade weil Smartphones sehr persönliche und personalisierte Gegenstände sind, ist eine Kontrolle nicht ganz unproblematisch. Einige Eltern lassen sich von ihren Kindern die Apps zeigen, die sie herunterladen. Andere Eltern möchten überprüfen, wen ihre Kinder angerufen oder angeschrieben haben. Wie viele Freiheiten man seinem Kind mit dem Smartphone lässt, muss jede Familie individuell entscheiden.

DAS SAGT DIE EXPERTIN BARBARA JAKOB (47 JAHRE): *«Als unsere Töchter (Zwillingstöchter, 17 Jahre; Tochter, 14 Jahre) ihre Smartphones erhielten, haben wir ihnen die Freude daran gelassen. Wir haben sie einfach mal machen lassen und ein Auge drauf gehabt, ohne grosse Kontrolle. Wir wollten nicht sofort ein Regelwerk aufstellen. Die Ausnahme bildeten soziale Netzwerke; da habe ich der jüngeren Tochter angeboten, ein Profil mit ihr zu eröffnen. Den offenen Umgang mit den Smartphones konnten wir zulassen, weil wir aus Erfahrung wussten, dass unsere Töchter nicht generell jede Dummheit machen, auch wenn sie die Gelegenheit dazu haben. Sonst hätten wir es anders gemacht.»*

DAS SAGT DER EXPERTE PETER JAKOUBEK (52 JAHRE): *«Als unsere jüngere Tochter (14 Jahre) ihr Smartphone bekam, da waren die ersten drei Wochen mit dem neuen Gerät natürlich intensiv. Sie nahm es überallhin mit und benutzte es ständig. Als Eltern hatten wir trotzdem keine Bedenken, denn das war die normale Anfangseuphorie. Das soll ja auch so sein, eine solche Begeisterung, das haben wir Erwachsenen ja auch. Wir wollten ihr diese Freude deshalb auch nicht nehmen.»*

DAS SAGT DER EXPERTE DANIEL SÜSS (51 JAHRE): *«Ich frage nicht regelmässig nach, welche Apps meine Töchter (14 und 13 Jahre) auf dem Smartphone haben. Aber ich bekomme schon mit, was sie nutzen und worüber sie gerade sprechen – miteinander und mit mir. Deshalb denke ich, dass ich ungefähr abschätzen kann, was sie machen. Ein Stück weit ist das ja auch ihr persönlicher Bereich, mit den Smartphones. Und solange ich nicht den Eindruck bekomme, dass irgendwelche Probleme auftreten, zum Beispiel dass sich ihr Verhalten verändert, ist das auch in Ordnung so.»*

Tag und Nacht online?

In vielen Familien ist das Ausschalten des Smartphones ein grosses Thema. Mancherorts ist das Smartphone nie ganz aus, auch nachts nicht. Der Grund dafür ist nicht einmal der, dass Kinder und Jugendliche ständig erreichbar sein wollen. Sondern das Smartphone ist für sie eben auch Musikgerät und Wecker.

Trotz aller praktischen Funktionen, die ein Smartphone hat, gehört es dazu, dass Kinder und Jugendliche lernen, die Geräte auch einmal zur Seite zu legen oder abzuschalten. Diese Situation auch auszuhalten und das eigene Verhalten dabei zu überdenken, trägt zur Entwicklung der Medienkompetenz bei.

MARIA S. (46 JAHRE): *«Unser Sohn (14 Jahre) hört am Abend spät vor dem Einschlafen gern Musik auf dem Smartphone, und oft bleibt es deshalb an. Es dient ihm am Morgen auch als Wecker. Ausserdem ist er durch sein Gerät bereits beim Aufstehen mit seinen Freunden vernetzt. Sie schicken sich da schon SMS und machen ab, wer mit wem den Schulweg geht. Ich denke, ohne Smartphone wäre es schwierig für ihn, auch unter den Freunden. Es ist zweifellos ein Druck da, die meisten seiner Kollegen haben eins. Als er mit dem Wunsch nach einem Smartphone ankam, fanden wir zuerst, es sei zu teuer, wir würden es ihm nicht kaufen. Doch er wünschte sich dann zu Weihnachten Geldbeiträge von allen. Da erlaubten wir es ihm, das war für mich o.k. Ein Handy hatte er bereits, eins unserer alten Geräte, was der Erreichbarkeit halber schon sehr gut war.»*

FRÄNZI F. (45 JAHRE): *«Unser Sohn (14 Jahre) darf das Smartphone abends nicht im Zimmer aufbewahren. Denn in der Nacht ist für uns alle ‹Sendepause›. Ausserdem bleibt das Smartphone während der Essenszeiten aus und weg vom Tisch.»*

Jugendliche kommunizieren für ihr Leben gern, und Smartphones ermöglichen ihnen dies, auch wenn die besten Freunde und Kollegen gerade nicht für ein persönliches Gespräch offline zu haben sind. Mittels sozialer Netzwerke und Dienste wie WhatsApp bleibt man ganz nah am Geschehen, auch wenn man nicht direkt dabei ist. Die meisten Smartphone-Nutzer schalten ihr Gerät nachts nur auf stumm. Eine «Sendepause» ist dennoch sinnvoll, damit man nicht dem ständigen Verlangen widerstehen muss, die virtuelle Post zu prüfen. Doch dies ist kaum mehr möglich, ohne dass man das Gerät abgibt. Und: Viele Eltern erledigen bestimmte Dinge für die Arbeit ebenfalls im Homeoffice, also von zu Hause aus. Sie beantworten abends spät noch Mails und verfassen Texte, wenn die Kinder bereits in ihren Schlafzimmern verschwunden sind. Für die Arbeit braucht es das Internet, und das WLAN bleibt an – auch für die Kinder, die ein Smartphone im Zimmer haben.

DAS SAGT DER EXPERTE PETER JAKOUBEK (52 JAHRE): *«Meine Frau und ich schalten das Handy nachts ab. Bei den Töchtern (21 und 14 Jahre) ist das sicher nicht immer so, aber in ihrem Alter kontrollieren wir das nicht mehr. Sie müssen selbst einzuschätzen lernen, wann sie von anderen gestört werden wollen und wann eher nicht. Die jüngere Tochter hat jetzt mit der Lehre begonnen. Sie weiss, was das bedeutet und dass man da schlicht und einfach nicht die ganze Nacht auf Standby für alle verfügbar sein kann. Das funktioniert recht gut so.»*

DAS SAGT DIE EXPERTIN BARBARA JAKOB (47 JAHRE): *«Unser WLAN schalteten wir früher auf die Nacht hin aus; das machen wir seit Kurzem nicht mehr. Die Situation ist jetzt tatsächlich die, dass die Kinder (Zwillingstöchter, 17 Jahre; Tochter, 14 Jahre) abends im Zimmer via Smartphone und Laptop auch aufs Internet zugreifen können. Das ist bei uns zurzeit ein Thema. Ich kann mir vorstellen, dass es darauf hinausläuft, dass die Geräte für die Nacht vor den Zimmern deponiert werden.»*

Sexting

Unter Jugendlichen und Erwachsenen existiert ein relativ neues Phänomen: Sexting. Dabei werden als Liebesbeweis oder Mutprobe mit dem Smartphone Nacktfotos aufgenommen und verschickt. Manch ein Bildchen ist dabei schon zum Anlass für Cybermobbing geworden.

DAS SAGT DER EXPERTE DANIEL SÜSS (51 JAHRE): *«Das, was man im Internet von sich preisgibt, ist bei uns ein Gesprächsthema. Ich habe meinen Töchtern (14 und 13 Jahre) erklärt, dass es Leute gibt, die versuchen, im Netz junge Mädchen anzuspre* *chen. Und dass man sich davor schützen kann, indem man darauf achtet, dass man eben keine Bilder von sich ins Netz stellt – oder auch Freunden als eine Art Vertrauensbeweis schickt –, die später negativ für einen sein könnten. Die Mädchen haben auch angefangen, ein Programm zu benutzen, bei dem man als Empfänger ein Bild nur ganz kurz anschauen kann (Snapchat) – und auch da ist eine Diskussion darüber entstanden, was das nun bedeutet, wenn man das kann. Dass es auch eine falsche Sicherheit vermitteln kann.»*

Tatsächlich können Apps wie Snapchat, mit denen man bestimmt, wie lange ein Empfänger ein Bild betrachten kann, Jugendlichen eine falsche Sicherheit vorgaukeln. Denn trotz dieser Funktion können die Bilder von geschickten Nutzern gesichert, gespeichert und weiterverbreitet werden.

Unterdessen gibt es auch in der Schweiz Kampagnen, die auf die Risiken von Sexting aufmerksam machen. Was viele nicht wissen: Minderjährige, die Nacktfotos von sich verschicken, verbreiten kinderpornografisches Material. Welche Bilder Kinder und Jugendliche via Smartphone unter Freunden oder Unbekannten in der ganzen Welt verbreiten, ist deshalb ein brisantes Gesprächsthema.

WUSSTEN SIE, DASS ...

- **... nur sieben 7 Prozent der Kinder zwischen 6 und 13 Jahren angeben, dass es zu ihren drei liebsten Freizeittätigkeiten gehört, das Handy zu nutzen?** Unter den beliebtesten Dingen, die Kinder in ihrer Freizeit machen, rangieren: mit Freunden spielen, draussen spielen und fernsehen.
- **... fast jedes zweite Kind im Primarschulalter mindestens einmal pro Woche ein Handy benutzt?** Dabei handelt es sich allerdings in den meisten Fällen um ein Familienhandy oder um das Gerät der Eltern. Je älter die Kinder sind, desto eher besitzen sie auch ein eigenes Gerät.
- **... für über 60 Prozent der Kinder im Primarschulalter das Handy schon interessant ist?** Studien belegen, dass das Interesse an Handys und Smartphones mit dem Alter der Kinder zunimmt. Die Mehrheit aller Kinder erhält ihr erstes Handy vor dem Übertritt in die Oberstufe.

Smartphones und die Kosten

Wie beim Handy muss auch beim Smartphone geregelt werden, wer die Kosten für das Gerät und für die Abogebühren übernehmen soll. Dabei greifen Eltern auf unterschiedliche Lösungsansätze zurück.

Mit Handy und Smartphones ist es notwendig, früh ein Gefühl dafür zu bekommen, wie monatliche Kosten sich entwickeln – und die Erfahrung zu machen, dass sie auch mal ausufern können. Finanzielle Abmachungen in Sachen Medien sind daher wichtig. Am besten ist es natürlich, wenn man von vornherein schon abmacht, ob und wie man die Kosten aufteilen möchte. Diese Abmachungen können sich im Laufe der Zeit ändern und den Umständen entsprechend angepasst werden, zum Beispiel, wenn das Kind älter und mobiler wird und neue Funktionen benutzen möchte.

DAS SAGT DER EXPERTE PETER JAKOUBEK (52 JAHRE): *«Bei uns war und ist es so, dass unsere Töchter (21 und 14 Jahre) ihr Handy oder Smartphone selbst finanzieren. Wir haben keiner ein Gerät gekauft. Die jüngere Tochter erhielt ihr Smartphone von der Grossmutter, damals mit einem Vertrag für zwei Jahre. Wir Eltern beteiligten uns finanziell nie – ausser wenn wir in gewissen Situationen wollten, dass sie uns anrufen oder per SMS benachrichtigen, statt wegen der Kosten darauf zu verzichten. Da erhöhten wir auch mal das Taschengeld um fünf Franken. Aber sonst kamen sie immer selbst für die Kosten auf, die Medien in ihrer Freizeit verursachten.»*

DAS SAGT DER EXPERTE DANIEL SÜSS (51 JAHRE): *«Wir hatten schon ein paar verschiedene Modelle von Handy- und Smartphone-Abos für unsere Töchter (14 und 13 Jahre). Momentan brauchen sie ja vor allem eine gewisse Datenmenge für die Kommunikation via WhatsApp oder Instagram. Sie nutzen häufiger das Internet, als dass sie SMS schreiben oder telefonieren. Früher hatten sie Anspruch auf eine bestimmte Zahl SMS pro Monat – das war jeweils eine grosse Rechnerei, wie viele SMS man schon verbraucht hatte und wie viele man pro Tag noch einsetzen durfte. Jetzt ist das nicht mehr so – was sicher auch dazu führt, dass sie viel eher jemandem eine Nachricht schicken, ohne gross darüber nachzudenken. Ein Grundbetrag fürs Abo steht ihnen zur Verfügung, und wir haben abgemacht, dass sie selbst für die Kosten aufkommen, die darüber hinausgehen.»*

DAS SAGEN FACHLEUTE:

Was heisst hier «smart»? Ein Smartphone ist immer nur so smart wie der Nutzer, der es in den Händen hält. Was Medienkompetenz angeht, erfordert ein Smartphone viele unterschiedliche Fähigkeiten:

- reine Bedienungskompetenzen
- Kompetenzen zur kritischen Beurteilung von Inhalten im Internet
- Sozialkompetenzen bei der Kommunikation
- gestalterische Fähigkeiten
- die Fähigkeit, zu entscheiden, welche Funktionen und Inhalte einem guttun
- die Fähigkeit, die entstehenden Kosten zu überblicken
- die Kompetenz, auch einmal abzuschalten

Das ist alles in allem eine ganze Menge, was bereits junge Nutzer können sollten. Der Weg hin zu diesen Kompetenzen führt wie bei allen Medien über das Ausprobieren, Üben und Diskutieren – am besten mit Vertrauenspersonen wie Eltern, Verwandten und Freunden.

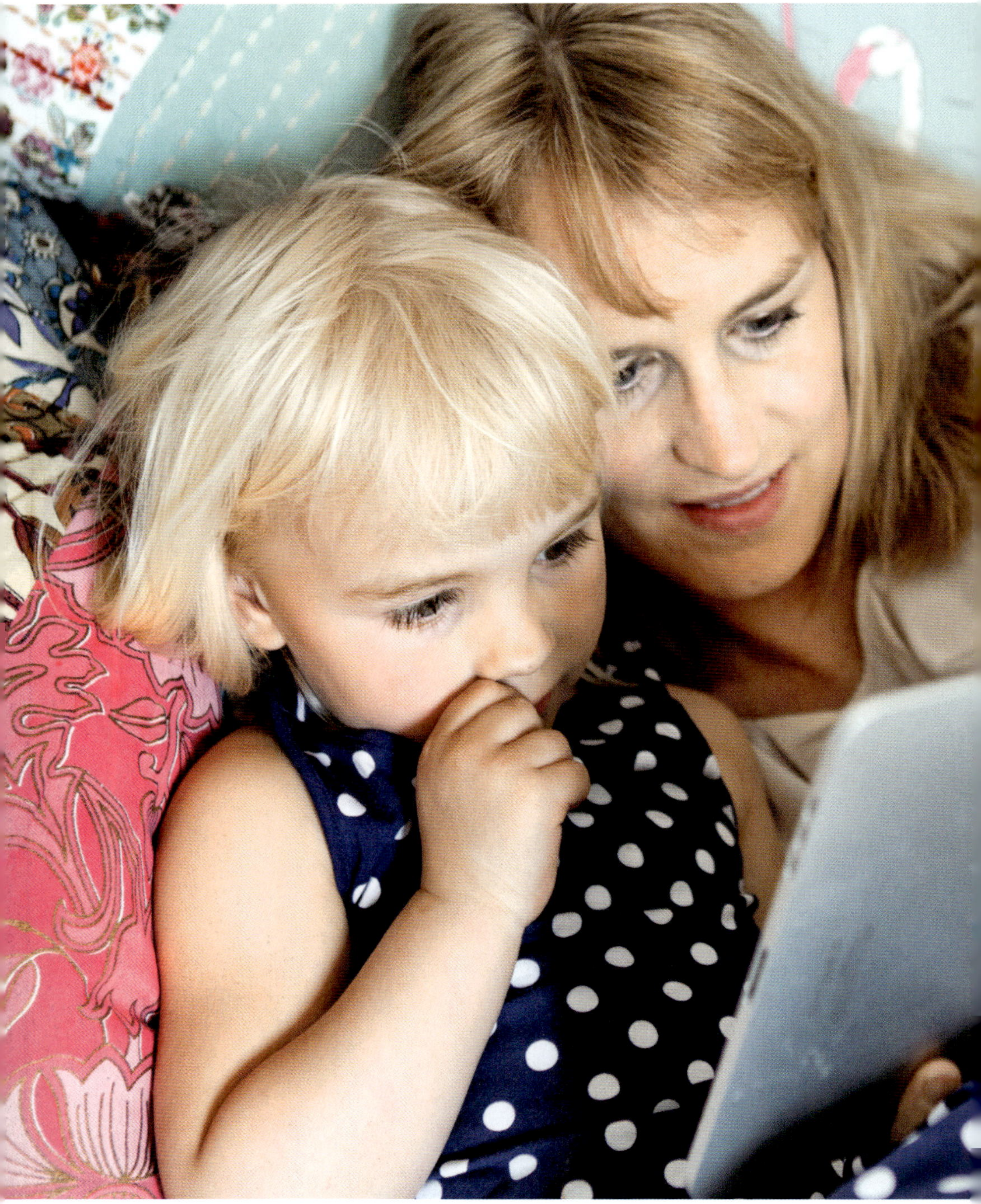

Medien werfen Fragen auf

9

Neben den Fragen zum Umgang mit einzelnen Medien gibt es auch medienübergreifende Themen, die Eltern regelmässig beschäftigen. In diesem Kapitel finden Sie zusammengefasst Lösungsvorschläge und Antworten auf diese häufig geäusserten Elternfragen.

Medienübergreifende Aspekte

Wo Menschen und Medien in einem Haushalt zusammenkommen, häufen sich auch rasch entsprechende Fragen. Sie sind in den meisten Familien ziemlich ähnlich – mit Sicherheit erkennen Sie mindestens eine davon aus Ihrem Alltag wieder.

Mein Kind ist noch im Vorschulalter – machen Medienregeln da schon Sinn?

Massnahmen zur Medienerziehung sollten auf ganz natürliche und ungezwungene Weise dann beginnen, wenn das Kind zu Hause Kontakt mit einem neuen Medium hat. Bei den meisten fängt es mit einem Buch an, und mit der Zeit kommen Medien wie Fernseher, DVDs und Tablets dazu. Schon Vorschulkinder profitieren davon, wenn die Eltern ihnen die Medien(-welt) erklären.

Ein Kind sollte möglichst früh verschiedene Abmachungen aus dem Familienalltag kennenlernen, auch in Bezug auf Medien. So kann es sich daran orientieren, dass zum Beispiel am Morgen die Kleider angezogen und nach dem Essen die Zähne geputzt werden – und dass es die Eltern fragen muss, wenn es den Fernseher anschalten möchte.

Manche Medienthemen kommen erst auf die Familie zu, wenn die Kinder grösser werden. Doch was den Zeitpunkt der Nutzung und die Nutzungsdauer angeht, gibt es in den meisten Familien Bedarf an Abmachungen, auch wenn die Kinder erst im Vorschulalter sind.

ELLA P. (33 JAHRE): «*Da die Kinder (zwei Söhne, 3,5 und 2 Jahre) noch klein sind, gibt es kaum Streitigkeiten in Sachen Medien – ausser dass die Jungs zum Beispiel DVD gucken oder mit dem Smartphone spielen wollen und wir es in der Situation nicht erlauben. Wir haben die Abmachung, dass sie abends vor dem Zubettgehen eine DVD schauen dürfen, und die Jungs wissen auch, dass sie tagsüber keine DVD schauen sollen. Wenn sie damit nicht einverstanden sind, hilft es in den meisten Fällen, wenn wir ihnen diese Regel immer wieder erklären.*»

Die Regeln erklärt zu bekommen, hilft den Kindern, nachzuvollziehen, warum Eltern oder Bezugspersonen eine Sache so haben wollen und eben nicht anders. Auch wenn sie eine Regel deswegen nicht automatisch gutheissen, können sie sie dadurch besser verstehen. («Es ist wichtig für Mama und Papa, dass wir das jetzt so machen.») Die Tatsache, dass etwas wichtig ist, können schon junge Kinder begreifen; die älteren Kinder verstehen dann auch die Gründe dafür.

Allein schon das Sprechen über die Medien und ihre Präsenz im Alltag fördert die Fähigkeit der Kinder, über Medien nachzudenken. Anhand einer einfachen Frage wie im folgenden Beispiel kann zwischen Eltern und Kindern ein spannender Dialog über ihren Stellenwert im Leben entstehen. Denn allzu oft betrachtet man das im Alltag ständig Verfügbare als etwas ganz Selbstverständliches.

DAS SAGT DER EXPERTE FLURIN SENN (42 JAHRE): *«Wir haben unsere Kinder (zwei Söhne, 10 und 5 Jahre; eine Tochter, 7 Jahre) schon gefragt, wie sie es denn fänden, wenn es keine elektronischen Medien mehr gäbe. Ich persönlich muss sagen, ich fände das nicht leicht, sowohl im privaten als im beruflichen Bereich. Medien erleichtern einem ja auch vieles. Die Kinder haben überlegt und gesagt, es wäre wahrscheinlich eine ganz andere Welt. Unser ältester Sohn, der sehr gerne Musik hört, meinte, dass ihm in diesem Bereich schon etwas fehlen würde.»*

In manchen Haushalten setzen Eltern von Vorschulkindern sogenannte Medientaler ein, um Abmachungen mit Medien umzusetzen.

DAS SAGT DER EXPERTE STEVE BASS (47 JAHRE): *«Wir setzen Medientaler etwa zwei Jahre lang ein. Da waren die Kinder noch kleiner, die jüngste Tochter war 3 Jahre, der Sohn 6 und die ältere Tochter 8 Jahre alt. Die Methode geht auf ein Projekt aus Deutschland (www.tinataler.com) zurück, auf das ich vor Jahren beim Surfen im Internet gestossen bin. Man kann sich die Taler verdienen und sie dann für Medienzeit ausgeben – aber auch für etwas anderes, etwa Süssigkeiten oder eine Aktivität ohne Medien. Bei uns war ein Medientaler 10 Minuten Medienzeit wert. Begonnen haben die Kinder bei null; sie hatten also nicht von vornherein ein Budget zur Verfügung. Die Taler konnten sich die Kinder mit Abwaschen oder Instrumenteüben verdienen. Es war*

> zuerst eine Umstellung auch für uns Eltern, die Taler auszuteilen und wieder einzuziehen, aber bei uns funktionierte das Modell eine Zeit lang gut, und die Kinder fanden es auch fair. Wir wenden es seit geraumer Zeit nicht mehr an, aber wir sehen noch heute, was es gebracht hat: Die Kinder betrachten die Medien nicht als Selbstverständlichkeit. Und die Medientaler haben in der Familie zu vielen guten Diskussionen über Medien geführt.»

Medienregeln sind bereits für kleine Kinder wichtig. Sie sollten jedoch immer wieder angepasst werden, weil die Kinder grösser werden, aber auch weil neue Medien dazukommen. Die Begleitung der Eltern ist umso entscheidender, je jünger ein Kind ist. Leitlinien zur Mediennutzung, die zeitliche Empfehlungen für bestimmte Medien enthalten, können gute Starthilfen für familieneigene Abmachungen sein.

> **ANNA P. (45 JAHRE):** «Früher, als meine Kinder (zwei Töchter, 18 und 11 Jahre; ein Sohn, 16 Jahre) noch kleiner waren, beachteten wir die gängigen Empfehlungen, wie lange man ein bestimmtes Medium im Kindergarten- oder Primarschulalter nutzen soll. Das funktionierte ganz gut. Unsere Abmachungen für die Familie entstanden aus diesen Empfehlungen heraus. Je älter die Kinder wurden, desto freier gestalteten wir die Regeln. Ab etwa 14 Jahren haben wir ihnen immer mehr vertraut, dass sie die Medien auch alleine verantwortungsvoll nutzen können.»
>
> **DAS SAGT DER EXPERTE PETER JAKOUBEK (52 JAHRE):** «Es ist mit den Medien gleich wie mit der Erziehung allgemein: Im Kindergarten begleitet man ein Kind bis zur Kindergartentür oder in die Klasse hinein, und danach holt man es wieder ab und begleitet es über die Strasse und auf dem Weg nach Hause. Wenn das Kind selbständiger wird, macht man das weniger und weniger. So ist es auch mit der Begleitung bei den Medien – wenn Kinder jünger sind, macht man das eher, und wenn sie älter werden, weniger. Wichtig ist, als Eltern trotzdem präsent zu sein, um bei Fragen Antworten geben und bei Problemen Hilfe anbieten zu können. Entsprechend ist es aus meiner Sicht falsch, wenn Eltern einfach gleichgültig sind und punkto Medien die Tür zumachen, nach dem Motto ‹Mach, was du willst›. Wenn man Interesse an den Dingen zeigt, die ein Kind macht, dann wirkt man auch authentisch mit Ratschlägen und ist nicht derjenige, der nur kontrollieren will. Mit Kindern geht das vielleicht noch, aber bei Jugendlichen hat man mit blosser Kontrolle rasch verloren. Da braucht es schon Vertrauen.

Und die Möglichkeit, dass ein Kind oder Jugendlicher eben auch mal Experte sein und zum Beispiel zeigen darf, was er/sie punkto Medien bereits kann. So profitiert man auch als Erwachsener und bestärkt dabei die Kinder, weil sie etwas beherrschen, was wir nicht können. In der Regel finden sie das toll.»

Kann ich falsche Medienregeln aufstellen oder falsch über Medien sprechen?

Die Frage widerspiegelt zweierlei: erstens die Haltung vieler Eltern, dass es wohl so etwas wie Regeln im Umgang mit Medien braucht, und zweitens ihre Befürchtung, bei diesen Abmachungen etwas falsch zu machen. Dabei gibt es nur eine wirklich suboptimale Variante – nämlich gar keine Abmachungen zu haben.

Wenn Eltern auf eine altersgerechte Auswahl an Medien und dabei auf einen Ausgleich durch nichtmediale Tätigkeiten achten, dann stellen sie sicher keine falschen Medienregeln auf. Es gibt auch keine falsche Art, mit Kindern über Medien zu sprechen. Manchmal ergeben sich aus dem Alltag ganz natürlich Gesprächssituationen, die man auch für eine Diskussion über Medien nutzen kann.

DAS SAGT DER EXPERTE PETER JAKOUBEK (52 JAHRE): *«Wir machten zeitweise sogenannte Familienrunden: Man setzt sich zusammen an den Tisch und bespricht anstehende Probleme. Das kam aber manchmal ziemlich aufgesetzt daher. Der Umgang mit Medien liess sich direkt in der Situation im Alltag viel besser thematisieren. Die Erfahrung hat gezeigt, dass das nützlicher ist, als wenn man ein Thema – zum Beispiel ‹Wie chatte ich richtig?› – einfach so anschneidet.»*

Der pädagogische Zeigefinger ist bei einem spontanen Gespräch über Medien meist weniger sichtbar. Ausserdem können Kinder und Jugendliche das Erfahrene direkt mit der Situation verbinden und sehen auch die Vorteile, die sich für sie aus einem gut überlegten Medienverhalten ergeben.

Andere Haushalte, andere Regeln

Was Eltern bei ihren Abmachungen ebenfalls verunsichern kann, sind Medienregeln in anderen Familien. Oft erkennt man die Unterschiede, wenn man mit anderen Eltern über Medien spricht. Es kann aber auch sein, dass das eigene Kind erzählt, dass beim «Kollegen zu Hause» ganz andere Regeln gelten.

DAS SAGT DIE EXPERTIN JUDITH MATHEZ (41 JAHRE): «*Das Thema, dass alle anderen Freunde der Kinder schon dieses und jenes mit Medien machen dürfen, das kommt bei uns natürlich auch zur Sprache. Das ist eine schwierige Situation, wenn ein Kind kommt und glaubhaft und in stundenlanger Diskussion versichert, dass ein Game überhaupt nicht schlimm sei, obwohl es für ältere Kinder bestimmt ist. Ich habe das Glück, dass ich mich in diesem Bereich sicher fühle und meinen Standpunkt deshalb gut vertreten kann. Aber bei anderen Dingen fühle auch ich mich manchmal nicht sicher. Die Problematik, dass man sich als Eltern sehr genau mit den Medieninhalten auskennen müsste, ist auch immer wieder ein Thema an Elternabenden. Das gilt für alle Medien, aber sehr oft ist heute das Smartphone der Auslöser für diese Diskussion. Für Eltern ist es meiner Meinung nach auch enorm wichtig, dass sie Vergleichsmöglichkeiten und Orientierungswerte haben: etwa das Durchschnittsalter, wann Kinder ein Smartphone bekommen. Was wir als Medienpädagogen den Eltern leider nicht mitgeben können, sind fixfertige Rezepte, sodass Medien zu Hause keine Probleme mehr bereiten. Lösungen zu finden, gehört zur Erziehungsarbeit, und das ist nicht immer nur Spass. Aber ich bin überzeugt, dass es sich lohnt, dranzubleiben, auch mit den Medien.*»

HINWEIS *Nur weil man andere Regeln zur Mediennutzung aufgestellt hat als andere Familien, heisst das nicht, dass sie besser oder schlechter sind. Abmachungen sollen ins familiäre Miteinander passen, funktionieren und das Aufwachsen des Kindes möglichst positiv beeinflussen. Auch sollen sie dazu führen, dass das Kind lernt, mit Medien und all ihren guten und schlechten Eigenschaften umzugehen.*

Schwerpunktthema Zeit

Die meisten Eltern setzen bei Regeln und Abmachungen auf zeitliche Limiten, wie das folgende Beispiel zeigt:

HANS B. (50 JAHRE): *«Wir haben vor allem zeitliche Abmachungen. Die Kinder (Sohn, 11 Jahre; Tochter, 8 Jahre) dürfen am Mittwoch mit dem iPod spielen und sonst an etwa zwei Tagen in der Woche eine halbe Stunde fernsehen und rund eine halbe Stunde auf der Wii spielen. Meist geschieht das abends, so zwischen 19 und 19.30 Uhr. Am Wochenende dürfen sie auch mal ein Video schauen. Sie würden die Medien aber sicher länger nutzen, wenn sie dürften. Wir sagen den Kindern immer schon vorher, wie lange sie fernsehen oder ein Videogame spielen dürfen. Natürlich gibt es dann auch mal Protest – aber in der Regel geht das ganz gut so.»*

Anhaltspunkte zu Nutzungszeiten, wie sie im Beispiel genannt wurden, sind eine grosse Hilfe für viele Eltern. Leider können sie keine universell gültige Lösung bieten, die in allen Haushalten gleich gut funktioniert. Die Entscheidung, ob und wann das eigene Kind Medien wie lange nutzen und ob es sogar eigene Geräte besitzen darf, fällt letztlich jede Familie selbst. Und zwar auf der Basis der elterlichen Einstellung gegenüber Medien und ihrer persönlichen Einschätzung darüber, was genau in diesem Moment gut für das eigene Kind ist.

Wann ist wie viel zu viel? Und wie erkläre ich meinem Kind, dass es jetzt genug ist?

Die Frage, wann ein Kind mit seiner Mediennutzung über die Stränge schlägt, beschäftigt Eltern vor allem deshalb, weil sie negative Wirkungen auf ihr Kind befürchten. Doch oft lässt sich ein Zuviel nicht nur mit einer Zahl festhalten. Was sich in Bezug auf die Menge an Medienzeit hingegen klar sagen lässt: Wenn über längere Zeit hinweg keine Balance besteht zwischen Tätigkeiten mit Medien und Dingen, die man ohne Medien macht (in der Freizeit, in der Familie etc.), und wenn Kontakte und Beziehungen unter diesem Ungleichgewicht leiden, dann sollten Eltern diese Situation ernst nehmen. Eine Möglichkeit, sich bereits präventiv ein Bild von dieser Balance zu machen, ist das Führen eines Medientagebuchs (Vorlage im Anhang).

Auch ein Medienzeit-Budget (Vorlage im Anhang) ist eine Möglichkeit, um die Menge an Bildschirmzeit zu regulieren. Damit lernen die Kinder auch, sie selbst einzuteilen, ähnlich wie beim Taschengeld.

DAS SAGT DER EXPERTE FLURIN SENN (42 JAHRE): «*Obwohl es eine grosse Herausforderung ist, weil unsere Kinder (zwei Söhne, 10 Jahre und 5 Jahre; eine Tochter, 7 Jahre) unterschiedlich alt sind, versuchen wir, ihre Medienzeit zu begrenzen. Der Älteste hat jetzt ein Budget an Bildschirmzeit bekommen. Das war zuerst eine halbe Stunde pro Tag, die dann ausgebaut wurde auf ein gesamtes Wochenbudget. Es ist spannend, ihn beim Umgang mit seinem Medienbudget zu beobachten. Denn er fängt wirklich an, zu überlegen, wie er es einteilen soll. Er merkt auch, dass neben seinem Sport, der Schule usw. gar nicht mehr so wahnsinnig viel Zeit für Medien bleibt. Das musste er selbst entdecken, wie er das planen soll. Aber wir sitzen als Eltern nicht mit der Stoppuhr daneben.*»

WUSSTEN SIE, DASS ...

■ **... bestimmte Dinge Kinder besonders ängstigen können?**

Reale Ereignisse wie Autounfälle oder Umweltkatastrophen wie Erdbeben oder Überschwemmungen können Kinder stark verängstigen – ob sie nun via Zeitung oder am Bildschirm damit konfrontiert sind. Oft ist die Reaktion der Kinder eng an diejenige der Erwachsenen gekoppelt. Wenn Erwachsene zum Beispiel selbst stark auf Kriegsszenen reagieren, merken das die Kinder. Aber auch harmlos erscheinende Dinge wie Tierfilme oder -bilder können ängstigen, wenn beispielsweise ein grösseres Tier ein kleineres frisst oder wenn Menschen Tiere fangen und einsperren. Übernatürliche Wesen wie Geister oder Fabelwesen können Kinder ebenfalls aufwühlen. Zudem werden in vielen Kindergeschichten – auch in Märchen – emotional stark behaftete Themen aufgegriffen, etwa Streit oder Trennung. Diese scheinbar gewaltfreien Inhalte können ein Kind sehr beschäftigen. Kinder reagieren eher intensiv auf etwas, was sie aus ihrer eigenen Lebenswelt kennen. Die in den Medien gewählten Darstellungsarten mit dramaturgischen Hilfsmitteln (Geräusche, Lichteffekte, Art der Sprache) spielen bei der Wahrnehmung ebenfalls eine Rolle.

Was Medien angeht, wäre es oft wichtiger zu fragen, weshalb ein Kind etwas machen möchte, als wie lange – und selbstverständlich auch, was es mit Medien ansehen, hören oder tun möchte.

Die richtigen Worte finden

Ist der Entschluss gefasst, eine Abmachung für Medien festgelegt, und die Eltern möchten dies ihrem Nachwuchs mitteilen, fehlen ihnen manchmal die richtigen Worte dafür – oder das Kind möchte nicht verstehen, warum die Eltern ausgerechnet diese liebgewonnene Tätigkeit nun beenden wollen. Eine junge Mutter formuliert es so und spricht damit sicher vielen Eltern aus dem Herzen:

DORIS A. (31 JAHRE): «*Ich wünsche mir eine kindgerechte Erklärung, warum zu häufiger Medienkonsum für Kids ‹ungesund› ist! Mir gehen die Ideen nämlich aus ...*»

Ihr verständlicher Wunsch ist gleichzeitig eine knifflige Sache. Meist geht es bei einer solchen Bitte nicht um das Einschränken von Büchern, sondern von Bildschirmmedien. Das folgende Beispiel behandelt das Fernsehen und die Regeln für den Umgang damit, wie man sie einem Vorschulkind erklären könnte. Auf ähnliche Weise können Eltern mit ihren Kindern jedoch auch über andere Medien sprechen. Wichtig sind dabei die drei Grundschritte 1, 2 und 3:

1. **Verständnis zeigen:** «Ich weiss, dass es dir sehr gefällt, fernzusehen. Es ging mir ähnlich, als ich noch ein Kind war.»
2. **Fakten einbauen:** «Jetzt ist es aber nicht so gut für dich, wenn du zu viel Fernsehen schaust. Deine Augen werden davon müde, und man wird ein bisschen faul, wenn man nur auf dem Sofa rumsitzt. Ausserdem verpasst du ganz tolle Sachen (draussen spielen, Freunde treffen, basteln, zeichnen, Musik machen...), wenn du zu oft vor dem Fernseher sitzt. Das wäre schade.»
3. **Lösung aufzeigen:** «Mami und Papi haben das besprochen, und wir möchten, dass du weiterhin ab und zu fernsehen kannst, und zwar ... (Abmachung zeitlicher oder situativer Art nennen). Damit du das machen kannst, werden wir schauen, dass du auch ganz tolle andere Dinge unternehmen kannst. Wenn man zu viel fernsieht, dann ist das ein bisschen wie bei den Süssigkeiten. Die sind super fein. Aber wenn man zu viel davon isst, dann wird einem ganz komisch, und man kriegt im schlimmsten Fall Bauchschmerzen und Zahnweh davon. Das möchten wir nicht, denn wir wollen, dass es dir gutgeht.»

Je älter das Kind ist, desto eher kann man mit konkreten Beispielen arbeiten oder auch erklären, weshalb man bestimmte Medien oder Medieninhalte als «gut» oder «nicht so gut» beurteilt. Wenn Eltern ihre Bedenken erklären, statt nur Verbote aufzustellen, können Kinder die Gründe für das Handeln der Eltern besser nachvollziehen. Mit Protest ist dennoch zu rechnen – aber das Kind erhält die Chance, hinter die elterlichen Absichten zu blicken. Es erkennt auch, dass die Eltern sich etwas überlegt haben und es konsequent durchsetzen möchten, zu seinem Wohl. Auch wenn die Kinder in diesem Moment nicht immer einsehen, dass «es das Beste ist» ...

Die folgende Aussage von Thomas Merz verdeutlicht wunderbar, dass es ein Stück weit zur Erziehung gehört, den Protest der Kinder auch auszuhalten, wenn es um Medien geht.

DAS SAGT DER EXPERTE THOMAS MERZ (51 JAHRE): *«Wenn man als Elternteil Grenzen setzt bei der Mediennutzung – oder auch mal bewusst keine Grenzen setzt –, dann steht dahinter ja folgender Wunsch für das eigene Kind: ‹Ich möchte, dass es dir gutgeht. Ich möchte, dass dein Leben sinnvoll und wertvoll ist und dass eine Vielfalt an Dingen darin Platz findet.› Das zu vermitteln, empfinde ich als sehr wichtig. Auch wenn es das Kind vielleicht nicht immer in jeder Situation versteht. Es ist ein Stück weit mein Job als Elternteil, Grenzen zu setzen, auch bei den Medien. Und ich tue das ja nicht, um dem Kind etwas wegzunehmen, was es gerne hat. Sondern ich schaffe damit bewusst Platz für anderes. Natürlich muss ich mich da auch auf eine Konfrontation gefasst machen, denn das Kind wird kaum denken: ‹Zum Glück habe ich Eltern, die auch mal Nein sagen, wenn ich fernsehen will.› Doch Teil des Jobs ist es eben auch, als Eltern diese Situationen auszuhalten.»*

Was tun, wenn ein Kind mit Medien schon dasselbe machen möchte wie das ältere Geschwister?

Familien mit mehreren Kindern stehen medial vor Herausforderungen, die sich von denen in Ein-Kind-Familien unterscheiden. Der Altersunterschied der Geschwisterkinder macht die gemeinsame Mediennutzung nicht immer einfacher.

Ältere Geschwister sind für ihre jüngeren Brüder oder Schwestern ein Stück weit Vorbilder, deren Tun nachgeahmt wird – auch was Medien anbelangt. Bei der Frage, ob man das jüngere Geschwisterkind dieselben

Medieninhalte konsumieren lassen soll, die das ältere Kind nutzt, spielt der Altersunterschied natürlich eine grosse Rolle: Je kleiner er ist, desto eher können jüngere und ältere Kinder zusammen dieselbe Fernsehsendung sehen, dasselbe Buch anschauen oder ein Game spielen. Eltern sollten auf jeden Fall den Entwicklungsstand jedes Kindes im Auge haben, wenn sie entscheiden, wer welche Medien wie nutzen darf.

HINWEIS *Je grösser der Altersunterschied, desto grösser auch die Wahrscheinlichkeit, dass das jüngere Geschwisterkind (vor allem ohne elterliche Hilfe) ein Buch oder eine Sendung gar nicht richtig versteht – etwa wegen komplizierter Erzählstrukturen, schneller Schnitttechniken, lauter Geräusche etc. Medieninhalte können in diesem Fall verunsichern, ängstigen oder auch einfach nur falsch verstanden werden.*

Geschwisterkinder können, was ihre Mediennutzung angeht, sehr unterschiedlich sein. Deshalb kann man nicht sagen, dass alle Kinder auf dieselben Abmachungen ansprechen und dass man diese einfach «kopieren» kann. Regeln sollten für jedes Kind einzeln überprüft und angepasst werden.

DAS SAGT DER EXPERTE STEVE BASS (47 JAHRE): *«Wir haben schon festgestellt, dass bei unserer jüngsten Tochter (12 Jahre) die Wünsche nach einem neuen Medium früher kommen, als es bei ihren Geschwistern (Tochter 17 Jahre; Sohn, 15 Jahre) der Fall war. Sie meldete früher Interesse an am Laptop und auch am Handy – in einem Alter, in dem das bei den anderen zwei Kindern noch kein Thema war. Das liegt sicher auch daran, dass die jüngste Tochter sieht, wie diese Medien zu Hause verfügbar sind und wie die älteren Geschwister sie benutzen. Da kommt auch der Wunsch eher auf, ein bestimmtes Gerät ebenfalls zu besitzen.»*

SIMONA G. (48 JAHRE): *«Unsere Kinder (Sohn, 12 Jahre; Tochter, 11 Jahre) unterscheiden sich ziemlich, was Medien und ihre Nutzung angeht. Während meine Tochter nichts im Übermass nutzt und sehr viel Vernunft an den Tag legt, braucht es bei unserem Sohn ein bisschen mehr Kontrolle. Zum Beispiel beim Internet – da hat mein Mann auf dem Computer ein Filterprogramm installiert, damit er nur auf bestimmte Seiten zugreifen kann. Bei unserer Tochter ist das nicht nötig, denn sie nutzt das Internet momentan nur, wenn sie mit jemandem von uns zusammen ist.»*

SARAH T. (46 JAHRE): *«Unser ältester Sohn ist 20 Jahre alt, die jüngeren beiden sind 8 und 6 Jahre. Das ist ein riesengrosser Altersunterschied. Die Jüngeren behandeln wir, was Abmachungen bezüglich Medien angeht, sehr ähnlich. Aber auch charakterlich ist der Älteste anders als die Jüngeren. Deshalb sind unsere Medienregeln für die drei Jungs nie gleich gewesen, denn sie haben uns mit ihrer Unterschiedlichkeit vor jeweils ganz andere Herausforderungen gestellt.»*

Einerseits möchten Kinder auch einmal unterschiedliche Dinge mit demselben Medium tun, was zu Streit führen kann, zum Beispiel beim Fernsehprogramm. Andererseits gibt es Medieninhalte, die für ein jüngeres Kind wirklich noch nicht geeignet sind. Einige Eltern geben den Kindern zuerst die Gelegenheit, den Konflikt untereinander zu lösen, bevor sie einschreiten.

Wichtig ist, dass die Eltern den Überblick darüber behalten, was die Kinder schauen, ob nun alleine oder gemeinsam. Ältere Geschwister können dabei auch lernen, Rücksicht zu nehmen, wenn die jüngeren Geschwister ebenfalls zu Hause sind. Damit es weniger Konflikte gibt und auch, wenn jüngere Kinder das Programm der älteren Kinder nicht sehen sollen, können Zweit- oder Alternativgeräte eine Lösung sein.

DAS SAGT DIE EXPERTIN MELA KOCHER (41 JAHRE): *«Die Kinder (zwei Söhne, 6 und 4 Jahre) sind in Sachen TV-Serien nicht immer an denselben Inhalten interessiert, was zu Streitigkeiten führen kann. Das Problem lösen wir so, dass sie entweder abwechselnd wünschen dürfen, was sie schauen, oder dass sie doch einen gemeinsamen Nenner finden, falls die vom Grösseren gewünschten Inhalte für den Kleineren ungeeignet sind. Und sonst schalten wir das Gerät einfach ab ☺.»*

NADINE P. (33 JAHRE): *«Manchmal sind sich die Kinder (3,5 Jahre, 2,5 Jahre, 1 Jahr) nicht einig, welche DVD oder welches Youtube-Video geschaut werden soll. Es gilt die Abmachung, dass sie abwechselnd etwas aussuchen dürfen, und wenn das nicht mehr klappt, dann kommen wir Eltern dazu und entscheiden, was sie schauen dürfen.»*

DAS SAGT DER EXPERTE STEVE BASS (47 JAHRE): *«Es gibt hin und wieder Diskussionen bei uns zu Hause, wenn alle drei Kinder (zwei Töchter, 17 und 12 Jahre; ein Sohn, 15 Jahre) im Fernsehzimmer etwas schauen möchten. Aber durch die Tablets, die man* in der Wohnung überallhin mitnehmen kann, hat sich die Situation entschärft. Da kommt es schon mal vor, dass die Jüngste den Film nicht sehen möchte, den die älteren beiden sich wünschen. Dann darf sie das Tablet nehmen und in ihrem Zimmer das schauen, was ihr in dem Moment zusagt.»

Es gibt aber auch Situationen, in denen es fast nicht möglich oder nicht sinnvoll ist, jüngere Kinder zu isolieren. Hier ist es wichtig und richtig, wenn Eltern dabei sind, damit sie bei Fragen und Unklarheiten direkt reagieren können.

DAS SAGT DER EXPERTE THOMAS MERZ (51 JAHRE): *«Die ‹Tagesschau› schauten wir oft alle gemeinsam. Es wäre sicher nicht empfehlenswert gewesen, wenn das jüngste Kind diese Sendung allein gesehen hätte. Aber wenn die Eltern und die älteren Geschwister die ‹Tagesschau› zusammen schauten, wäre es auch absurd gewesen, das jüngste Kind einfach aus dem Zimmer zu schicken. Die Botschaft wäre gewesen: Hier kommt etwas, was dich überfordern würde, wenn du davon erfahren würdest. Und das wollte ich nicht. Meine Botschaft war vielmehr die, dass schlimme Dinge in der Welt passieren und dass wir lernen müssen, damit zurechtzukommen. Und auch die, dass ich den Kindern zutraue, damit umgehen zu können. Deshalb nahm ich mir auch Zeit, mit ihnen über Dinge zu sprechen, die die ‹Tagesschau› auslöste. Damit sie sie verstehen und verarbeiten konnten. Das Unheil in der Welt lässt sich nun einmal nicht ausblenden. Bei fiktionaler Gewalt hätte ich mit Sicherheit anders gehandelt.»*

Was tun, wenn Grosseltern, Paten oder Eltern von Freunden völlig andere Medienregeln haben?

Viele Eltern können ein Lied davon singen: Man hat nach bestem Wissen und Gewissen Medienregeln aufgestellt, die leider aber nicht mehr gelten, sobald man über die Türschwelle von Grosseltern, Paten oder Freunden tritt. Wenn die Sichtweisen in Sachen Medien verschieden sind, birgt dies Konfliktpotenzial. Denn die Kontrolle über die konsumierten Medieninhalte schwindet, wenn Kinder sich in der Obhut von Verwandten, Bekannten oder auch bei Freunden aufhalten.

DANIEL (38 JAHRE) UND BARBARA R. (39 JAHRE): *«Wenn unsere Kinder (Tochter, 3,5 Jahre; zwei Söhne, 2 Jahre und 2 Monate) bei den Grosseltern sind, dann ist der Medienumgang der älteren zwei ein grosser Streitpunkt. Denn das Medienverständnis von uns Eltern und das der Grosseltern könnte unterschiedlicher nicht sein.»*

Ist die Diskrepanz gross und fühlen sich die Eltern deshalb unwohl dabei, die Kinder bei einer Betreuungsperson zu lassen, empfiehlt sich ein klärendes und offenes Gespräch. Grundsätzlich darf sich der Medienkonsum bei Oma, Opa, Götti, Gotti oder den Bekannten schon vom eigenen Ideal unterscheiden, ähnlich wie bei der Vorstellung darüber, was gesunde Ernährung bedeutet. Doch ein schlechtes Gefühl sollten die Eltern beim Gedanken daran nicht haben, wenn ihr Kind bei jemandem zu Besuch ist.

Um Streitigkeiten vorzubeugen, kann man zum Beispiel schon im Vorfeld bestimmte Medienangebote heraussuchen und diese der jeweiligen Betreuungsperson zur Verfügung stellen.

DAS SAGT DER EXPERTE STEVE BASS (47 JAHRE): *«Es gab auch schon eine Situation, in der mein Sohn (12 Jahre) gemeinsam mit den Kindern von Bekannten ins Kinderzimmer verschwand, während wir Erwachsenen beim Nachtessen sassen. Als wir wieder zu Hause waren, erzählte mein Sohn beim Schlafengehen, dass sie dort im Kinderzimmer am Computer Videos angeschaut hätten, so auf der ‹Jackass›-Schiene (waghalsige Stunts und Experimente, meist verbunden mit Verletzungen der Protagonisten). Das war ihm nicht ganz geheuer gewesen, weil er wusste, dass wir Eltern das nicht gut finden. Ich rief am nächsten Tag unsere Bekannten an und schilderte ihnen, dass wir nicht möchten, dass unser Sohn bei ihnen solche Videos konsumiert. Wie sich herausstellte, waren sie gar nicht im Bild darüber, dass ihr Sohn die Videos schaut. Klar, hat man zu Hause seine eigenen Regeln, und andernorts sind sie nicht immer gleich. Ein Stück weit muss man das auch tolerieren. Als Vater schreite ich dort ein, wo es mir unwohl ist. Ich scheue mich nicht davor, auch mal zum Telefon zu greifen, um mit Freunden darüber zu sprechen. Das rate ich auch Eltern immer wieder: Wenn ein Kind an einem anderen Ort viel Zeit verbringt, dann darf man ruhig auch einmal mit den Eltern des anderen Kindes über die Mediengewohnheiten bei ihnen zu Hause reden.»*

DAS SAGT DIE EXPERTIN CORNELIA BIFFI (48 JAHRE): *«Es lohnt sich, die Medienangebote für die Kinder im Vorfeld vorzubereiten: DVDs auszusuchen, deren Inhalte man kennt, oder am Computer bestimmte Links einzurichten, die die Kinder unter Aufsicht oder gemeinsam nutzen können. Das ist eine gute Option, wenn die Kinder auch einmal fremdbetreut sind oder man darauf angewiesen ist, dass sie sich kurz selber beschäftigen. Bei Bekannten oder Lehrpersonen, oder wo auch immer die eigenen Kinder Medieninhalte zu Gesicht bekommen, die sie beschäftigen oder sogar ängstigen, kann man das selbstverständlich ansprechen. Wichtig finde ich dabei, dass man aus der Perspektive des Kindes heraus argumentiert und erklärt, was der Sohn oder die Tochter erzählt hat und wie das Kind reagiert hat. Nicht nur aus der Elternsicht heraus, dass man dieses und jenes nicht möchte für das Kind.»*

Viele Grosseltern und Bekannte sind froh, wenn ihnen auf diese Weise auch ein Stück weit die Verantwortung dafür abgenommen wird, was das Kind mit Medien schon tun soll und was nicht.

Wie erkläre ich meinem Kind, was Werbung ist?

Man braucht die Augen nicht einmal besonders weit aufzusperren, um zu erkennen, dass Werbung überall ist: in Zeitschriften, auf Plakatwänden, im Fernsehen, im Kino und auch auf Bannern und Pop-ups im Internet. Schon kleine Kinder können lernen, was Werbung beabsichtigt und wie man sie erkennen kann.

Absichten erkennen

Wenn Kinder in der Werbung spannende Gegenstände entdecken oder sogar Spielsachen mit ihren Medienhelden darauf, möchten sie diese natürlich gern zu einem Teil ihrer Lebenswelt machen. Für die Hersteller sind Kinder ernstzunehmende Konsumenten, die den Kaufentscheid der Eltern stark beeinflussen können. Werbung möchte, dass wir etwas toll finden und es schliesslich erwerben. Dies kann man bereits kleinen Kindern zu erklären versuchen, etwa indem Eltern gemeinsam mit ihnen ein Kinderheft durchblättern und über die Werbung darin sprechen. Oder indem Eltern und Kinder sich einen Spass daraus machen, Fernsehwerbung zu erkennen – und ihre Absichten obendrein.

DAS SAGT DER EXPERTE THOMAS MERZ (51 JAHRE): *«Wir versuchten schon früh, mit unseren Töchtern (heute 21, 19 und 16 Jahre) darüber zu sprechen, was Werbung ist, was sie möchte und wie man sie vom normalen Programm unterscheiden kann. Wir versuchten zu durchschauen, wozu eine bestimmte Werbung den Zuschauer wohl bringen möchte. Das wurde fast schon zu einem Familienspiel. Das funktioniert schon bei kleinen Kindern, und es ist eine aktive Auseinandersetzung mit dem Thema.»*

Vom Einkauf kennen es alle Eltern: Zu den Lieblingsfiguren aus Büchern und Fernsehen gibt es eine Vielzahl an Merchandising-Produkten, die verlockend im Regal stehen und an der Kasse im Supermarkt nicht selten Diskussionen auslösen. Mit Kindern über ihre Lieblingsfiguren zu sprechen und in diesem Zusammenhang auch über Werbung und darüber, was Werbung macht und bezwecken will, ist auf eine altersgerechte Art sinnvoll. Dies funktioniert bei jüngeren Kindern selbstverständlich nicht gleich wie bei einem Jugendlichen.

Werbung für Kinderprodukte ist tatsächlich nicht immer leicht zu erkennen. Ganz schwierig wird es für Kinder, wenn Medienfiguren auch in der Werbung erscheinen. Die folgenden Beispiele verdeutlichen, dass Eltern kreative Ideen haben, wie sie mit ihren Kindern das Thema Werbung anschneiden.

KRISTINA H. (32 JAHRE): *«Unsere Tochter (4 Jahre) liebt Pony-Hefte. Wenn wir ein Pony-Heft kaufen, blättere ich es mit ihr gemeinsam durch, und wir suchen die Werbung. Lange brauchen wir dazu nicht, denn die Kinderhefte sind praktisch zur Hälfte voll davon! So lernt meine Tochter, Werbung zu erkennen. Denn das ist gar nicht so leicht. Ich versuche ihr auch zu erklären, dass Werbung in Zeitschriften und im Fernsehen, aber auch auf Plakaten vorkommt. Ich erkläre ihr die Absicht etwa so: Diese Werbung möchte, dass du diesen Gegenstand magst und dass du ihn kaufst.»*

DAS SAGT DER EXPERTE FLURIN SENN (42 JAHRE): *«Um Werbung von einer Sendung zu unterscheiden, gibt es ja ein verlässliches Signal – wenn das Senderkennzeichen oben im Bildschirmrand da ist, dann ist es eine Sendung. Ist es weg, dann ist es ein Werbeblock. Was es manchmal schwierig macht für Kinder, ist der Umstand, dass im Werbeblock oft Figuren auftauchen, die vorher in der Sendung vorgekommen sind.»*

Mein Kind ist von Cybermobbing betroffen. Wo finde ich schnelle Hilfe?

Cybermobbing ist eine der bedauerlichen Erscheinungen, die die elektronischen Kommunikationsmöglichkeiten mit sich gebracht haben. Wenn Kinder via SMS, MMS, in sozialen Netzwerken oder per Mail gemobbt werden, ist schnelle Hilfe wichtig, um die meist beleidigenden Botschaften so gut wie möglich zu stoppen und zu entfernen.

Mobbing hat es schon immer gegeben – Cybermobbing gilt als erweiterte Form davon. Die virtuellen Kommunikationsmöglichkeiten machen Cybermobbing zu einer besonders perfiden Art, jemanden zu quälen. Cybermobbing kann rund um die Uhr und im Gegensatz zu traditionellem Mobbing vor einem viel grösseren Publikum geschehen. Kinder und Jugendliche sollten deshalb schon früh dafür sensibilisiert werden, dass Cybermobbing kein Kavaliersdelikt ist, sondern eine Straftat.

HINWEIS *Eine Trennung zwischen dem Verhalten offline und demjenigen online ist heute eher gesucht. Denn tatsächlich sollte sich jeder, der sich im Internet unterhält, anderen gegenüber genau so freundlich verhalten, wie wenn man Face to Face miteinander spricht. Wenn Eltern mit ihren Kindern über Cybermobbing reden wollen, sollte ganz simpel das soziale Verhalten anderen gegenüber im Mittelpunkt stehen – und zwar offline wie online.*

DAS SAGT DER EXPERTE MARC BODMER (49 JAHRE): «Die Kinder von heute sind nicht anders als früher. Sie haben einfach eine Palette an Medien zur Verfügung, wie es sie früher nicht gab. Deshalb müssen sie abschätzen lernen, worum es im grösseren Rahmen geht. Gerade im Zusammenhang mit Cybermobbing ist die Message, die sie begreifen müssen, die folgende: ‹Es war ja nur Spass!› – Nein! Eben nicht. Denn in dem Moment, in dem man den Knopf drückt, ist die Kontrolle weg, it's out there. Das gilt nicht nur für Cybermobbing, sondern für grundsätzlich alles. Wenn man selbst das Netz mit Informationen füllen kann, dann können das auch andere.»

KARIN D. (44 JAHRE): «Ich hoffe, dass meine Töchter (heute beide 12 Jahre) einen sinnvollen und kritischen Umgang mit den Medien mitnehmen, dass sie hinterfragen, was genau sie in bestimmten Situationen mit ihrem Handeln auslösen –

eigentlich wie im nichtvirtuellen Raum auch, nur dass die Konsequenzen im Netz vielleicht härter sein können. Ich hoffe, dass sie mit wachen Augen auf neue Situationen im Netz zugehen!»

DAS SAGT DER EXPERTE DANIEL SÜSS (51 JAHRE): *«Meine Töchter (14 und 13 Jahre) haben im Bekanntenkreis sicher auch schon mitbekommen, dass in Chats über jemanden hergezogen oder geschimpft wurde. In so einem Fall wissen sie, dass es am besten ist, das virtuell möglichst nicht fortzuführen, sondern mit den Beteiligten Kontakt zu suchen, um die Situation zu klären und möglichst nicht eskalieren zu lassen. Losgelöst von den Medien geht es da ja vor allem um das Thema Fairness. Da greife ich als Vater auch ein, wenn ich das Gefühl habe, eines meiner Kinder verhält sich nicht korrekt. Ich finde es wichtig, solche Thema möglichst schnell aufzugreifen.»*

Auch wenn Eltern sich mit dem Thema Cybermobbing nicht vertieft auskennen, können sie ihren Kindern trotzdem die wichtigsten Verhaltensregeln im Umgang mit Internet, Handy und Smartphone vermitteln:
- Behandle andere Menschen mit Respekt, auch online.
- Überlege zweimal, bevor du eine Nachricht impulsiv verschickst.
- Verhalte dich anderen gegenüber so, wie du selbst von ihnen auch behandelt werden möchtest.

Wendet sich Ihr Kind mit einem konkreten Cybermobbing-Fall an Sie, ist rasches Handeln wichtig. Im Anhang finden Sie erste Anlaufstellen, an die Sie sich wenden können. Aber auch unmittelbar können Sie einiges unternehmen:
- **Nicht zurückmobben!** Der Betroffene sollte auf keinen Fall auf die Attacke antworten.
- **Beweise sichern:** E-Mails, SMS, MMS aufbewahren, Screenshots von Beiträgen oder Bildern auf den Internetseiten machen.
- **Melden:** Dem Betreiber des betreffenden Internetangebotes die Inhalte sowie den Täter (sofern bekannt) melden und die Löschung der beleidigenden Inhalte fordern. Viele Seiten haben übrigens eine Funktion eingebaut, mit der Inhalte und Personen gemeldet werden können.
- **Zur Polizei gehen:** Hören die Angriffe nicht auf, kann die Polizei weiterhelfen. Auch gegen Unbekannt kann Anzeige erstattet werden (mehr dazu im Anhang).

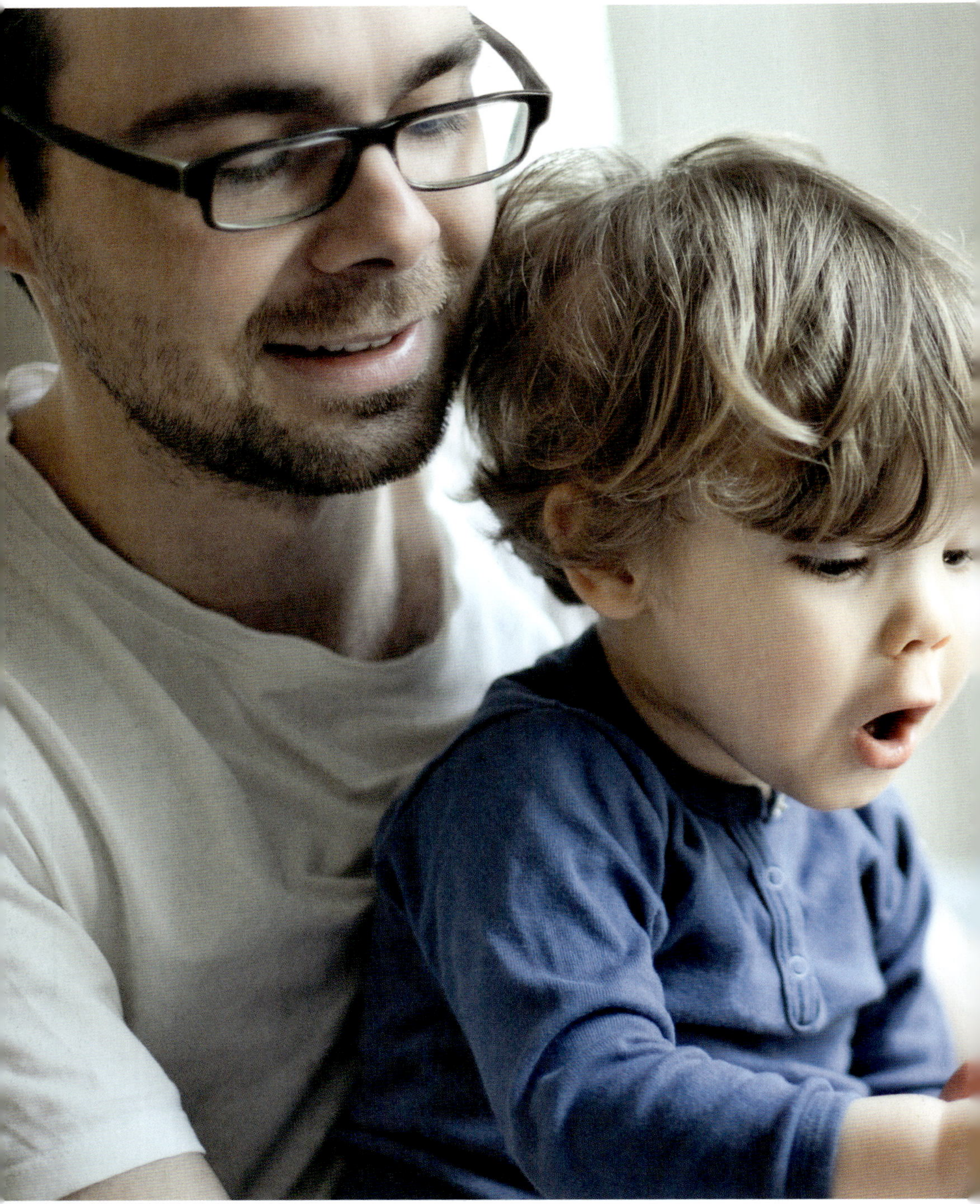

So fördern Sie Medienkompetenz im Alltag

10

In den vorangehenden Kapiteln haben Mütter und Väter aus dem Nähkästchen geplaudert und verraten, welche Abmachungen besonders gut funktionieren. Im Folgenden finden Sie nun Tipps von den befragten Experten, wie Sie Medienkompetenz im Alltag ganz konkret fördern können. Am Schluss werden die besten Tipps aller Eltern nochmals kurz und knapp zusammengefasst.

Diskutieren, erklären, geniessen

Sie möchten mit Ihrem Kind über ein Thema sprechen, wissen aber nicht, wie Sie beginnen sollen? Ergibt sich nicht spontan eine Gelegenheit, um über Medien und den Umgang mit ihnen zu reden, können die folgenden Tipps eine Hilfe sein.

Wenn Eltern keine Idee haben, wie sie mit ihren Kindern über Medien sprechen könnten, gibt es einen bombensicheren Tipp: Sie lassen sich von ihrem Kind ein Lieblingsmedium erklären und schauen, spielen und probieren es gemeinsam mit ihm aus (siehe auch Übung im Anhang).

DAS SAGT DER EXPERTE FLURIN SENN (42 JAHRE): *«Eltern bekommen ganz viel Spannendes mit, wenn sie sich Zeit nehmen und genauer hinhören, was ihre Kinder in Sachen Medien beschäftigt. Das können sie eben auch, wenn sie Medien gemeinsam mit den Kindern entdecken.»*

DAS SAGT DIE EXPERTIN MELA KOCHER (41 JAHRE): *«Wir Eltern kennen alle Medieninhalte, die unsere Kinder (zwei Söhne, 5 und 3 Jahre) konsumieren; wir schauen und spielen auch oft zusammen. Wir erklären sämtliche Regeln. Uns ist wichtig, dass sich die Kinder später, wenn sie erwachsen sind, an Diskussionen und Medieninterpretationen erinnern, nicht (nur) an Regeln. Regeln sind bei uns, je nach Verfassung und äusseren Bedingungen, auch Veränderungen unterworfen.»*

Meist sind Kinder schon in jungen Jahren in der Lage, grundsätzliche Funktionen der Medien zu begreifen, wenn sie ihnen auf kindgerechte Weise erklärt werden. Bereits Vorschulkindern kann man erklären, wie zum Beispiel Bilder in den Fernseher gelangen.

DAS SAGT DER EXPERTE FLURIN SENN (42 JAHRE): *«Es gibt ein schönes und lustiges Beispiel mit meiner Tochter (heute 7 Jahre) zur Wahrnehmung der Medienwelt bei Kindern. Vor einigen Jahren sass ich mit ihr am Frühstückstisch, und sie fragte mich,* *was ich denn heute machen würde. Es war geplant, dass ich mit Studierenden einen Besuch beim Schulfernsehen mache und dass wir am Nachmittag eine Studioführung durch die SRF-Studios erhalten würden, also sagte ich ihr: ‹Wir gehen heute ins Fernsehen und schauen uns das an.› Da sah mich meine Tochter ganz nachdenklich an, und nach einem Moment machte sie ganz grosse Augen und sagte: ‹Jetzt muss ich dich schon fragen, Papi – wie viele Leute seid ihr denn?› Ich antwortete, dass wir etwa 21 Personen seien. Sie liess ihren Blick ins Wohnzimmer und zum Fernsehgerät schweifen. Dann dachte sie wieder nach und fragte: ‹Aber habt ihr denn alle Platz im Fernsehen?› Ich erklärte ihr dann, dass das, was man im Fernsehen sieht, nicht direkt im Innern des Fernsehers passiert. Dass es da so etwas wie eine Zauberei gibt, ähnlich wie bei einem Fotoapparat. Wenn man ein Foto macht, dann kommt ja auch immer nur ein Ausschnitt des Ganzen aufs Papier. Ich sagte, dass wir in einem ganz normalen Haus sein würden, das man Fernsehstudio nennt, und dass es da Zimmer habe, in denen die Bilder fürs Fernsehen gemacht werden, die man dann im Gerät sieht. Das Gespräch war äusserst spannend – meine Tochter stellte teilweise Fragen, die mich sehr gefordert haben ...»*

TIPP *Um Kindern zu erklären, wie die Bilder ins Fernsehen gelangen, gibt es verschiedene Hilfen. Eine davon ist der Fotoapparat. Damit kann jede Familie einen einfachen «Film» produzieren – ohne grosse technische Kenntnisse oder Schneideprogramme am Computer: Machen Sie gemeinsam mit Ihrem Kind einige aufeinanderfolgende Fotos aus einem Bilderbuch, in der Reihenfolge der erzählten Geschichte. Schauen Sie sich diese danach am Computer im Präsentationsmodus an, in dem die Bilder nacheinander im Abstand von einigen Sekunden eingeblendet werden. So wird mit einfachen Mitteln deutlich, dass ein Film nichts anderes ist als viele ganz dicht nacheinander aufgenommene Bilder, die auch noch von einem Ton begleitet werden.*

Älteren Kindern, die bereits die deutschen Untertitel lesen können, hilft das folgende Beispiel, das Verständnis für Filme und ihre Machart zu schulen. Schon junge Kinder können erkennen, dass die Lippenbewegungen der Schauspieler beim Sprechen nicht genau mit dem Gesprochenen zusammenpassen. Das ist ein prima Ausgangspunkt, um darüber zu sprechen, weshalb synchronisiert wird.

DAS SAGT DER EXPERTE MARC BODMER (49 JAHRE): *«Wir schauen (Kino-)Filme möglichst in der Originalsprache, also meistens auf Englisch. So merkt unser Sohn (9 Jahre), dass der Film ganz anders klingt, wenn er auf Deutsch synchronisiert wurde – da klingen mit der Zeit alle Filme sehr ähnlich.»*

DAS SAGT DIE EXPERTIN CORNELIA BIFFI (48 JAHRE): *«Unsere Jungs (9 und 5 Jahre) – das hat mich als Medienpädagogin überrascht – interessierten sich schon sehr früh für Realbilder aus der Zeitung. Auch Filmeinspielungen in Kindersendungen, die Kinder zeigen, waren immer sehr beliebt: auch wenn sie einfach ein Lied singen, zeichnen, kochen, basteln oder erklären, wie sie Weihnachten feiern. Bei meinen Kindern hat sich der Bezug zum Alltag und zur Wirklichkeit bewährt, um das Medium begreifen zu lernen. Diesen Zusammenhang kann man schon sehr früh zeigen – ab zwei, zweieinhalb Jahren. Mit dramaturgisch inszenierten Animationsfilmen (Kameraperspektive und Schnitt) haben wir uns Zeit gelassen. Langsames zuerst. Wir haben die Mediennutzung der kindlichen Wahrnehmung angepasst und nicht den Interessen der Eltern, das war ein weiteres Credo bei uns.»*

Unterschiedliche Medien verstehen

Kinder begegnen vielen Trickfilmfiguren und Personen sowohl in Büchern wie auch im Fernsehen, in Comics oder Videospielen. Diesen sogenannten Medienverbund können sich Eltern zunutze machen, wenn sie das Medienverständnis bei ihren Kindern fördern möchten. Oft ergeben sich Diskussionen über Medien dann, wenn man mittendrin ist, eine Geschichte zu lesen oder als Film zu sehen.

DAS SAGT DIE EXPERTIN CORNELIA BIFFI (48 JAHRE): *«Schon Kinder können erkennen, wie Geschichten in unterschiedlichen Medien erzählt werden und wie sie sich dabei unterscheiden. Nach dem Motto: Hier ist die Geschichte in einem Buch dargestellt und hier als Film oder auch als Spiel bzw. Spielgeschichte.»*

DAS SAGT DER EXPERTE MARC BODMER (49 JAHRE): *«Wir wählen in unserer Familie Medien sehr gezielt aus. Das ist dann auch immer Anlass für eine Diskussion, wenn wir beispielsweise via Apple-TV einen Film aussuchen, den wir am Abend alle gemeinsam* schauen möchten. Einmal haben wir einen Film geschaut, von dem wir alle die Buchvorlage kannten. Der Film wich an einer bestimmten Stelle sehr von der Vorlage ab und bot uns eine ideale Basis, um darüber zu sprechen, warum Hollywood diese Version gewählt hat. Denn im Film gab es ein Happy End, im Buch nicht.»

TIPP *Wie oft begegnet man im Buch einem Märchen, das dann in der TV-Version ein wenig abgeändert präsentiert wird! Man denke nur an «Rotkäppchen» und daran, wie unterschiedlich der Schluss dieser Geschichte interpretiert worden ist. Bereits junge Kinder sind in der Lage, solche Unterschiede zu erkennen. Wenn sie ihre Überlegungen dazu mit jemandem besprechen dürfen, fördert das ihr Verständnis für Medien und ihre Medienkompetenz.*

Zeitlimiten richtig einschätzen

Kinder begreifen rasch, was Medienregeln sind. Doch vor allem jüngere Kinder haben noch Schwierigkeiten damit, Zeitangaben wie «eine halbe Stunde» richtig einzuschätzen. Um Enttäuschungen und Streit vorzubeugen, kann man die folgende Taktik ausprobieren.

DAS SAGT DIE EXPERTIN CORNELIA BIFFI (48 JAHRE): *«Folgende einfache Regel hat sich bei allen Medien sehr bewährt: Bevor der Fernseher, die DVD, das Filmchen auf dem iPad läuft oder die Geschichte aus dem Buch erzählt wird, machen wir nicht die Zeitdauer, sondern die Menge ab. Dem jüngeren Sohn (5 Jahre) zeigen wir dies visuell auf: Wir erzählen die Geschichte bis hierhin (zeigen, wie viele Seiten das sind), wir schauen eine Folge auf der DVD/im TV/auf dem iPad (Hülle, Film zeigen).»*

TIPP *Kinder entwickeln nur allmählich ein Gefühl für Zeit. Bis dann lassen sich Medienregeln deutlich entspannter umsetzen, wenn das Kind konkret sieht, wie lange es etwas tun darf. Auch ältere Kinder können leicht die Zeit vergessen, wenn sie mit Begeisterung am Lesen, Fernsehen oder Spielen sind. Dann kann ein Hilfsmittel wie ein Wecker die Kinder dabei unterstützen, die Abmachungen einzuhalten.*

Bewusst medienfreie Zeiten schaffen

Nur weil die Medien uns 24 Stunden am Tag Programm bieten, heisst das noch lange nicht, dass wir diesen Service auch ständig in Anspruch nehmen müssen. Medienkompetent zu werden, heisst auch, zu wissen, wann man ein Medium besser ausgeschaltet lässt – oder es bewusst abschaltet.

DAS SAGT DER EXPERTE THOMAS MERZ (51 JAHRE): «Wir hatten zu Hause das Ritual einer Ruhestunde. Diese Ruhestunde war dazu da, dass die Kinder (drei Töchter, heute 21, 19 und 16 Jahre) sich selbständig und kreativ beschäftigen konnten – ohne Bildschirmmedien. Das war eine total wichtige Stunde, die ganz selbstverständlich täglich in den Alltag gehörte. Aus der Stunde wurde oft viel mehr: Die Kinder hatten plötzlich die Gelegenheit, sich in Ruhe etwas zu überlegen oder eine Beschäftigung zu erfinden. Sehr oft entstand aus der Ruhestunde heraus eine Aktivität, die schliesslich den halben Nachmittag füllte. Die Kinder lernten dabei, ihre Zeit konstruktiv zu gestalten.»

HINWEIS *Obwohl sich die Tagesstrukturen von Familie zu Familie unterscheiden, tun Eltern gut daran, Abschnitte mit Medien einzuplanen – und bewusst auch Zeiten ohne Medien. Wichtig ist, dass der Nachwuchs dies nicht als Strafe empfindet, sondern dass ihm bewusst wird, dass in dieser Zeit Platz ist für andere Dinge, die sonst zu kurz kämen.*

Eigene Erfahrungen zulassen

Schon junge Kinder «gluschtet» es, die Sendungen des älteren Geschwisterkindes zu schauen oder das Videospiel des älteren Kollegen in die Finger zu bekommen. Auch von Heranwachsenden werden Altersfreigaben nicht immer ohne weiteres akzeptiert. Wer kennt sie nicht aus der eigenen Jugendzeit: die Versuche, ins Kino zu gehen und sich einen Film anzusehen, für den man eigentlich noch zu jung ist. Manchmal gelingt ein solches Unterfangen, manchmal aber auch nicht.

DAS SAGT DER EXPERTE DANIEL SÜSS (51 JAHRE): «*Die ältere Tochter (14 Jahre) wollte letzthin ins Kino gehen, mit Freundinnen, und zwar in einen Film, der ab 16 Jahren freigegeben war. Ich sagte ihr, dass sie es vermutlich nicht schaffen würden, reinzukommen, dass das Alter an der Kasse kontrolliert werde. Sie wollten es trotzdem probieren, schminkten sich und zogen hohe Schuhe an etc. Ich meinte, dass sie in diesem Aufzug erst recht nicht in den Film reinkommen würden – und so war es dann auch. Das war meiner Meinung nach für sie alle eine lehrreiche Erfahrung.*»

HINWEIS Für Kinder und Jugendliche ist es manchmal schwer einzusehen, dass sie gewisse Dinge mit Medien noch nicht tun sollen. Die Eltern hingegen kennen ihr Kind am besten. Sie sollen und dürfen es bei der Mediennutzung anleiten und begleiten. Die jüngeren Kinder brauchen mehr Unterstützung, ältere Kinder immer weniger. Schliesslich macht jedes Kind mit der Zeit ganz eigene Medienerfahrungen. Und auch die sind sehr wichtig.

Medien geniessen lernen

Nebst allen Abmachungen, die Eltern mit ihren Kindern zum Thema Medien treffen, sollte eines nicht untergehen: Medien sind auch ein Genussmittel. Sie können uns grossartig unterhalten, ob man sie nun allein nutzt oder mit Freunden oder der Familie. Und gemeinsam über Medieninhalte zu lachen, bietet eine gute Basis für Gespräche.

DAS SAGT DER EXPERTE FLURIN SENN (42 JAHRE): «*Eine gute Sendung zu schauen, als Familie, das ist ja auch ein Genussmoment oder ein Familienerlebnis. Es ist so oft die Rede von den Gefahren der Medien. Für mich bedeutet Medienkompetenz aber auch ganz klar, einen genussvollen Umgang mit Medien zu erlernen und sie auch bewusst so nutzen zu können. Wenn ich mich zurückerinnere an meine Kindheit, dann gab es in den Tagen vor Weihnachten immer die tschechische Verfilmung des Märchens ‹Drei Haselnüsse für Aschenbrödel›. Das verband ich mit der Vorweihnachtszeit, denn der Film war immer im Programm – und ist es heute noch. Vor etwa zwei Jahren haben wir uns die DVD gekauft, und es ist lustig: Von allen Kindern kommt in der Dezemberzeit der Wunsch, den Film gemeinsam mit uns wieder schauen dürfen.*»

DAS SAGT DIE EXPERTIN MELA KOCHER (41 JAHRE): «Wir Eltern lachen zusammen mit den Kindern über die verschiedensten Medieninhalte: Die Kinder amüsieren sich über komische Handlungen von Identifikationsfiguren, beispielsweise im schwedischen Spielfilm ‹Michel von Lönneberga›, wenn Michel wieder etwas angestellt hat und sein Vater versucht, ihn einzufangen. Auch bei Disziplinlosigkeit, Schadenfreude und Widerspenstigkeit der Figuren wird viel gelacht, in absurden Situationen, bei Wiederholungen, beim Scheitern von Figuren auf diverse Arten; zum Beispiel, wenn Woody Woodpecker zum x-ten Mal dabei scheitert, in einer Tonne die Niagarafälle hinunterzufahren, und wenn stattdessen der Polizist unfreiwillig im Fass den Wasserfall hinunterfällt und die Touristen die Welle machen und ihn anfeuern. Am meisten Spass mit den Medien haben die Kinder aber, wenn sie zusammen mit anderen Kindern fernsehen. Einmal waren zwei Nachbarsbuben bei uns (5 und 8 Jahre alt), und wir schauten alle zusammen das Youtube-Video von Psy, ‹Gangnam Style›. Die Buben lachten sich fast kaputt, und wir Erwachsenen auch. Das war ansteckend.»

TIPP *Jeder erinnert sich an besonders schöne Medienmomente aus der eigenen Kindheit. Schaffen Sie solche Genussmomente ganz bewusst, indem Sie mit Ihren Kindern gemeinsam etwas mit Medien machen – und im Ausgleich dazu auch wieder einmal etwas ohne Medien unternehmen.*

Medienkompetenz fördern: So gelingts

Sie fördern die Medienkompetenz Ihres Kindes, indem Sie …

- … Ihrem Kind erklären, dass es verschiedene Medien gibt
- … deutliche und realistische Regeln zum Umgang mit Medien aufstellen
- … mit Ihrem Kind ganz ungezwungen über das sprechen, was es punkto Medien gerade beschäftigt
- … Ihrem Kind bewusst auch medienfreie Zeiten einräumen
- … die Medieninhalte für Ihr Kind altersgerecht auswählen
- … Ihr Kind beim Aufwachsen mit Medien begleiten und sich für seine Erfahrungen interessieren.

Die besten Elterntipps – kurz und knapp

Zur besseren Übersicht finden Sie nun im Folgenden zusammengefasst die besten Tipps von und für Eltern zu Medienregeln in der Familie:

- Setzen Sie sich als Eltern zusammen und besprechen Sie, welche Regeln mit Medien für Ihre Familie Sinn machen.
- Halten Sie fest, was Ihnen dabei besonders am Herzen liegt (z.B. gewaltfreie Medien, Beachten von Altersfreigaben, medienfreie Tage etc.).
- Denken Sie dabei auch an Medienregeln aus der eigenen Kindheit – welche dieser Abmachungen lassen sich übertragen?
- Je älter die Kinder, desto eher können Sie sie in diese Diskussionen um Regeln miteinbeziehen.
- Wählen Sie die Medieninhalte für Kinder gut aus. Es lohnt sich, denn Inhalte, die Kinder nicht verstehen und die sie überfordern, tragen nicht dazu bei, dass sie Medien und ihre Funktionen verstehen lernen.
- Sprechen Sie im Alltag mit Ihren Kindern über das, was sie mit Medien erleben und was sie ihnen bedeuten. Ganz beiläufig und unverkrampft.
- Wenn ein neues Medium ins Haus kommt: Thematisieren Sie auch gleich den Umgang damit.
- Setzen Sie Medien nach Möglichkeit nicht als Strafe oder Belohnung ein; die Mediennutzung bekommt dadurch im Alltag ein allzu grosses Gewicht. Medien sind lediglich Medien – nicht mehr und auch nicht weniger.
- Lassen Sie sich von Ihrem Kind auch mal ein Medium erklären, das Sie nicht kennen (z.B. ein Videospiel, eine neue App).
- Seien Sie nicht enttäuscht, wenn Ihr Nachwuchs trotz aller liebevollen Bemühungen die Begeisterung für ein Medium, das Sie selbst sehr mögen, nicht teilt.
- Keine Regel ohne Regelbruch: Legen Sie angemessene Konsequenzen fest und teilen Sie diese Ihrem Kind auch mit. Vermitteln Sie ihm, dass Ihnen diese Regeln am Herzen liegen, weil Ihr Kind Ihnen wichtig ist – und nicht, weil sie es damit bestrafen wollen.
- Medienregeln verändern sich im Laufe der Zeit – passen Sie sie immer wieder an die Umstände in der Familie und an das Alter der Kinder an.
- Informieren Sie sich als Eltern – besuchen Sie Informationsveranstaltungen zum Thema «Kinder und Medien» oder informieren Sie sich via Internet oder Printmedien.

- Seien Sie ein Vorbild. Der Nachwuchs merkt sehr wohl, wenn die Eltern das Smartphone kaum aus der Hand legen oder mehrmals pro Tag «nur ganz schnell» an den Laptop verschwinden.
- Gönnen Sie Ihrem Kind und auch Ihrer Familie medienfreie Zeiten …
- … und schaffen Sie genauso gemeinsame Medienerlebnisse, die allen Freude bereiten.

Bleiben Sie dran – zeigen Sie Interesse an dem, was Ihr Kind mit Medien tut. Das Wichtigste zum Schluss in den treffenden Worten von Marc Bodmer:

DAS SAGT DER EXPERTE MARC BODMER (49 JAHRE): *«Am besten hilft man seinem Kind, wenn man sich dafür interessiert, was es macht, und bei Medien heisst das auch, dass man sich dafür interessiert, welche Inhalte es nutzt und weshalb. Es geht darum, sein Kind zu kennen und zu wissen, was es den lieben langen Tag an den Geräten macht. In dem Moment, wo man ein Kind hat, gibt es doch eigentlich nichts Wichtigeres, als dass man es unterstützt und sich darum bemüht, dass es unter den bestmöglichen Bedingungen aufwachsen darf. Medien sind in diesem Puzzle nur ein Teil.»*

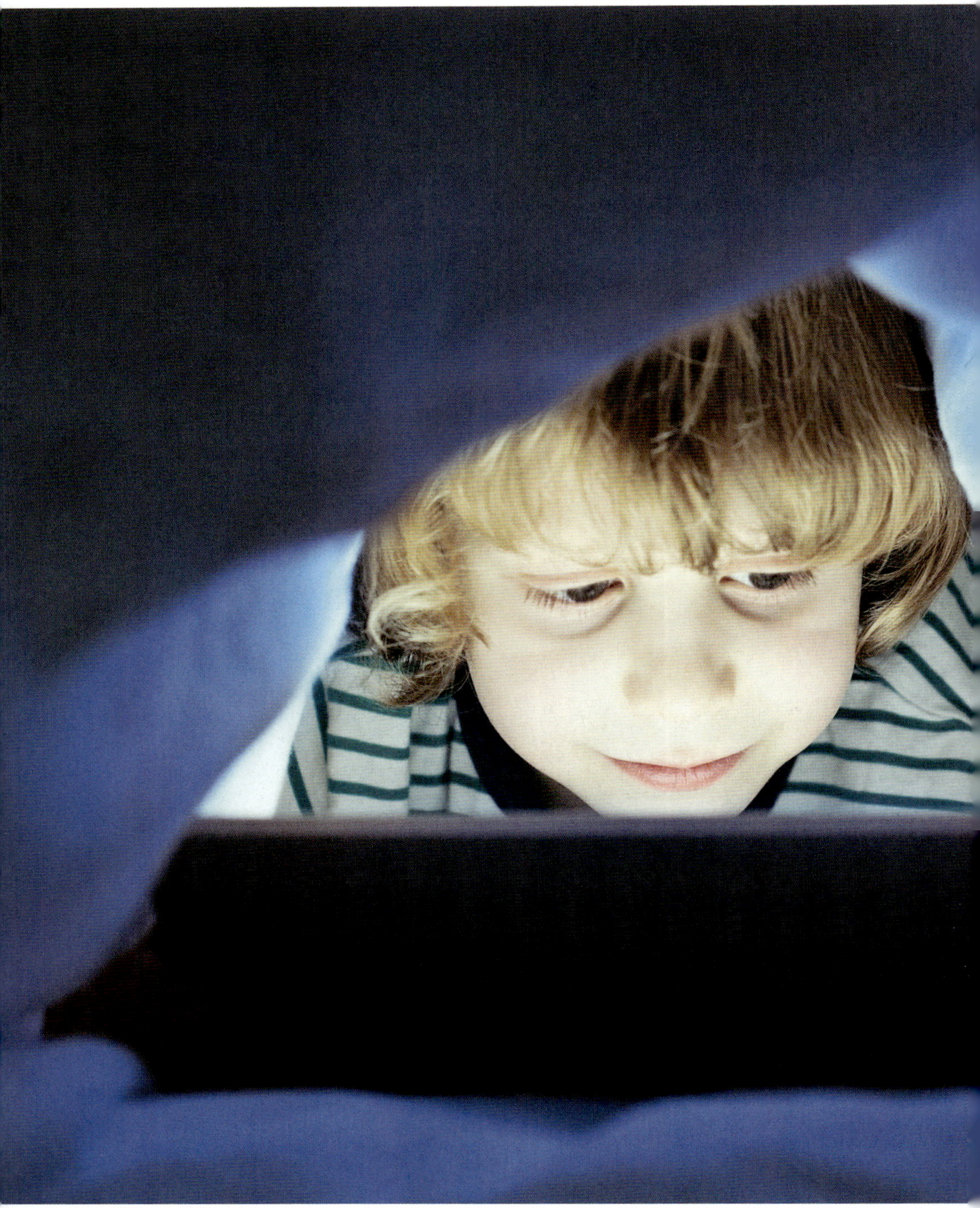

Anhang

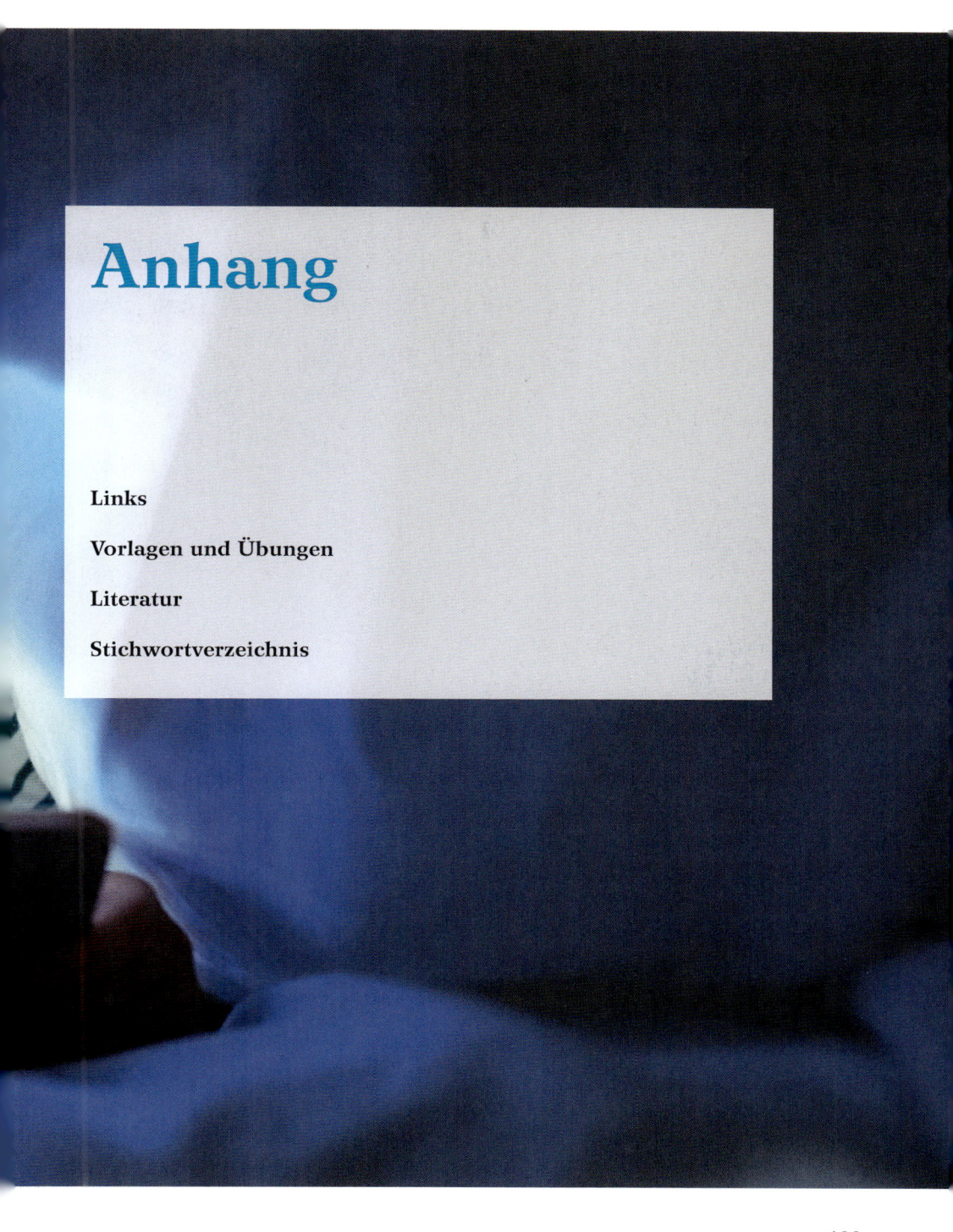

Links

Vorlagen und Übungen

Literatur

Stichwortverzeichnis

Links

Sicherer(er) Internetumgang

www.geschichtenausdeminternet.ch
Hier werden in Form von Comics unterschiedliche Szenarien dargestellt, mit denen Heranwachsende, aber auch Erwachsene im Internet konfrontiert sein können. Die Geschichten sollen dazu anregen, über das eigene Verhalten im Internet nachzudenken.

www.security4kids.ch
Die Seite richtet sich sowohl an Kinder und Jugendliche als auch an Eltern und Lehrpersonen. Anhand von altersgerecht gestalteten interaktiven Geschichten werden unterschiedliche Tücken des Internets erklärt und veranschaulicht.

www.skppsc.ch → Internet
Auf der Seite der Schweizerischen Kriminalprävention können Sie «My little Safebook» herunterladen. Es handelt sich um zwei Broschüren, die sich an Eltern bzw. Jugendliche wenden. Sie weisen speziell auf Risiken in sozialen Netzwerken hin. Auch wird beschrieben, welche Taten im Netz strafrechtlich verfolgt werden können und welche Rolle der Polizei dabei zukommt.

Anlaufstellen bei Cybermobbing

www.cybercrime.admin.ch
Bei KOBIK, der Schweizerischen Koordinationsstelle zur Bekämpfung der Internetkriminalität, finden sich Informationen zu verschiedenen Formen der Internetkriminalität, unter anderem zu Cyberbullying. Hier können auch Internetseiten mit illegalem Inhalt per Formular direkt gemeldet werden.

www.skppsc.ch
Bei einem Fall von Cybermobbing ist rasches Handeln wichtig. Auf der Seite der Schweizerischen Kriminalprävention (SKP) finden Eltern Informationen dazu, was man vorbeugend tun kann und was zu tun ist, wenn es bereits zu Cybermobbing gekommen ist.

TIPP *Merken Sie sich ferner die Kantonspolizei als Anlaufstelle. Ebenso die Telefonnummer 147 der Pro Juventute für Kinder und Jugendliche; sie bietet ebenfalls schnelle Hilfe und kennt weitere Anlaufstellen bei Cybermobbing.*

Anlaufstellen bei Mediensucht

Informieren Sie sich in einem ersten Schritt, welche Stellen in Ihrem Kanton Hilfe bei Verhaltenssüchten anbieten, auch im Bereich Medien. Die Gesundheitsdienste und Suchtpräventionsstellen Ihres Wohnkantons bieten in den meisten Fällen Tipps und weiterführende Adressen.

Informationen zu Videogames

www.gametest.ch
Die Seite stammt von Pro Juventute und bietet Eltern und Heranwachsenden eine

unabhängige Plattform, bei der man sich über Videospiele informieren kann. Gametest gibt keine Empfehlungen ab, welche Spiele nicht gespielt werden sollten, sondern listet in einer Spiele-Datenbank von Pädagogen und mediendidaktisch versierten Personen getestete und empfohlene Spiele auf, die sich für Kinder unterschiedlichen Alters eignen.

www.usk.de
Die USK (Unterhaltungssoftware Selbstkontrolle) in Deutschland ist die verantwortliche Stelle für die Prüfung von Computerspielen. Sie ist für das Verfahren zuständig, bei dem Videospiele ein Alterskennzeichen erhalten. Die Einstufung richtet sich nach dem Jugendschutz, nicht nach dem Schwierigkeitsgrad eines Spiels. Auf der Website lassen sich Spiele gezielt suchen und die USK-Beurteilungen lesen. Oder man kann gezielt nach Videospielen für ein bestimmtes Alter suchen.

Förderung von Medienkompetenz

http://bestekinderapps.de
Die Seite bietet App-Empfehlungen mit Bewertungen für Kinder unterschiedlichen Alters. Auch werden spezielle Kinderbuch-Apps und Lern-Apps aufgeführt.

www.buchstart.ch
Hier erhalten Eltern Informationen darüber, wie prägend und wichtig schon das Vorlesen ist. Auch werden die Ziele des Buchstart-Projekts erläutert. Über den Link zum Buchstartclub gelangen Eltern zu einer Empfehlungsliste, in der man altersgerechte Büchertipps für Kinder finden kann.

www.buecherkinder.de
Die Seite einer buchbegeisterten Mutter, die seit 2002 versucht, Ordnung in die Vielzahl der Neuerscheinungen zu bringen. Ihre Buchtipps richten sich an Kinder unterschiedlichen Alters.

www.flimmo.de
Die Macher hinter FLIMMO möchten Eltern vermitteln, was Kinder am Fernsehen so faszinierend finden. Ziel ist es, Eltern die Wichtigkeit der Fernseherziehung ihrer Kinder aufzuzeigen und hierfür Möglichkeiten anzubieten. Auf der Website ist ein Kinderfernsehprogramm abgebildet, in dem man direkt erkennt, ob ein Programm, das gerade läuft, für Kinder geeignet ist und ab welchem Alter.

www.iphonekinderapps.de
Auf dieser Seite führt eine Mutter und App-Entwicklerin Apps auf, die sie selbst getestet hat und weiterempfehlen würde. Die Apps sind ausführlich beschrieben, und anhand der Illustrationen kann man sich vor dem Kauf ein Bild davon machen, was eine Kinder-App beinhaltet.

www.srf.ch/sendungen/myschool
SRF bietet mit MySchool auch zum Thema Medienkompetenz interessante Beiträge über verschiedenste Medienthemen. Obwohl sich das Angebot an Lehrpersonen richtet, eignet es sich auch für Eltern, die sich informieren wollen.

Tipps für Kinderseiten und Suchmaschinen

www.blinde-kuh.de
Blinde Kuh war die erste deutschsprachige Suchmaschine für Kinder. Sie richtet sich an ein Zielpublikum zwischen 6 und 12 Jahren und bietet Kindern ausserdem Lernprogramme sowie ein Internet-Lexikon, eine Kunstgalerie und Kochrezepte.

www.fragfinn.de
Die Seite verfügt über eine Kindersuchmaschine und einen sicheren Raum zum Surfen für Kinder bis 12 Jahre. Auf der Seite finden Kinder ausschliesslich kindgerechte und von Medienpädagogen überprüfte Internetangebote.

www.internet-abc.de
Auf dieser Seite gibt es einen Bereich für Kinder zwischen 5 und 12 Jahren sowie einen Bereich für Eltern und Pädagogen. Das Angebot hält Informationen, Tipps und Tricks rund um das Internet bereit, sowohl für Internet-Anfänger als auch für fortgeschrittene Nutzer. Auf den Seiten erscheint keine Werbung.

www.klick-tipps.net
Die Seite beinhaltet je einen Teil für Kinder und für Eltern. Unter der Rubrik «Top 100 Kinderseiten» können sich Kinder (oder Eltern) anhand einer Aufstellung mit Bild und Kurzbeschreibung einen Überblick über gute Kinderseiten verschaffen. Man kann auch thematisch nach einem Angebot suchen (z.B. Spielen, Natur, Lesen, Community …). Hinter dem Angebot stehen die Stiftung Medienkompetenz Forum Südwest und jugendschutz.net.

Broschüren

Wer nach der Lektüre dieses Ratgebers noch tiefer ins Thema Medien und Familie eintauchen möchte, der findet in den folgenden Broschüren weitere Informationen und Anregungen. Im Gegensatz zum Buch, das Sie in den Händen halten, geben diese Handreichungen auch explizite Empfehlungen ab zu Mediennutzungszeiten und zur altersgerechten Nutzung von Medieninhalten. Diese Empfehlungen können bei Unsicherheiten als Leitplanken dienen. Doch jede Familie ist einzigartig, deshalb: Probieren Sie unterschiedliche Möglichkeiten aus und finden Sie heraus, was bei Ihnen funktioniert.
Da sich die Medien ständig weiterentwickeln, lohnt es sich für alle Eltern, thematisch am Ball zu bleiben. Verschiedene Publikationen, aber auch Kurse und Informationsanlässe können dazu beitragen, das Wissen und Können der Eltern selbst rund um Medien zu erweitern.

www.jugendundmedien.ch
Hier finden sich «Goldene Regeln» zur Mediennutzung – und das in 16 Sprachen.

www.klicksafe.de → Materialien
Hinter Klicksafe verbirgt sich eine Initiative für mehr Sicherheit im Netz. Eltern und Lehrpersonen finden hier zahlreiche Broschüren, in denen Themen wie Cybermobbing, Sicherheit in sozialen Netzwerken, Datenschutz, Urheberrecht, Umgang mit Videogames usw. erklärt und Handlungsmöglichkeiten angeboten werden. Die Dokumente aus der Rubrik «Materialien» können kostenlos heruntergeladen werden – teilweise in mehreren Sprachen.

ANHANG

www.projuventute.ch
Beinahe allen Eltern sind die Elternbriefe von Pro Juventute bekannt; einer davon gibt Tipps zum Umgang mit Medien für Eltern von Kindern im Vorschulalter. Im Themenbrief «TV, Computer und Co.» wird beschrieben, wie Medien sinnvoll in den Alltag integriert werden können. Ausserdem werden verschiedenste Alternativen zum Medienkonsum aufgeführt.

Vorlagen und Übungen

Die Vorlagen für das Medienzeit-Budget und für das Medientagebuch lassen sich herauskopieren. Damit kann ein Kind (eventuell zusammen mit den Eltern) einen gewöhnlichen Tag mit Medien dokumentieren, und die Eltern können mit dem Kind gemeinsam Abmachungen und/oder Zeitbegrenzungen festlegen.

Medientagebuch
Ab und zu ist es wichtig und aufschlussreich, über die Menge und die Beschaffenheit der eigenen Mediennutzung nachzudenken – auch für Kinder. Mit dem Medientagebuch kann ein einzelner Tag dokumentiert werden. Es schafft eine gute Basis für ein gemeinsames Gespräch über Medien (Vorlage siehe nächste Seite).

Medienzeit-Budget
Mit einem Medienzeit-Budget kann man die Medienzeit für Kinder anschaulich festhalten. Hier finden auch individuelle Abmachungen (z.B. «Ämtli» und Hausaufgaben zuerst erledigen) Platz. Am Kühlschrank oder im Kinderzimmer aufgehängt, sind die Abmachungen stets sichtbar – wie ein Stundenplan (Vorlage siehe übernächste Seite).

MEIN MEDIENTAGEBUCH

Der Medientag von ....

Welches Medium habe ich benutzt?	Von wann bis wann (Uhrzeit)?	Weshalb habe ich es benutzt?	Alleine, mit der Familie oder mit Freunden?	Danach fühlte ich mich …

Datum und Wochentag: ....

MEIN MEDIENZEIT-BUDGET

Name und Alter: ...., ... Jahre

MEDIUM	Zeit pro Tag (Minuten)	Zeit pro Woche (Minuten)	Medienfreie Zeiten	Abmachungen
📖				
🖥️				
🎧				
📱				
🎮				
📱				
💻				

Übung: Medienbalance

Mit dieser einfachen Übung können Eltern und Kinder gemeinsam für einen Tag oder eine Woche festhalten, wie gut sich Medientätigkeiten (linke Seite der Waage) und Tätigkeiten ohne Medien (rechte Seite der Waage) ergänzen. Dabei geht es nicht um eine detaillierte zeitliche Erfassung, sondern darum, zu erkennen, worauf die Zeit hauptsächlich verwendet wird.

Kopieren Sie dazu die Vorlage auf der Seite nebenan, dann können Sie sie direkt verwenden. Ausserdem braucht es handelsübliche kleine Sticker (Durchmesser maximal 1 cm).

- Schreiben Sie auf die linke Seite (untereinander, so wie im Beispiel die Steine aufeinandergestapelt sind) die Tätigkeiten mit Medien auf: fernsehen, das Internet nutzen, SMS schreiben, telefonieren, Buch lesen oder dergleichen.
- Auf der rechten Seite schreiben Sie alle Tätigkeiten auf, die nichts mit Medien zu tun haben (Hausaufgaben erledigen, Ämtli, Sport, Musikinstrument spielen ...).

Auf beiden Seiten wird innerhalb eines Tages (oder einer Woche) einiges zusammenkommen. Mit den Stickern können Sie rechts neben der jeweiligen Aktivität markieren, wie viele Male Sie die Tätigkeit ausgeführt haben (z.B. zweimal ferngesehen = zwei Sticker neben «Fernsehen»).

Schauen Sie am Ende des Tages oder am Ende einer Woche, was da links und rechts auf der Waage alles zusammengetragen wurde.

- Ist die Waage im Gleichgewicht?
- Kippt sie nach links (zu den Medien hin) oder nach rechts (nichtmediale Dinge)?
- Wo haben Ihre Kinder die meisten Sticker hingeklebt?

Nehmen Sie das Ergebnis dann zum Anlass, über die Zeiten mit und ohne Medien zu sprechen.

■ ■ ■ ANHANG

Hier stehen Tätigkeiten mit Medien ⬇   **Hier stehen Tätigkeiten ohne Medien** ⬇

Übung: So spreche ich mit meinem Kind über Medien

Manchmal fehlen Eltern schlicht die Worte, wenn sie mit ihren Kindern über Medien sprechen möchten. Man weiss mitunter einfach nicht, wie man ein Gespräch anfangen könnte. Die folgenden Anregungen helfen beim Einstieg. Je nach Alter des Kindes sind bereits komplexere Gespräche über Medien möglich. Jüngere Kinder beschreiben oft auch sehr gerne, was sie mit den Medien tun. Lassen Sie sie auch einmal Experten sein. Das bestärkt sie.

Die folgenden Gesprächsanregungen sollten altersgerecht und unter Berücksichtigung der individuellen Medienerfahrung des Kindes eingesetzt werden.

Situation 1: vor dem Bildschirm

«Was schaust du dir denn gerade an?»
«Kannst du mir sagen, wie die Personen/Figuren in diesem Film/Spiel heissen?»
«Was spielst du gerade für ein Spiel? Kannst du mir erzählen, worum es darin geht?»
«Kannst du mir einmal zeigen, wie ... funktioniert? Ich kann das nicht so gut.»

Situation 2: beim Lesen

«Was liest du denn gerade?»
«Welche Figur in dem Buch/Comic gefällt dir denn besonders gut? Kannst du mir erzählen, warum das so ist?»

«Früher, als ich in deinem Alter war, da habe ich gern (Beispiele aufführen) gelesen.»

«Zu diesem Buch gibt es ja auch eine Verfilmung. Wollen wir uns diese einmal ansehen?» (Oder: «Wie fandest du den Film? Was war deiner Meinung nach denn besser, das Buch oder der Film?»)

«Wenn du möchtest, kann ich dir auch eine Geschichte vorlesen.»

Situation 3: im Internet

«Suchst/Machst du gerade etwas Bestimmtes im Internet? Kann ich dir vielleicht helfen?»

«Wenn du möchtest, können wir uns gerne zusammen anschauen, wie man auf Facebook (oder einem anderen sozialen Netzwerk) die Privatsphäre-Einstellungen machen kann. Das heisst, dass du bestimmen kannst, wer welche Einträge von dir sehen kann.»

«Benutzt ihr das Internet auch während der Schulzeit, für bestimmte Aufgaben? Kannst du mir von diesen Aufgaben erzählen?»

«Es gibt Seiten, auf denen Apps und Spiele vorgestellt werden, die besonders gut sind. Wollen wir zusammen einmal einen Blick darauf werfen?»

Literatur

Beobachter-Ratgeber

Broder, Sven: **Papa steht seinen Mann.** Von der Kunst, Vater zu sein und Mannsbild zu bleiben. Beobachter-Edition, Zürich 2013

Zanoni, Sarah; Berri, Silvia: **Kreativ erziehen.** Kinder gezielt fördern und stärken. Beobachter-Edition, Zürich 2012

Zanoni, Sarah: **Motivierte Kinder.** Tipps und Ideen zum Spielen, Lernen und Zusammenleben. Beobachter-Edition, Zürich 2012

Zanoni, Sarah: **Achtung, Teenager!** Jugendliche verstehen, fördern und fordern. Beobachter-Edition, Zürich 2010

Quellen

Bundeszentrale für politische Bildung www.bpb.de → Internet (21.11.2013)

Dittler, U., Hoyer, M. (2010): **Zwischen Kompetenzerwerb und Mediensucht.** Chancen und Gefahren des Aufwachsens in digitalen Erlebniswelten aus medienpsychologischer und medienpädagogischer Sicht. München: Kopaed.

Fend, H. (1998): **Eltern und Freunde.** Soziale Entwicklung im Jugendalter. Bern: Hans Huber.

Gasser, U., Palfrey, J. (2008): **Digital Natives.** Wie sie leben. Was sie denken. Wie sie arbeiten. München: Hanser.

Groeben, N., Hurrelmann, B. (2002): **Medienkompetenz.** Voraussetzungen, Dimensionen, Funktionen. Weinheim & München: Juventa.

Hurrelmann, K. (2010): **Lebensphase Jugend.** Eine Einführung in die sozialwissenschaftliche Jugendforschung. Weinheim & München: Juventa.

MPFS (Medienpädagogischer Forschungsverbund Südwest) Studien (abrufbar unter www.mpfs.de) MiniKim-Studie, JIM-Studie, FIM-Studie, KIM-Studie

Sander, U., von Gross, F., Hugger, K.-U. (2008): **Handbuch Medienpädagogik.** Wiesbaden: VS Verlag.

Schweiger, W., Fahr, A. (2013): **Handbuch Medienwirkungsforschung.** Wiesbaden: VS Verlag.

Singer, D.G., Singer, J.L. (2006): **Handbook of Children and the Media.** California: SAGE Publications.

Willemse, I., Waller, G., Süss, D., Genner, S., Huber, A.-L. (2012): **JAMES – Jugend, Aktivitäten, Medien – Erhebung Schweiz.** Zürich: Zürcher Hochschule für Angewandte Wissenschaften.

… ANHANG

Stichwortverzeichnis

A
«20 Minuten» (Gratiszeitung) 49
Abmachungen 22, 31, 94, 171
   siehe auch Regeln
   – Games 116
   – Smartphone 163
   – Tablets 91
   – zeitliche 67
Alain M. 18, 82
Alessia S. 66, 96, 107, 158
Alter
   – Bildschirmmedien 57
   – Fernsehen 57
   – Geschwister 176
   – Internet 150
Altersbeschränkung Buch 44
Altersempfehlungen 112
Altersfreigaben 192
   – Filme 58, 71
   – Games 113
Anna P. 28, 123, 170
Antolin 45
Apps **88**
   – von Kinderbuchklassikern 101
Audiomedien 78
Autoradio 79

B
Baby-First-Programm 69
Babyfernsehen 69
Balance mediale/nichtmediale
   Tätigkeiten 30, 31, 65, 66,
           109, 173, 206 (Übung)
Barbara R. 92, 180
Bass, Steve 40, 62, 63, 73, 96, 97,
           132, 169, 177, 178, 180
Beat F. 23, 155

Bettina R. 98
Bibliothek 37, 41
Biffi, Cornelia 38, 39, 42, 58, 60,
           79, 83, 100, 135, 136, 181, 190, 191
«Blick am Abend» 49
Blue-ray-Disc 71
Bluetooth 155
Bodmer, Marc 61, 83, 92, 93, 97, 115,
           120, 122, 125, 132, 183, 190, 196
«Bravo» 48
«Buch und Maus» 41
Bücher 16, 18, **35**
   – Verfilmungen 63
Buchstart 40, 41

C
Carmen O. 79
CD **81**
CD-Player 78
Cecile J. 55, 107, 156
Chat 25, **147**, 158, 184
Christian S. 64
Claudia E. 72
Co-Playing 122
Co-Viewing 59, 60, 64, 122
Code-Sperre 89, 99, 102
   siehe auch PIN-Code
Comics 18, 42, **47**, 48, 56,
           117, 118, 190
Computer 19, **105**
Computerprogramme für Babys 108
Creative Commons 146
Cyberbullying siehe Cybermobbing
Cybermobbing 25, 161, **183**

211

D, E

Daniel R. 92, 180
Daten, persönliche 138
David W. 26, 31, 70, 73
Downloads .... 83 (Musik), **144**
DVDs 18, **71**
DVD-Gerät 57
E-Paper 92, 93
Einstellungen zum Schutz des Kindes ... 107
Elena Z. 38, 114, 116
Ella P. 59, 168
Elterntipps (Zusammenfassung) 195
Essen und Medien 18, 54, 70, 92, 160

F

Facebook 132, 137
Fake-Video 98
Familienhandy 155
Feature Phone 154, 158
Fernsehen 18, 19, **53**
Filme **53**
– und Youtube 103
Filterprogramme 133
Flugmodus 89, 103
siehe auch Offlinemodus
Fotografieren 19, 84, 85, 87, 108, 157
Fotos online stellen 138, 139, 140, 143, 144
Fränzi F. 160
Free to Play 125, 126
Frühsprachförderung 40
FSK 71, 72

G, H

Games 19, 23, 73, 95, 116, 118, 119, 122, 124, 126, 148
siehe auch Onlinegames, Onlinespiele, Videogames, Videospiele
Genuss 193
Georg S. 102

Geschwister 16, 49, 56, 57, 63, 72, 84, 94, 95, 121, 176, 177, 178, 179
Gespräch (über Medien) ..... 31, 32, 60, 98, 100, 107, 119, 121, 132, 134, 148, 160, 171, 175, 180, 188, 193, 208 (Übung)
Gewalt 59, 72, 100, 112, 118, 119, 124, 125, 139, 174, 179
Gewaltspiele **118**
Gratiszeitung 49
Grosseltern 179
Gutenachtgeschichte 42, 81
Handheld-Konsole 111
siehe auch Spielkonsolen
Handy **153**
Hanna W. 130
Hans B. 28, 173
Hörgeschichten 77, 81, 85

I, J, K

ICQ 147
Ina K. 46, 119
Inhalte
– legale (Download) 145
– problematische (Internet) 134
Internet 19, **129**
– und Radio 78
– und Smartphone 19
– Kinderbuchempfehlungen 41
Isabelle P. 136
Jakob, Barbara 29, 41, 56, 93, 122, 133, 138, 145, 159, 161
Jakoubek, Peter 37, 48, 56, 67, 72, 117, 121, 141, 148, 159, 161, 163, 170, 171
Janina M. 38
Jens E. 97
Jonas L. 43, 48, 109, 133
Julia A. 39, 55, 66
Karin D. 30, 36, 116, 139, 156, 183
Kassetten **81**
Kassettenrekorder 78
Kinder-Apps 91

Kinder-Tablets 101
Kinderabo (Handy) 155
Kindercomputer 108, 109
Kinderhandy 155
Kindernachrichten 69
Kinderpornografie 162
Kocher, Mela 28, 42, 59, 61, 67,
　　　　　　　　 70, 109, 178, 188, 194
Kommunikation 25, 142, 143, 148,
　　　　 150, 154, 156, 158, 160, 163, 164
Kontrolle, elterliche 19, 23, 54,
　　　　　　　　　　　　　　 69, 84, 119
– Handy, Smartphone 156, 157, 159
– Inhalte DVD 72
Konzentrationsschwierigkeiten 25
Kristina H. 82, 102, 182

L, M

Lars I. 120
Lea M. 149
Lernprogramme (Computer) 107, 110
Lesen fördern 40, 50
Linda N. 41
Maria S. 62, 108, 110, 119,
　　　　　　　　　　　　　 141, 148, 160
Markus N. 139
Mathez, Judith 17, 31, 65, 84, 90, 94,
　　　　　　　　　　　　 116, 118, 123, 172
Medien, digitale 36
Medienabstinenz 192
Medienbalance .... 208 (Übung)
　siehe auch Balance mediale/nichtmediale
　Tätigkeiten
Medienentzug 114
Medienerziehung 16, 26
Medienkompetenz 24, 27, 28, 30, 32,
　　　 33, 108, 160, 164, 187, 191, 193, 194
Medienkonsum 16, 17, 30, 60, 114
Mediennutzung 17, 22, 28, 30, 31,
　　　　　　 42, 60, 66, 67, 78, 94, 114, 170,
　　　　　 172, 173, 176, 177, 190, 193, 195

Medienpädagogik 27
Medienregeln
– im Vorschulalter 168
– falsche 171
Medientagebuch 74, 173,
　　　　　　　　　　　　 203, 204 (Vorlage)
Medientaler 169
Medienverbot 30, 176
Medienverbund 47, 85, 136, 190
Medienverhalten, elterliches 16, 17
Medienzeit-Budget 66, 74, 117, 173,
　　　　　　　　　　　　 203, 204 (Vorlage)
Merz, Thomas 28, 31, 43, 61,
　　　　　　　　　　　 176, 179, 182, 192
Milena A. 66
Monika M. 59
MP3 .... **81**
MP3-Player 83, 85
MSN 147
Multiplayer-Onlinegames 123, 124

N, O

Nachrichten 49, 69, 78, 80
Nacktfotos 161, 162
Nadine P. 27, 178
Natalie M. 101
Netzwerke, soziale 137, 160
– und Cybbermobbing 183
Nico M. 59
Nicole N. 18
Noemi und Jan P. 37
Offlinemodus 89, 102, 103
　siehe auch Flugmodus
Onlinegames 111, 116, 123,
　　　　　　　　　　　　　　 124, 125, 126
– Altersfreigaben 113
Onlinespiele 113, 114, 126
　siehe auch Games und Onlinegames

P, Q, R

Passwort 89, 131
Patrizia L. 38
Peer-Pressure 115, 137
PEGI 113
Persönlichkeitsrechte (Internet) 146
Peter S. 43
Pin-Code (Tablet) 89, 100
   siehe auch Code-Sperre
Prepaid 155
Privacy-Einstellungen
   siehe Privatsphäre-Einstellungen
Privatsphäre 142
Privatsphäre-Einstellungen 139, 140, 142
Radio **78**
Ralf D. 39, 42, 44, 60, 79,
                81, 91, 97, 106, 157
Recht am eigenen Bild 146
Regeln 12, 22, 26, 27, 38, 74,
         91, 138, 170, 171, 194, 195
   siehe auch Abmachungen und
   Medienregeln
Regula N. 49, 119, 150
Renato L. 60, 72, 116
Risiken 24, 25, 29, 107, 130,
             132, 148, 150, 156
Rita K. 147
Ritual 68

S, T

Sabine W. 31, 70, 73, 158
Sarah T. 55, 66, 113, 118, 178
Schutz der Ehre (Internet) 146
Schweizerisches Institut für
   Kinder- und Jugendmedien 41
Scripted-Reality-Format 62
Selbstkontrolle, freiwillige,
   der Filmwirtschaft 71
Senn, Flurin 44, 49, 84, 122, 132,
           169, 174, 182, 188, 193
Seraina H. 108, 130

Sexting 161
Shooter 111, 119, 126
Sibylle S. 60, 67
Silvia B. 40
Simona G. 92, 123, 137, 177
Smartphone 19, 153, 157
  – ausschalten 160
Snapchat 162
«Spick» 48
Spielkonsolen 20, 111, 117, 123
Stefan M. 101
Strategiespiel 111
Suchmaschinen für Kinder 136
Sucht 25, 113, **114**
Susanna H. 17, 19, 55, 92, 98
Susanne L. 48, 109
Süss, Daniel 17, 38, 63, 73, 88, 137,
      142, 158, 159, 161, 163, 184, 193
Tablets 18, 21, **87**
Tagesschau 49, 179
Thomas R. 145
Timer-App 90

U, V

Ulrich W. 17, 27, 84, 123, 143
Untertitel 69, 189
Upgrade (Games) 125, 126
Uploads 145
Urheberrecht 144, 145
Ursula H. 134
Vera G. 46, 65, 81, 154
Verhaltensregel (soziale Netzwerke) 138
Verlauf (Internet) 133, 134
Video 18, 20, 24, 72, 96, 97, 98,
      103, 113, 130, 131, 138, 140,
      144, 146, 149, 173, 178, 180
Videoclips 43, 96, 98, 99, 100,
              103, 118, 136,
Videogames **105**, 125, 126
   siehe auch Games, Videospiele
Videokassetten **71**

Videospiele **111,** 112, 113, 115, 117, 118, 120, 121, 122, 126, 190, 195
  siehe auch Games, Videogames
Videothek 99
Vorbildfunktion der Eltern 16, 93, 196
Vorlesen 42, 43, 46

W, X, Y, Z

Walkman 85
Web 2.0 130
Werbung .... 28, 72, 73, 139 (soziale Netzwerke), 181, 182
WhatsApp 142, 143, 149, 156, 158, 160, 163
WLAN 83, 84, 89, 149, 161
Youtube 96
Yvonne S. 121
Zeit, medienfreie 192
Zeitlimiten 191
Zeitschriften 35, **47**
Zeitungen **47**

Ratgeber, auf die Sie sich verlassen können

Beobachter edition

Kreativ erziehen

Mit altersgerechter Förderung und aktiver Begleitung können Sie Ihren Kindern starke Wurzeln geben und Flügel verleihen. Dieser Ratgeber liefert Eltern kreative Impulse für ihre anspruchsvollen Erziehungsaufgaben.

176 Seiten, broschiert
ISBN 978-3-85569-555-3

Motivierte Kinder

Wie können Eltern ihre Kinder sinnvoll beschäftigen und fördern? Auch dann, wenn die Zeit einmal knapp ist? Mit diesem Beobachter-Ratgeber meistern Sie alltägliche Situationen wie das Mithelfen im Haushalt, das Anziehen und Schlafen gehen spielend. Das Buch liefert über 100 konkrete Vorschläge für Aktivitäten drinnen und draussen.

128 Seiten, broschiert
ISBN 978-3-85569-540-9

Hilfe im Schulalltag

Hausaufgaben, Noten, Gewalt – Walter Noser, Beobachter-Experte für Schul- und Sozialfragen, behandelt sämtliche Probleme, die sich in und um Schweizer Schulen stellen. Dieses Buch bietet konkrete Handlungsanleitungen und praktische Tipps für das Zusammenwirken von Eltern, Schülern, Lehrern und Behörden.

136 Seiten, broschiert
ISBN 978-3-85569-455-6

Die E-Books des Beobachters: einfach, schnell, online. www.beobachter.ch/ebooks